丝路研究文库

The Belt and Road Construction

Local Design and Practice

"一带一路"建设

地方的设计与实践

徐侠民　霍　杰　殷军杰　等著

ZHEJIANG UNIVERSITY PRESS
浙江大学出版社

总　序

　　2013 年,我国政府提出的"一带一路"倡议具有划时代的历史意义。国家主席习近平在纪念孙中山先生诞辰 150 周年大会上指出,我们比历史上任何时期都更接近中华民族伟大复兴的目标,比历史上任何时期都更有信心、有能力实现这个目标。

　　"一带一路"建设深入推进五年来,亚投行、丝路基金、中欧班列和"一带一路"国际合作高峰论坛等一系列的举措,推动着"一带一路"升级为"2.0"版本。杭州 G20、APEC、博鳌亚洲论坛等重大合作组织的构建,"一带一路"倡议从国内到国际、从中央到地方、从官员到学者再到老百姓的深度融合,让世界人民切实感受到了"一带一路"倡议取得的成绩与重大意义。"一带一路"建设是构建人类命运共同体的伟大探索和实践,同时也丰富和完善了构建人类命运共同体的理论体系。

　　推动"一带一路"建设逐渐从理念转化为行动,从愿景转变为现实,这也是地方科研工作者的一份凤愿。推进"一带一路"建设深入发展,要智库先行、学者先行、研究先行。宁波海上丝绸之路研究院(以下简称宁波海丝院)正是为响应国家"一带一路"倡议、中国特色新型智库建设以及浙江省推进教育现代化、实施高等教育强省战略,于 2015 年由宁波市人民政府与北京外国语大学合作成立的。宁波海丝院致力于服务浙江建设"一带一路"重要枢纽(自由贸易港、宁波"一带一路"建设综合试验区和"16＋1"经贸合作示范区、港口经济圈等)的战略目标,开展以问题为导向的咨政咨询研究和以市场需求为导向的市场化运营服务,打造集咨政研究与咨询服务、人才培养、文化传播与交流和数据库平台功能于一体的国际知名、国内一流的"一带一路"地方特色新型高校智库。在 2018 年夏季达沃斯论坛上,宁波海丝院入选由国家信息中心发布的《"一带一路"大数据报告》中"一带一路"高校十大智库之一。

宁波海丝院立足浙江(宁波),以地方融入"一带一路"建设视角,研究"一带一路"建设实践中的现实问题,探索地方"一带一路"建设的特色之路,通过凝练总结地方经验、地方模式,发挥全国的示范带动作用。宁波海丝院高起点、早谋划、快行动,早在2015年,宁波海丝院就开始筹划出版发行地方融入"一带一路"建设的丝路研究文库,力求能够为"一带一路"建设贡献智慧:一方面为国人答疑解惑,诠释"一带一路"倡议;另一方面为更好地推进"一带一路"建设贡献地方学者观点、奉献地方实践经验。宁波海丝院联合北京外国语大学、浙江大学、美国波士顿大学、新加坡国立大学、拉脱维亚国际事务研究所等科研院所的专家学者在浙江大学出版社策划出版了"丝路研究文库"丛书。丛书第一本《"一带一路"战略:宁波的选择与构建》,在社会上引起了强烈反响、广受好评。第一本书的成功,极大地鼓舞了宁波海丝院科研工作者们的研究热情,更加坚定了他们深耕"一带一路"的决心。2018年,宁波海丝院谋划出版《"一带一路"建设:地方的设计与实践》《争创国家试验区:宁波"一带一路"综合试验区建设研究》和《海上丝绸之路:宁波的历史与未来》三本书。之后,宁波海丝院每年都会将研究成果结集出版。

融战略性、前瞻性、学术性和可读性于一体,是"丝路研究文库"丛书的一大亮点,丛书着重从经贸、法律、人文交流、港口建设及中东欧合作等多领域、多层次和多角度将"一带一路"建设的相关重要问题细致地呈献给读者。我们期望,在新的历史起点上,我们能够很好地为广大读者解答如何推进"一带一路"建设,沿线国家和地区以及我国省市、企业和老百姓等都将迎来哪些机遇与挑战,如何融入"一带一路"建设等重要问题。值得一提的是,本丛书遵循从宏观到微观、从区域到国别、从理论到实践的原则,深入细致、扎扎实实地把握"一带一路"建设的规律,为党政部门、高校、智库、企业和民众提供"一带一路"建设有价值的战略咨询和对策建议。我们相信,本丛书的出版将对"一带一路"建设事业的蓬勃发展起到一定的推动作用。

本丛书作者大多是"一带一路"研究相关领域专家、一线教学的老师、"走出去"的企业管理者和相关政府人员,他们从各自研究、工作经验角度深度剖析"一带一路"相关研究命题,以精益求精的严谨态度,反复修改稿件,使得文稿能够以完美的形式呈现。

　　非常感谢团队成员的精诚合作，他们对本丛书付出了极大的热情和汗水，也特别感谢浙江大学出版社的精心策划，对各个细节的反复推敲和修改，本丛书的顺利出版离不开大家的辛勤劳动。

　　"一带一路"建设在深入推进，新实践、新认识在不断发展，丛书难免存在不足之处，敬请广大专家和读者批评指正！

浙江万里学院副校长

宁波海上丝绸之路研究院院长　　闫国庆教授

宁波中东欧国家合作研究院院长

2018 年 5 月

目　录

通道篇

热

点

篇

"一带一路"建设综合试验区:面临问题及实施路径

闫国庆　励效杰　霍　杰　殷军杰　龙力见[*]

一、"一带一路"建设综合试验区基本内涵的认识

内涵一:具有全球竞争力和影响力的物流枢纽。宁波充分发挥战略交汇效应,做好与上海"五个中心"定位相对接,着力推动"四港"融合发展,提升开放度、连接性和影响力,促进信息流、资金流和商品流的集散和科技、人才、知识的集聚,推动其从"交汇点"向"大枢纽"转变,不断强化宁波在全球城市中的竞争力和影响力。

内涵二:服务国家"一带一路"建设的排头兵。宁波应在系统梳理"中国制造 2025"试点示范城市、国家保险创新综合试验区和国家跨境电商综合发展试验区等现有国家战略的基础上,整合统筹相关国家战略举措和重大平台载体,促进各领域举措集成推进、各方面优势叠加放大,更好地服务国家"一带一路"建设大局,争当服务国家"一带一路"建设的排头兵。

内涵三:新时期合作共赢的示范区。宁波积极创建"16＋1"经贸合作示范区,扎实推进投资贸易便利化先行区的建设,加快营造法治化、国际化、便利化的营商环境,运营好保加利亚中国文化交流中心,把宁波建设成为中国与中东

　　* 闫国庆,男,浙江万里学院副校长,教授,主要研究方向:国际贸易理论与政策。励效杰,男,浙江万里学院教师,主要研究方向:技术经济与管理。霍杰,男,浙江万里学院教师,主要研究方向:国际直接投资和国际贸易。殷军杰,男,宁波海上丝绸之路研究院院长助理,主要研究方向:国际经济与贸易。龙力见,男,宁波海上丝绸之路研究院网络与数据中心副主任,主要研究方向:港口物流与航运管理。

欧国家交流合作的主要门户。积极构建以市场为基础、企业为主体的次区域经济合作机制,广泛调动各类企业的参与,引导更多社会力量投入"一带一路"建设中,努力形成政府、市场、社会有机结合的合作模式。

二、"一带一路"建设综合试验区建设面临的主要问题

(一)枢纽平台能级还不够高

枢纽平台的建设是创建"一带一路"建设综合试验区的基础条件。在全球枢纽竞争日趋激烈的条件下,宁波港航物流枢纽在全球资源配置能力和影响力等方面还存在较大差距。一是宁波虽然拥有保税区、保税港区等海关特殊监管区,一定程度上实施了自由港的运作,但与国际通行的自由港相比,仍存在较大差距,自由港政策亟须突破。二是宁波港与国外港口和船舶公司在资本、码头建设、航线开辟、物流服务等方面的战略合作有待进一步加强,国际港口联盟建设尚需较大程度的完善,国际联盟化进程有待进一步加强。三是港口集疏运的结构不尽合理,公铁不平衡、江海不平衡以及海空不平衡,使海铁联运、江海联运等"短腿"问题没有得到根本解决。四是高端航运服务业发展滞后,海事中介服务业发展滞后,海事法律服务的能力有待进一步加强。五是物流贸易重大功能性落地项目招商成效不够明显,产业发展质量和投资项目档次需要进一步提高,物流贸易联动不够,影响力有限。六是空港、铁路港和信息港功能比较弱,且"四港"(海港、空港、陆港和信息港)相对独立、各自运作,枢纽资源还没有得到充分整合和集成,"四港"仍需加强互动与融合。

(二)经贸合作模式亟须创新

近年来,宁波正在打造全国性的中国—中东欧博览会品牌,争取成为中国与中东欧国家双向投资合作的首选之地、中东欧商品进入中国市场的首选之地、中国与中东欧国家人文交流的首选之地。由于过去中国与中东欧地区国家经贸联系较少,所以双方经贸合作的基础比较薄弱。一是中东欧地区国家的商品进入中国市场缺少高水平贸易平台,双边经贸合作层次还比较低,贸易

不平衡问题较为突出。二是中东欧地区国家的基础设施十分薄弱,中国与中东欧地区国家间的国际运输线路相对稀少,国际物流成本突破比较困难。三是中东欧地区国家包括欧盟成员、欧盟候选成员和非欧盟成员,中国与中东欧地区国家的合作面临着不同的监管要求,投融资合作模式有待进一步创新。四是中国与中东欧关检国际合作亟须推进,物流通道比较脆弱,这也导致中国与中东欧国家的食品与农产品贸易潜力尚未得到充分释放。五是目前中国与中东欧国家经贸合作仍沿袭单向思维模式,采取单边开放的优惠政策,双方缺乏双向合作共建机制,制度磨合和规则对接不充分,深度经贸合作的潜力没有得到充分发挥。

(三)各类主体的协调能力亟待加强

跨界融合发展是"一带一路"建设综合试验区建设的核心要义。与先进的港口城市相比,宁波港口、产业和城市之间的关系还没有完全理顺,具体表现为:一是港口、产业和城市的规划统筹不够,衔接不畅,各唱各调,港口与腹地经济双向良性互动机制亟须完善。二是产业集聚区和城市功能区混淆,部分地区城市不像城市,产业集聚区不像产业集聚区。三是较长时期忽视了港航服务业的培育,导致港航服务业发展滞后,制约了港口与城市的联动发展。四是港口、产业和城市的良性互动、相互促进的长效协调机制尚未形成。五是港航综合服务管理体制不够顺畅,使其缺少与内地其他城市的"直通关"机制,增加了中转环节,提高了货物的运输成本。

三、"一带一路"建设综合试验区建设的实施路径

(一)建设具有国际竞争力和影响力的枢纽平台

一是以中国(浙江)自贸试验区和舟山江海联运服务中心等建设为契机,加强国内国际港口合作,协同推进浙江省内港口资源的整合,加快国际航运服务基地建设,大力构建港航物流贸易一体化产业链,提高"海上丝路"指数体系国际应用率,率先建成全球一流的现代化枢纽港。二是充分利用物联网、大数

据、遥感等新一代信息技术,创新"互联网＋"的交通枢纽新模式,积极推动空港、海港和高铁之间资源共享和错位发展,实现交通枢纽的无缝对接和互通互联,发挥多种交通方式叠加交汇的枢纽优势,形成综合集成的竞争力。三是以跨境电商综合发展试验区为主要载体,探索适合信息经济创新发展的新机制,加强与相关单位智慧物流、大数据、云计算等领域的合作,不断提升数字丝绸之路的枢纽节点功能和影响力。四是依托港口、高铁站和机场等基础设施,充分发挥枢纽资源优势,明确主导产业和特色产业的定位,构建枢纽产业集群,形成完整的枢纽产业链条。五是持续深化港口经济圈建设,协同推进"义甬舟"开放大通道建设,加快建设、完善"甬新欧""海甬欧"等国际物流新干线,提升向东开放和向西开放的水平。

(二)打造中国—中东欧投资贸易示范区

一是推进中国—中东欧贸易便利化国检试验区的建设,争取率先完善中东欧国家肉类、水果等特色商品准入机制。二是建立贸易便利化政策定期磋商交流机制,建设贸易便利化政策推介平台。三是大力推进与中东欧国家商品认证体系、商品标准体系和商品准入规则等方面的互认。四是提升中东欧博览会能级,争取中东欧博览会长期落户于宁波,设立宁波中东欧合作博览局。五是争取中东欧国家在甬设立商贸代表处、签证服务中心、旅游办事处等机构。六是鼓励更多甬企赴中东欧投资经商,积极打造国家级中东欧产业园,实现中东欧优势产业与宁波产业的有效对接。七是建设中东欧国际贸易"单一窗口",实现中东欧货物作业"一站式"、查验区域一体化、通关无纸化的目标。

(三)推进梅山新区自由贸易新城建设

一是主动复制上海自贸区、浙江自贸区的政策和制度创新成果,持续深化"最多跑一次"的改革,深入实施"一线放开、二线管住"的监管制度,切实提升投资便利化、贸易自由化水平,全力争取设立自由贸易港。二是加快复制上海、天津等地国际船舶登记、中资"方便旗"船舶税收优惠、沿海捎带、启运港退税等政策。三是研究在综合试验区实施资本金意愿结汇改革、个人境外直接投资、开设自由贸易账户等领域的政策突破,争取建设国际贸易结算中心试点。四是加快推进港口码头、高速公路、轨道交通、生态环保等重大基础设施建设,提高区域承载能力和通达性。五是加快引进一批金融、科技、教育、文化等领域的高端国际机构,培育建设一批资本密集型、智力密集型的国际特色小镇和创新工场,使新区成为宁波乃至浙江服务"一带一路"建设的核心功能区。六是以国际一流港口城市为标杆,布局建设一批集国际社区、国际学校、国际医院于一体的重大城市功能性平台,全面提升陆海生态系统和人居环境,使新区成为浙江最有魅力、最具国际范的自由贸易新城。

(四)打造"走出去"和"引进来"服务创新区

一是充分发挥国家和省部级改革项目示范引领作用,深入研究政策的细化及落地,加大政策推介力度,定期评估政策执行效果,积极争取成为国家更多的改革试点的城市。二是落实支持企业融入"一带一路"建设的各项政策措施,加大财政投资,制定投资并购、经贸合作、工程承接等扶持政策。三是探索高端人才政策创新,实施有利于人才集聚的住房、社保、税收、出入境等鼓励政策。四是整合各类对外交流合作机构资源,推进成立宁波民营跨国企业服务联盟,争取国家"一带一路"建设促进中心(或长三角区域分中心)落户宁波,建设"走出去"公共信息服务平台,为宁波企业国际化经营提供专业服务。五是培育"一带一路"国情、投资、文化等领域的高端智库,推动与沿线国家智库的交流合作,高水平建设宁波海上丝绸之路研究院和宁波中东欧国家合作研究院,加强对"一带一路"国家的经济、人文、法律等问题的研究。六是规范"走出去"企业海外经营行为,加强同业间投资协作,探索建立防不正当竞争的机制,防止恶性竞争和恶意欺诈行为,推进宁波对外投资的有序发展。七是制定风险处置方案,完善宁波境外经贸纠纷和突发事件处置工作机制,切实加强宁波境外企业、人员以及对外投资的安全保护力度。

(五)构建多方协同发力的工作推进机制

一是建立健全专项协调推进机制,建议在整合现有相关工作协调推进机构的基础上,在宁波"一带一路"建设综合试验区创建工作领导小组下设立中国—中东欧投资贸易示范区、梅山新区自由贸易新城等专项工作推进领导小组，进一步加强宁波专项工作推进力度。二是进一步发挥现有市级国有投资公司功能，争取央企、省属国企，以及各类社会资本共同出资组建投资集团，形成更具优势的"一带一路"建设综合试验区开发建设平台。三是争取省政府向国务院申报国家级"一带一路"建设综合试验区并建立由国家级领导牵头协调、部省市等相关单位组成的"一带一路"建设综合试验区联席会议制度，为宁波"一带一路"建设综合试验区发展打下扎实的组织基础。四是加强同舟山群岛新区、义乌国际陆港城市及周边城市的战略合作，协同推进"义甬舟开放大通道"建设，联动打造国际贸易"浙江军团"。五是建立市县联动、分工协作和综合考评等机制，使市县形成共同打造"一带一路"建设综合试验区的工作合力。六是以友城合作和产业园（基地）建设为载体，与"一带一路"国家对口城市加强人文交流合作和投资贸易合作。

参考文献

[1] 汪传旭."一带一路"国家战略下长三角航运中心布局研究[J].科学发展,2017(4)：29—39.

[2] 朱晓中.中国—中东欧合作：特点与改进方向[J].国际问题研究,2017(3)：41—50.

[3] 刘江峰.宁波开创"一带一路"建设综合试验区[N].中国产经新闻,2017-09-26(004).

[4] 上海前滩新兴产业研究院自贸区课题组.3.0时代,上海自贸试验区建设再出发[J].中国经济周刊,2017(14)：52.

[5] 宋薇萍.上海自贸区"3.0"版改革：建设自由贸易港区[N].上海证券报,2017-04-01(001).

"一带一路"倡议下宁波教育对外开放的机遇与对策

徐侠民　高　聪　范美斯[*]

"一带一路"行动与倡议是我国主动参与全球化新格局的重大战略,为推动区域教育开放发展提供了契机,也提出了新任务、新要求。十九大报告指出,"中国开放的大门不会关闭,只会越开越大","打造国际合作新平台,增添共同发展新动力"。2016 年 4 月中共中央办公厅、国务院办公厅印发的《关于做好新时期教育对外开放工作的若干意见》要求"提升教育对外开放质量和水平,做强中国教育"。2016 年 12 月浙江省委省政府印发《关于做好新时期教育对外开放工作的实施意见》,该《意见》对我省教育对外开放工作做出重点部署,要求不断提升留学教育质量和涉外办学水平,深入开展"一带一路"教育行动,打造教育对外开放"浙江样本"。

宁波市作为中国首批 14 个对外开放城市和东南沿海重要港口城市之一,也是全国首个部市共建教育国际合作与交流综合改革试验区,教育改革与发展始终走在前列,并不断开创教育对外开放新格局。"十三五"期间,宁波市委、市政府确定了"建设国际港口名城、打造东方文明之都"的发展目标,国际化人才的培养成为"名城名都"建设的重要内容。

---

* 徐侠民,男,宁波海上丝绸之路研究院副院长,主要研究方向:一带一路建设和中东欧合作。高聪,男,宁波海上丝绸之路研究院办公室副主任,主要研究方向:产业经济。范美斯,女,宁波海上丝绸之路研究院国际交流与合作办公室主任,主要研究方向:教育国际化。

一、发展现状

据《2016 年浙江省高等教育国际化发展年度报告》显示,宁波 7 所高校分别进入 3 类高校国际化排名前 10 位,宁波教育国际化总体水平在浙江省名列前茅。无论是从基础教育、职业教育以及高等教育等不同层次上,还是在人才培养合作项目、境内外合作办学或是引进先进教育资源等不同类型上,宁波教育对外开放都逐步呈现出模式多元、特色鲜明的态势。

(一)以互学互鉴为新路径,"一带一路"教育合作亮点纷呈

宁波精心谋划"一带一路"国家职业教育合作试验园区,组建成立了"一带一路"产教协同联盟和丝绸之路商学院联盟,旨在联合培养"一带一路"建设高技能人才、商贸人才等。重点对接中东欧国家,举办了 4 届中国宁波—中东欧教育合作交流活动,设立了捷克语言文化中心等 9 个合作平台,开展了 6 项欧盟伊姆斯拉斯交流项目,旨在培养捷克语、波兰语等应用型小语种人才。成立了宁波海上丝绸之路研究院、宁波中东欧国家合作研究院等智库。

(二)以资源引进为突破口,国际优质科教资源稳步集聚

宁波建成了全国第一所中外合作的宁波诺丁汉大学,与麻省理工学院共建宁波供应链创新学院,建成了宁波大学—昂热大学联合学院、宁波 TAFE 学院、中英时尚与设计学院等中外合作机构和项目近 40 个。扎实推进科研国际合作,建成了宁波诺丁汉国际海洋经济技术研究院、海洋生物医药"111"创新引智基地等,累计引进国际高端外专人才近 100 名。

(三)以机制创新为抓手,国际合作机制建设成效显著

5 年来,宁波累计举办了与美国、英国、德国、新西兰、中东欧国家以及港澳台地区的 40 余场次双边、多边交流活动,促成项目 300 余项,宁波院校与全球 1000 余所院校建立了合作关系;以友好城市为基础,与英国诺丁汉市、新西兰奥克兰市、法国鲁昂市等开展人文交流机制项目;深化与驻华使领馆的深度合

作,引进了雅思官方考点、学转英超足球教师培训、法语特色班等项目。

(四)以项目拓展为手段,国际化人才培养创新发展

宁波扎实推动国际创新人才培养,开发了 100 多项学生国际交流项目,每年有 4000 多名大学生赴境外交流学习。本土高校新增了全英文授课专业 25 个,培育 10 余个国际化教学团队;建成了 20 多个来华留学生实习实践平台;2017 年共有来自 112 个国家的 4500 多名来华留学生在宁波高校留学。引进了中英 IMI(汽车工业学会)学徒制项目,实施了德国德累斯顿工业大学的双元制项目等,培养国际化职教人才。实施中小学"千校结好"行动计划,引进国外 STEAM 教育①、创新创业教育等优质资源,努力打造国际化中外创新人才培养的实践区。

(五)以路径创新为引领,教育国际服务独具特色

2012 年商务部唯一的职业教育援外培训基地落户宁波,2013 年宁波成立发展中国家职业教育研究院,累计为 110 个发展中国家的 1800 多名学员提供培训,建成了中非(贝宁)职业技术培训学院,同时在斯里兰卡、格林纳达开展了职业教育的境外培训项目。此外,宁波还分别以纸质、丝绸、陶瓷为主题成功举办 3 期阿拉伯国家文博专家研修班,来自 10 多个阿拉伯国家近 50 名文博专家参加了培训。宁波外事学校在罗马尼亚建立了中国国际艺术学校,宁波高校与印度尼西亚、俄罗斯等国家院校举办近 10 个境外办学项目。

(六)以多元载体为基础,中外人文交流日益频繁

宁波成为全国第二家中外师生文化交流项目基地,承办了多项国家中外人文交流机制项目;连续 11 年开展赴澳汉语志愿者项目,选派了 10 批 82 人赴澳开展汉语教学,当地 20000 余名学生受益;在马达加斯、冰岛以及格林纳达设立孔子学院和课堂,在宁波诺丁汉大学设立了国内首个孔子学院;打造了宁波国际大学生节等中外文化交流品牌项目,每年吸引 3000 多名国际学生体验与交流。

---

① STEM 教育,即集科学、技术、工程、艺术、数学多学科融合的综合教育。

二、问题与不足

当前,宁波教育对外开放过程中还存在一些新的问题与不足,主要是国际化发展不充分和不平衡。

(一)城市国际化水平不高制约教育国际化发展

一是国际化人才支撑不足。宁波缺少具有国内外影响力的高校和重点学科,推动科技创新的高端人才和科研机构集聚不够,在引进"大院名校"上与深圳、珠海、青岛等有一定差距。目前,在甬全职工作的两院院士仅有 2 名,引进国家级"千人计划"人才 73 人,而杭州 2014 年国家级"千人计划"人才就有 89人、深圳有 154 人、苏州有 189 人。此外,真正了解国际交往规则、懂得谈判技巧的外事人才缺口也不小。二是国际人员交流不足。机场出入境旅客人数,代表了一个地方人群与国际接触的频繁度。宁波空港发展长期滞后,国际航线偏少、客流规模总体偏低。2015 年,宁波机场国际地区航班航线 20 余条,出入境旅客人数突破 100 万人次,而同期杭州萧山机场出入境旅客人数超过 300万人次。三是留学生双向交流不平衡。留学生大多去往欧美发达国家,派往"一带一路"沿线国家的留学生和进修人员数量相对较少,在甬学校国外留学生总体中占比偏少,双向交流不平衡。

(二)政府对教育国际化的引导支持有待加强

一是对教育国际化发展的认识有待加强。许多人对高等教育国际化的理解存在一定的偏差,管理层人员的国际化意识与国际化综合素质较为淡薄。二是院校因公出国经费指标不足。近几年,院校出国经费指标多年未作调整,已不适应宁波教育国际化的快速步伐。三是中小学教师出国培训进修难的问题。《浙江省"十三五"教育事业发展规划》和浙江省教育现代化检测指标中均要求:到 2020 年全省 10% 的高中段专任教师和 3% 的义务教育阶段专任教师有国外学习培训经历。宁波市到 2020 年的这一缺口是 1670 人,每年仅能批准 2～3 批 60 人次左右。四是"一带一路"教育合作缺乏资金保障,共建平台、师生交流、合作研究、合作办学等推进都需要资金的投入。

（三）缺乏一支教育国际化管理队伍和师资队伍

一是缺乏教育国际化管理人才。目前，缺乏精通外语、具备国际视野、通晓国际准则、具有较强国际交往能力的管理队伍。二是缺乏一支具有国际视野、专业化水平高的国际化师资队伍。近年来，宁波学校外派交流学习的教师数量占比仍然不多，外籍教师在全校占比仍然较低。三是"一带一路"建设人才培养的师资队伍匮乏。目前，宁波作为对接中东欧"16＋1"合作的重要城市之一，严重缺乏中东欧国家小语种人才培养的师资队伍。

三、发展环境

宁波作为"一带一路"建设的节点城市和重要枢纽，其教育国际化的推进与发展，依赖于我国与"一带一路"沿线国家交流与合作的现实基础，同时也面临着多方面挑战。

（一）中国与沿线国家教育交流与合作的现实基础

1. 历史渊源深厚。自丝绸之路开通后，中国同中亚、阿拉伯世界及欧洲诸国的交往规模日益扩大，相互传播物资和文化，在互动过程中对彼此产生众多影响。近代，西方列强的坚船利炮打开国门后，传教士大量涌入并积极涉足教育领域，纷纷创办教会小学、中学及大学；与此同时，中国有识之士也开始兴办新式学堂，发展新式教育。千余年的教育交流史承载着"一带一路"沿线人民加强文教往来的意愿和企盼，也为当前的教育交流与合作奠定了基础。

2. 法律体系初步建立。在"一带一路"建设背景下，中国同沿线国家先后签署了不同层次的合作条约、关系协定、联合声明，这些具有法律效力的文件为开展国家、地区间的教育交流与合作提供了法制保障。中国同"一带一路"沿线国家在教育交流与合作领域已达成了广泛共识，并初步制定和实施了系列合作举措，如中国与中东欧国家领导人定期会晤及发布《纲要》的机制。

3. 创建了工作新机制。中国同"一带一路"沿线国家的教育交流日益频繁,已基本形成了三套工作机制:一是决策机制,具有宏观规划、协调磋商等职能。目前,中国已与上海合作组织、东盟、阿拉伯国家联盟、中东欧16国等多个沿线成员国建立了人文合作委员会、人文交流磋商等机制。二是协调机制,主要是中国与沿线国家在不同区域合作组织中建立的教育部长会议以及常设的教育专家工作组,如中国—东盟教育部长圆桌会议等。三是实施机制,主要是通过双方或多边开展的教育交流周、教育论坛等形式,如中国—中东欧国家教育交流会等。

4.搭建了运作载体。以孔子学院、中国文化中心及上海合作组织大学等为重点的运作载体,搭建起教育交流与合作的新平台。自2004年首家孔子学院在韩国成立至今,全球140多个国家(地区)共成立516所孔子学院和1073个孔子课堂。在区域性合作组织中,2007年8月的上海合作组织大学成立,为开展交流与合作搭建起崭新的平台,目前,项目院校已增至76所,其中中方20所,外方56所,优先在区域学、生态学、纳米技术、教育学等学科领域培养人才。目前,我国在海外成立了28个中国文化中心,其职能之一就是通过组织语言、文化艺术、体育健身等各类培训项目,加强两国文化交流与合作。

(二)中国与沿线国家教育交流与合作的现实挑战

中国同沿线国家的教育交流与合作逐渐增多,但就整体而言,仍存在规模小、交流渠道单一、合作基础薄弱、投入不足等问题。从参与主体上看,主要以政府层面的教育考察、互访为主,高校间合作规模不大,企业及民间组织间的合作甚少;从合作内容上看,以人文类语言学习为主,自然科学类科研合作、专业知识学习及高层次人才培养份额不大。究其原因,主要受以下几方面因素的影响。

1.复杂的国际政治经济环境。当今世界政治经济格局复杂多变,各类全球性问题日益突出,影响人类社会存续发展的不稳定因素剧增。国际经济领域世界经济格局加速进入大动荡、大调整、大变革的新阶段;国际安全领域传统安全与非传统安全威胁长期并存。这些都严重影响到沿线国家和地区的和平与稳定,并产生了不必要的隔阂和摩擦,对"一带一路"建设的实施带来严峻挑战,教育交流与合作也因此时常受阻。

2.民族文化差异及宗教渗透的干扰。民族的多样性、宗教的复杂性以及相伴而生的文化差异性，都给沿线国家间的教育交流与合作带来挑战。与中国边境相邻的中亚、南亚等国家宗教信仰较为复杂，增加了我国边境地区不稳定、不确定因素。在中国同沿线国家间的文化教育交流日渐频繁的大趋势下，如何防止民族分裂势力的渗透和破坏，如何妥善处理宗教问题与维护国家主权，是不容忽视的一大挑战。

3.教育体制差异较大。"一带一路"沿线国家各具特色、类型众多、国情复杂，其教育体制也存在较大差异。由于各国教育处于不同的发展阶段，各方在教学水平、师资力量、优势学科、重点研究领域等方面有所不同，故而给双方开展教育交流与合作增加了困难。此外，合作双方在课程互认、学分互认、学历互认、资格互认等方面存在诸多障碍。

4.各方期望不一致。从国内来看，对教育交流与合作重要性的认识还不足。自"一带一路"建设构想出台后，国内各省区市表现出极大热情，抢抓政策机遇、抢占发展先机，但都多侧重于经济领域，而偏轻于文化教育交流。从国际上看，各国对推进教育交流与合作尚存疑虑，由于"一带一路"沿线各国间政治、法律、文化等存在差异，各国对推进教育交流与合作的期望值不一。

四、发展新机遇

当前，中国正步入世界舞台的中央，这为宁波教育对外开放带来了新一轮的发展机遇。

(一)参与"一带一路"建设，抢抓新一轮教育国际化的机遇

"一带一路"沿线各国教育特色鲜明、资源丰富、互补性强、合作空间巨大。2016年7月教育部发布的《推进共建"一带一路"教育行动》提出了教育政策沟通、教育合作渠道畅通、沿线国家语言互通、沿线国家民心相通、学历学位认证标准连通等"教育行动五通"，并实施"丝绸之路"留学、合作办学、师资培训、人才联合培养四大推进计划。具体指出"加快推动教学仪器和中医诊疗服务走出去步伐"，"未来5年建成10个海外科教基地"，"中国每年面向沿线国家公

派留学生 2500 人"，"每年资助 1 万名沿线国家新生来华学习或研修"，等等。这些可为宁波优先在海外科教基地建设、双向留学、学位互认、合作办学等领域对接"一带一路"沿线国家，特别是与宁波有合作基础的中东欧、西北非等地区提供机遇。

(二)投身"教育强国"建设，争做中国教育走向世界的先行者

2015 年《统筹推进世界一流大学和一流学科建设总体方案》，明确将"推进国际交流合作，切实提高我国高等教育的国际竞争力和话语权"作为五项改革任务之一。十九大报告指出："建设教育强国是中华民族伟大复兴的基础工程。"教育部部长畅谈"教育愿景"时指出："到 2049 年，中国将尽自己的努力，为世界教育发展提供中国方案、中国智慧；到 2049 年，中国教育将稳稳地立于世界教育的中心，引领世界教育发展的潮流；到 2049 年，中国将成为世界各国人民最向往的留学目的国之一，中国版的教材、汉语发音的教材，将走向世界。"这为新时期的宁波教育加快对外开放步伐，形成以中东欧等为主要合作区域，扩大师生、教材双向交流，推动境内外多层次合作办学，加快布局孔子学院，以及可率先在东南亚地区开设具有宁波特色、中国智慧的阳明学堂等指明了新方向、新路径。

(三)践行新发展理念，在推进教育国际化、现代化中实现共赢发展

"一带一路"沿线国家教育国际化、现代化的需求十分迫切，我国教育也日渐成为各国学习的新榜样。随着高新技术不断涌现、多元文化不断融合，以互联网为代表的教育模式创新，已经突破了距离、国界、语言、文化等传统要素的阻隔，加速了教育国际化、现代化进程。坚持创新、协调、绿色、开放、共享的五大发展理念，是推动我国教育成功走向"一带一路"沿线国家，也是促进我国教育国际化、现代化的重要保障。这为宁波建设"一带一路"教育试验区、创建多边教育合作机制、创新国际化人才培养模式等教育国际化、现代化举措提供了共商、共建、共赢的实践机会。

（四）把握新全球化趋势，在区域协同发展中开创教育合作新空间

新一轮全球化正加速推动着知识、信息、技术、资金等优质资源更加频繁地跨国、跨地区流动，教育资源要素更加迅捷地在全球范围内寻求最优配置，尤其是在文化相近、语言相似的区域间表现得尤为突出。这为宁波发挥自身区位与资源优势，吸引全球知名大学在宁波建立分校或校区、全球聘任教师、开展互联网全球教学，以及联合全球优质教育资源共同在"一带一路"沿线国家共建教育平台、合作项目等创造了更广阔的合作空间。

（五）聚焦"名城名都"建设，搭乘城市开放水平提升的快车道

"十三五"期间，宁波确立了"建设国际港口名城、打造东方文明之都"的宏伟目标，而且正在努力建设宁波"一带一路"综合试验区、宁波"16＋1"经贸合作示范区等更加开放的合作大平台，这必将进一步优化宁波对外开放的制度环境，扩大国际的人文交流合作规模与层次，提升宁波城市开放度和国际影响力。这为宁波加快扩大教育对外开放，加大教育国际交流，加速吸引全球智慧汇聚宁波，亟待创新国际化人才培养模式，急需培养具有国际化视野和判断能力的"一带一路"复语型专业人才等方面提出了新要求。

五、经验借鉴

美国、英国、日本、新加坡等国家和我国香港地区在教育国际化方面积累的先进经验值得学习借鉴。

（一）明确国际化的教育方向

美国是勤于向英、法、德、俄等国的先进教育学习，并将其融于一体的集大成者，国际化是贯穿美国教育史的一条明线。美国高等教育国际化分为由独立前沿袭英国大学传统，到创造性学习移植德国教育模式，再到 20 世纪 80 年代以来的快速发展与自我完善，以及到 100 万人留学"林肯计划"等不同阶段。在高等教育国际化中，美国政府发挥了不可替代作用，国会通过《国防教育法》

以支持高等院校的课程国际化、设立国际发展署来促推国际教育交流项目、制定《国际教育法》发展国际教育并提升国际教育合作的能力等,使美国形成了在人才培养目标、教学内容、接受外国留学生、本国学生出国留学以及国际合作等系统性政策支持体系。教育国际化问题一直是日本政府关注的重要议题,从90年代开始,日本逐步形成了以国际理解教育为中心的教育国际化方向,并经历了别国理解教育,到日本型国际理解教育,再到全球教育及世界研究,至目前的多元文化教育等不同阶段。我国香港各高校十分重视教育国际化并确定其目标就是培养"立足我国香港及内地,面向亚太、世界"的国际通用型人才,树立"国际大学"形象,以提高自身的学术水平和学术地位。如香港大学的办学目标为"一是为中国而立;二是开展中西文化交流",香港中文大学的办学宗旨为"促进中西学术文化传统的交流与融合"。

(二)构建国际化的政策及管理体系

教育国际化需要强有力的政策及管理支持。英国为保持在招收国际学生中的领先地位,政府制定了一系列促进教育国际化的政策:包括《罗宾斯报告》《留学生高级学位管理》《迪尔英报告》《首相行动计划Ⅰ》《首相行动计划Ⅱ》等,出台了《海外研究生奖励计划》《志奋奖学金计划》《英国本科生奖学金计划》等一系列国际学生的资助政策,以及在世界各地设立了110多个分支机构来宣传英国教育。美国建立了由联邦政府部门、大量的非政府机构和种类繁多的支持项目所形成三位一体的高等教育国际化的管理保障体系和多元化、多层级的资助体系。日本建立了从内阁到地方当局共同推动教育国际化的专门管理机构。

(三)设计实施众多的国际化项目

国际化人才培养项目是提升教育国际化的重要载体。美国实施了包括肯尼迪—卢格国际青年交换研习项目、青年领袖计划、全球联系与交流项目、未来领袖交换项目、本杰明·弗兰克跨大西洋青年暑期学院等一系列推进高等教育国际化进程的项目,以及受到美国国务院直接领导的富布赖特美国学生交流项目、吉尔曼奖学金、国家安全语言计划三个资助项目。英国政府和各大学积极参与包括伊拉斯谟计划、学分互换制、苏格拉底项目、博洛尼亚宣言等欧盟的高等教育交流与合作项目。新加坡南洋理工大学实施了为学生提供到国外学习机会、出国学习时间长达一年的"海外浸濡计划"。

(四)建设国际化的课程体系

课程的国际程度是衡量一所学校国际化水平的重要标准。英国十分注重高校课程的国际化建设,在现有课程中加入国际元素,如国际教育课程、国别研究等相关课程。德国为推进国际化进程,在大多数应用科技大学开展了英语、德语双语授课的国际课程及预科项目。新加坡学生从小学开始就跟国际接轨,所有学生都必须掌握至少两种外语。中国香港高校重视课程设置的国际化,一般都采用双语教学,选用英语原版教材,开设涉外课程,运用国际标准授课。

(五)组建国际化的师资队伍

师资队伍的国际化是教育国际化的核心要素。日本在 1968 年就推动把教育和科研人员分批分期派往国外的大学及研究机构,从事教学、研究或进修的项目。1987 年开始实施"语学指导等外国青年招聘事业"(JET),由地方公共团体招聘外国青年充实到本地外语教育中,使得一些大学外籍教师比例非常高,如宫崎国际大学 81.8%、国际教养大学 51.6%。新加坡在全球公开招聘包括校长在内的大学教师,比如南洋理工大学先后聘请安博迪、杨振宁、丁肇中等。新加坡全国 6600 余名教师来自全球 70 多个国家和地区。我国香港高校几乎绝大部分教师都有海外留学背景,并且每年都拨出大量资金支持教师出国访问进修和资助教职员工到境外交流。

(六)积极推进教育国际交流与合作

积极推进教育国际交流与合作,是提升教育国际化的重要途径。英国积极与国外大学共建大学或分校,英国各大学通过国际学术会议的平台进行学术交流,经常邀请国外学者来访问、讲学或派英国学者出国访问、留学。新加坡也十分重视和加强与国际知名高校的交流。比如,新加坡国立大学就有 7

个海外分校;新加坡管理大学与世界 202 所大学建立互派学生交流计划。新加坡科技设计大学也与我国浙江大学和美国麻省理工学院合作招收本外籍学生。新加坡目前已经吸引和允许包括美国斯坦福大学、杜克大学,还有我国上海交通大学等 18 所世界知名大学入驻新加坡。

六、对策建议

随着中国正步入世界舞台的中央,中国教育国际化正逐步由"西学东渐"转向"东西互动",甚至"东学西渐"。宁波教育对外开放在新时代走在前列,行稳致远,谋在当下。

(一)顶层设计,谋划教育对外开放"宁波方案"

立足国家战略高度,服务宁波发展大局,通过顶层设计,系统谋划宁波市未来一段时期内教育对外开放方略,制定宁波教育对外开放战略规划,具体编制了《宁波市教育现代化 2035》《宁波市教育对外开放改革发展战略 2035》《宁波市"一带一路"教育行动计划》和《宁波市"一带一路"国家职业教育合作综合试验区行动计划》等。宁波结合自身优势和特色,规划打造"教育国际名城"。

(二)深化改革,探索教育对外开放"宁波模式"

增进部市合作,争取续建宁波教育国际合作与交流综合改革试验区,在教育国际化重点领域开展先行先试,形成一条独具宁波教育国际合作的新途径、新模式,探索一系列可复制、可借鉴的经验模式,以教育对外开放的方式促进本土教育改革创新和内涵建设,创新治理模式,提升治理水平,打造教育对外开放"宁波模式"。实施学校国际化提升工程,鼓励和引导宁波院校学习借鉴国际先进教育理念和人才培养模式,加大教师及管理队伍出国(境)进修、访学力度;培养和引进国际管理模式和团队,打造一批国际化教学与管理团队;推动中小学试点开展多语种教学;联合打造具有国际影响力的教育智库,服务本土教育改革与创新发展。

(三)先行先试,打造"一带一路"教育合作"宁波样板"

宁波围绕"一带一路"建设综合试验区建设,率先推进宁波"一带一路"国家职业教育合作综合试验区建设,打造"一带一路"职业教育合作办学基地和职业教育产教协同创新中心、职业教育国际交流与培训中心、职业教育研究中心。以中东欧国家、中国香港地区为重点,提升中国宁波—中东欧国家教育合作交流活动、甬港合作论坛、"一带一路"产教协同高峰论坛等国际影响力;设立宁波市"一带一路"教育人文交流基金,做大做强教育联盟机制和平台,高水平建好丝绸之路商学院联盟等多边合作机制,特色化推进捷克语言文化中心、斯洛伐克科研教育中心等双边平台建设。积极拓展与"一带一路"沿线国家教育合作,实施师生双向交流"百千计划",即推动宁波与沿线国家院校互派 100 名教师和 1000 名学生的研修交流活动;推动宁波优质教育资源走向沿线国家,合作开办分校或独立学院;推动率先在东南亚地区开设具有宁波特色、中国智慧的阳明学堂。

(四)聚才汇智,营造聚集国际化人才的"宁波富地"

围绕"国际港口名城、东方文明之都"建设,国家"中国制造 2025"试点示范城市、国家保险创新综合试验区、国家跨境电商试验区等大平台建设的需求,宁波深入实施"名校名院名所名人"培育和引进工程,通过"111 计划""3315 计划"引进国际高层次人才和研发团队,培育一支国际化教学师资队伍;设立宁波市"一带一路"教育人才培养基金,优先鼓励和支持联合开展应用型小语种专业人才培养,抢占小语种人才培养高地;支持加快培养一批熟悉国际规则、懂得国际标准的外交和国际组织人才;加大来华留学生政府奖学金投入力度,扩大留学规模,优化留学结构,做强"留学宁波"教育品牌;探索与驻华使领馆、友城、友校等合作招收奖学金学生的新模式,重点吸引中东欧国家等沿线留学生来甬留学;支持来华留学生的实习实训和创新创业;加强来华留学生教育教学质量监测与评估工作。

（五）集成创新，建设汇聚国际优质科教资源的"宁波高地"

探索多种形式教育国际合作办学模式，打造在亚洲地区具有影响力的国际优质教育资源集聚区。努力将宁波诺丁汉大学建成具有国际影响力的一流大学，争取再打造一所中外合作的高水平理工科大学，建设一批与产业发展深度融合、中外合作的专业化特色学院；引导和支持院校与国外顶尖院校和科研机构搭建国际科技创新平台、共建科教中心或联合实验室；优先引进国际知名教育机构或教育研究机构落户宁波，联合打造具有国际影响力的教育智库；做大做强商务部职业教育援外培训基地，建立中国职业教育援外培训师资库和专家库；加快构建国际化、创新型高等教育体系，打造一批全英文授课品牌专业、特色课程和特色教材。

（六）智慧互联，共建"教育网上丝绸之路"

充分发挥互联网、人工智能（AI）、5G等高新技术在教育国际化领域的运用，探索"互联网＋学习"的新途径、新方法，共同打造"教育网上丝绸之路"。依托丝绸之路商学院联盟、"一带一路"产教协同联盟等多边组织，开发建设国际标准、共同认可的在线开放课程，如各国文化、各国贸易政策等；依托商务部职业教育援外培训基地优势，探索"互联网＋培训"的新途径，打造"一带一路"援外培训网络平台；依托宁波—中东欧国家教育合作优势资源，探索分类分步推进与沿线国家共建"智慧教育"的网络平台和国际理解教育网络平台，探索建设宁波"一带一路"互联网大学。

（七）产教融合，打造教育产业国际交易试验区

充分提升中国—中东欧国家教育洽谈会暨教育展、欧洲宁波周·教育合作专场等影响力，推动举办"一带一路"沿线国家教育展，推动宁波成为中国与"一带一路"沿线国家教育交流展示基地；以宁波教育装备产业标准联盟为基础，推动成立国际教育装备产业标准联盟，并鼓励联盟企业联合举办国际教育装备产业博览会，拓展"一带一路"沿线国家市场；依托商务部职业教育援外培训基地，扩大援外项目培训规模、类型和质量，推动援外教育走向海外；推进与

"一带一路"沿线国家合作,推动共同开发培训课程、培训教材以及合作研究项目等教育知识产权产品的申请、转让、交易与保护,打造教育国际化知识产权试验区。

(八)互学互鉴,打造青少年学生文化交流示范区

中外青少年的交流与理解是中外人文交流的重要组成部分。宁波积极推进"千校结好"提升工程,稳步扩大中小学校对外结好的规模,着力推进"中外姐妹学校"的实质性交流,开展课程合作、教学交流、评价互鉴等手段加深教育理念和模式的互学互鉴,围绕世界和平、青年领导力、绿色环保、音乐艺术等主题开展理解教育,举办宁波市国际大学生节、学生国际艺术节、学生国际音乐节等活动,邀请五湖四海的青少年来宁波开展交流活动。进一步加大经费投入,资助在甬高校大学生赴国外高水平大学、"一带一路"沿线国家院校等交流和交换学习,培养学生的国际视野和素养。鼓励和支持高校在境外设立孔子学院(课堂)、阳明学堂等平台,探索与友好城市合作开展汉语志愿者项目的新模式,让世界各国更多青年认识中国,理解中国文化和社会制度。

(九)协同推进,构筑教育对外开放保障工程

一是加强组织领导。建立宁波市教育局主要领导挂帅,分管局领导牵头、相关部门及学校参与的教育对外开放推进协调机制,政校企协同的教育对外开放治理体制与机制。二是加大资源及经费投入。加大教育对外开放的平台搭建、师生培养、课程开发、合作项目等重点项目的资源及经费投入。三是加强理论支撑。培育一批围绕教育对外开放的理论研究、管理创新等为主的智库机构,旨在支持、指导和服务教育对外开放。四是建立健全质量监管体系。通过建立健全教育国际化监管制度、制定教育国际化质量标准体系,确保科学、及时地掌握宁波教育国际化推进成效、质量并做出科学决策。

参考文献

[1] 邵光华.加快推进宁波高等教育国际化发展[N].宁波日报,2017-03-16(010).

[2] 赵建华,陈国明.宁波基础教育国际化的现状及提升路径[J].宁波教育学院学报,2016(5):105—108.

[3] 毕诚."一带一路"战略带来中国教育新机遇[N].中国教育报,2015-10-09(005).

[4] 白鹭."一带一路"战略引领高等教育国际化的路径探讨[J].新西部(理论版),2015(15):121—125.

[5] 陈鹏."一带一路"提速高等教育国际化[N].光明日报,2015-08-04(003).

[6] 王焰新."一带一路"战略引领高等教育国际化[N].光明日报,2015-05-26(013).

中国（浙江）与保加利亚经贸与文化合作策略

王巧兰[*]

一、保加利亚在"一带一路"中的地位、角色与重点合作领域

保加利亚共和国位于欧洲巴尔干半岛东南部，北与罗马尼亚隔多瑙河相望，西与塞尔维亚、马其顿相邻，南与希腊、土耳其接壤，东临黑海，海岸线长378千米。面积111001.9平方千米，人口710.2万（2016年年底），其中保加利亚族占83.9％，土耳其族占9.4％，罗姆族（吉卜赛人）占4.7％，其他（马其顿族、亚美尼亚族等）占2％。货币是列弗（Lev）。首都索非亚（Sofia），人口约123.6万（2016年年底）；其他较大的城市有普洛夫迪夫市（Plovdiv）、瓦尔纳市（Varna）、大特尔诺沃（Veliko Turnovo）、布尔加斯（Burgas）以及旅游胜地古城内塞巴尔市（Nessebar）。

保加利亚位于欧亚大陆的中间、陆海交界之处，黑海西岸的天然良港是欧洲大陆的出海口。作为"一带一路"必经之国，有史以来的兵家必争之地，它在地缘政治上具有重要的战略意义。保加利亚2004年3月加入北约，2007年1月加入欧盟，是中东欧自由贸易区（CEFTA）成员国之一，也是"欧洲的安全边界"。保加利亚积极参与"一带一路"建设，"深信这将促进欧洲与中国的关系，并将在'一带一路'建设中发挥积极作用，提升保中两国的政治互信和互惠合作"（保加利亚总统拉德夫）。当前"一带一路"建设在保加利亚进入落地生根、

---

* 王巧兰，女，浙江万里学院讲师，主要研究方向：中东欧国情、对外汉语、国际政治。

深耕细作、持久发展的阶段。2017 年春天，"一带一路"全国联合会在其首都索非亚成立，旨在进一步加强中保在"一带一路"建设中的全面合作。

保加利亚参加"一带一路"建设，是基于解决自身的困境。保加利亚对中国连年巨额贸易逆差，使保加利亚渴望扩大中国市场份额，吸引中国投资，提高国内就业，盘活经济，以此提高地区影响力。随着"一带一路"建设推进，保加利亚凭借自身地理位置，丰富的森林、农业资源，完整的教育体系等优势，与中国在经贸、文化、旅游等领域加强交流和合作。双方的贸易和投资较以往显著提高，这直接带动了当地的经济发展，给当地人民带来了福祉。

除了享誉世界的"保加利亚三宝"（独特的自然、历史、文化、高品质的生活）以外，农业是中保"一带一路"合作的重头戏，也是保政府确定的重点发展产业之一。近年来，中保两国农业合作领域日益扩大，双边农产品贸易额持续增长，保政府对推动与中国开展农业合作的愿望强烈，欢迎中国资金进入其农业领域。中国投资的农业项目众多，如小型多功能拖拉机和其他农业机械生产，玉米和苜蓿种植，肉类、水果和蔬菜加工，含油玫瑰、香料植物、药用植物的栽培和产品加工等是双方合作的重点领域。互利才能共赢，越来越多的保加利亚玫瑰产品、酸奶和红酒进入中国，其饲料、油料作物和肉类对华出口也呈现稳步增长势头。

旅游业是保加利亚的支柱产业。保加利亚有世界上最好的滑雪场、海滨度假胜地、多处世界遗产、古建筑遗址、著名的玫瑰山谷，是世界观光客的最爱。保加利亚近年加大了旅游业的海外推广力度，2017 年前 8 个月，保加利亚共吸引外国游客 6500 万人次，同比增加 8％。2017 年 1—7 月，来自外国游客的旅游收入达到 38 亿列弗，同比增加 11％。2017 年 1—8 月，中国赴保游客较去年同期增加超 50％，达 19000 人，8 月份超过 2200 名中国游客赴保旅游，同比增加 23.4％。2017 年 9 月，保加利亚旅游中心在上海成立，致力于拓展中国市场。

保加利亚基础设施老化，因此在公路、有轨交通、铁路、房屋建设等领域有很多商机。在基建行业，持续增加的欧盟资金将为保加利亚国内外承包商提供更多机会。区域发展规划项下的欧盟"运营规划"预计在 2014—2020 年期间为基础设施项目提供 14 亿欧元以上的资金，其中 60％的资金用于城镇发展，包括交通、能源和民用建筑。

二、重点领域的合作建议

(一)了解并关注营商环境

作为第二个承认中华人民共和国的国家,保加利亚与我国长期保持着友好合作关系。近年来,在"一带一路"倡议、中国与中东欧国家"16＋1"合作平台以及双边地方经贸合作平台的共同推动下,在中保两国领导人的关心和双方的共同努力下,中保经贸关系稳步发展,双边贸易加速增长,投资热度不断升温,合作层面日趋多元。

保加利亚奉行自由贸易政策,反对贸易保护主义。加入欧盟后,保加利亚全面执行欧盟共同贸易政策,执行欧盟统一关税税率,其海关管理执行欧盟统一的政策和规章,同时也受国内《行政法》《刑法》《民法》《增值税法》《增值税实施条例》等相关法律法规的制约。

保加利亚政治基本稳定,法制化水平不断提高,经济环境逐步优化,基础设施正在改善,市场开放程度达到更高水平。作为欧盟最不发达国家之一,保加利亚具备低成本(包括土地、物价等)、低税率(欧盟最优)、低工资水平、低能源价格(在欧盟成员国中处于较低水平,电价最低)以及高素质人力资源和便利的交通环境等优势,很多大型跨国公司已把保加利亚视为其转移制造业的理想目的地。

1.投资吸引力

保加利亚经济保持低速增长,投资环境不断优化,国际评级机构对其评级的级数稳步提高,良好的评价使保加利亚成为众多外资瞩目的投资目的地国。保加利亚与欧盟其他国家相比,经济基础仍较落后,创新能力较低,存在一定的投资政策风险,但保加利亚仍具有多方面的引资优势,特别是在电信、农业、汽车、制造业、交通基础设施建设等领域存在较大的投资潜力。

外资规模稳定的政治经济环境、低运营成本、欧盟成员国等有利条件使保加利亚受到国际投资者的青睐。2005—2008年保加利亚引资额大幅增长,其主要集中于金融、贸易、房地产等投资回报率高、收益快的领域。制造业、能源、电信等行业引资则长期保持在 10 亿～15 亿欧元。保加利亚外资流入最多的三个行业是：金融和保险业，制造业，汽车、摩托车销售和维修业。保加利亚外资存量仍以房地产、制造业和金融业为主。据联合国贸易和发展会议发布的 2016 年《世界投资报告》显示，2015 年，保加利亚吸收外资流量为 17.74 亿美元；截至 2015 年年底，保加利亚吸收外资存量为 421.06 亿美元。据保加利亚央行统计，保加利亚 2017 年第三季度外资规模达 2.932 亿欧元，同比增长 38.8%，前三季度累积吸引外资达 7.442 亿欧元，预计年底外资投资规模将突破 10 亿欧元；其中，加工工业吸引外资达 3.31 亿欧元。但来自中国的投资很有限，截至 2016 年底，中国对保直接投资存量仅有 1.66 亿元。

宏观经济政策较为稳健。保加利亚为多党会议的政治体制和市场经济体制，是世贸组织和欧盟成员。进入 21 世纪以来，保加利亚经济整体呈较快增长态势，保加利亚在中东欧地区以稳健的宏观经济政策而闻名。

投资竞争力较强。保加利亚实行 10% 的欧盟最低企业税和单一的个人所得税（10%），为欧盟国家最低。世界银行公布的《2017 营商环境报告》中显示，保加利亚在全球 190 个经济体中营商容易度排名第 39 位。上述排名表明，保加利亚的营商环境较好，竞争力较强。保加利亚联信银行预测：2018 年保加利亚 GDP 增长率为 4.4%。世界银行预测保 2018 年经济增长率将 4.0%，将保持平稳增长的态势。据保加利亚国家就业署统计显示，2017 年注册登记失业率为 7.1%，与 2016 年同比下降 0.9 个百分点，失业率降至 2008 年以来最低。2018 年 3 月份失业率为 5.2%，再次低于欧盟平均值（7.1%），同比下降 1.2%。

人口素质较高。保加利亚 80% 的就业人口拥有中学或大学学历，60% 的就业人口会讲一门以上的外语。每年毕业的大学生超过 6 万人。

劳动力成本相对较低。据保加利亚统计局公布的统计，2016 年保加利亚平均月工资为 492 欧元，这一数据在中东欧国家中较低。

物价低廉，经营成本较低。根据欧盟统计局数据，保加利亚是欧盟成员国中物价最低的国家，保加利亚物价仅为欧盟平均水平的 50%。保加利亚是该地区电力出口大国，工业用地租金为欧盟最低。

地理位置优越。保加利亚地处巴尔干半岛，是连接欧亚的桥梁，是中国商品和投资进入欧洲市场的门户和捷径。

2.保加利亚基础设施状况

保加利亚公路、铁路、港口、机场等大部分基础设施建于 20 世纪 60—80 年代,由于投资不足,其基础设施普遍存在老化、失修、设备陈旧的现象,这在一定程度上制约了保加利亚的经济发展。

3.投资行业的法律、规定、双边协定

保加利亚制定了《投资环境和主要产业指导》《法律指导》《主要投资者信息》等文件和材料。保加利亚提出在制造业、可再生能源、信息产业、研发、教育以及医疗 6 个行业投资的外国公司将得到优惠政策的支持,同时取消了对钢铁、船舶、化纤制造行业的外商投资优惠政策。

涉及企业并购的保加利亚当地法律法规分散在《商法》《商事注册法》《证券公开发行法》《民事诉讼法》《企业所得税法》《保护竞争法》和《劳动法》等法律中。

保加利亚与投资合作有关的法律主要有《投资促进法》《申请投资优惠政策法》《外国人法》《劳动法》《特许法》《土地法》等。

中国与保加利亚签署了双边投资保护协定:《中华人民共和国和保加利亚人民共和国投资保护协定》《中华人民共和国和保加利亚人民共和国避免双重征税协定》《中华人民共和国政府和保加利亚人民共和国政府经济科技合作协定》《中华人民共和国政府和保加利亚人民共和国政府贸易协定》。

4.投资风险:保加利亚市场充满挑战和风险。

保加利亚目前还处在地区经济一体化的过渡阶段,基于其转轨过程中积淀下来的矛盾和问题,其政治经济社会发展的基础尚显脆弱,体制机制建设仍待完善,整体商业环境仍存在诸多先天不足。如在与欧盟接轨过程中,法律法规建设的缓慢进程已成为其发展阻力,而部分行业法律法规修订频繁对投资和合作造成很大冲击。除了复杂的决策体系、繁杂的争端裁决手续、政府办事效率低以外,激烈角逐的政党政治、议会选举等也对经济发展造成了负面影响。

国家公共事业体制执行力较弱,无法控制和监督基础设施项目的招投标程序,对公共采购合同缺少标准化和清晰的规则,导致腐败和不公平竞争。保加利亚在 2015 年全球 168 个国家的清廉指数中排名第 69 位,位列欧盟成员国最后一名。

除了来自欧洲、美国、俄罗斯和周边各国的软实力和硬实力在保加利亚根深蒂固外,近年亚洲和其他国家的经济和文化势力也进入保加利亚,加剧了行业竞争的态势。

人力资源是整个欧洲的短板,在保加利亚也不例外。一是缺乏技术型工人;二是 44% 的欧洲居民(相当于约 1.7 亿人口)尚无从事与数字经济相关行业的技能,目前,就业人口中无此项专业技能的占比达 37%,预计至 2020 年该项技能行业覆盖率将达 90%。

(二)行业市场潜力

除了传统的服装、纺织品、玩具、机电以外,保加利亚的下列行业市场潜力巨大:保加利亚的电子商务水平落后,跨境电商大有可为,目前与郑州在这一领域合作紧密;中医药出口环境渐好,建议我国企业与保加利亚国内大公司合作,实现双赢、规避风险;保加利亚自行车在欧洲很受欢迎,中、保两国可以探索合资、合作;保加利亚木质家具制造与出口每年营业额上亿列弗。

三、文化交流

近年来,伴随着经贸的发展,保加利亚与中国(浙江)的文化和教育交流越来越活跃,但仍有开发潜力和空间。当前一个很好的抓手是充分发挥中国文化中心的作用,扩大和深化中国(浙江)与保加利亚在文化、经贸等各领域的交流合作。

(一)性质:非营利性机构

作为一项长期的国家战略,中国文化中心不宜追求立竿见影的短期经济回报,而要追求长期的综合利益。这也是世界上其他文化推广机构通行的做法,如歌德学院、塞万提斯学院、法语联盟、英国文化委员会、俄语中心、孔子学院等。国内一种盛行的说法是美国不设类似的机构,事实是美国没有在中国大陆设立,但是在世界上很多国家和地区都设立了美国文化推广机构,它们的资金主要来源于美国政府或者与其有千丝万缕联系的非政府组织。

借鉴国际惯例,中国文化中心的运营资金可以来自政府财政投入、企业捐助和其他方式的民间支持,还可以对一些活动和服务收取少量费用,用以维持中心的正常运营。中心创立初期宜以政府财政投入为主。

(二)跨文化传播功能定位为"舞台、展示台、平台"

1.活动内容宜丰富多彩,体现中国特色,突出浙江省乃至宁波市地方特色。除了艺术表演、才艺培训和比赛、介绍饮食文化、中国节庆活动等以外,活动内容应加入当代中国风情、浙江和宁波的城市硬件和软件建设、特色小镇、新农村动态,浙江省传统习俗与现代都市生活,非物质文化遗产等内容,演示活动可以根据情况选择电子媒质或艺术家现场展示。活动内容的选择上,兼顾持久的艺术魅力与鲜活的时效性,把中国文化中心做成中国、浙江、宁波文化艺术表演的舞台和中国国情、地方新面貌的展示台、中国文化培训的平台。

活动形式宜多种多样,富有变化,给人以新鲜感,当地人喜闻乐见,使其保持较高的社会关注度。在表演、展览、比赛、游戏、培训、文化体验活动中,根据需要既可以大处着手,也可以从小处切入;既可以主题单一,又可以把握节奏、穿插进行。

2.及时推介浙江省、宁波市的博览会、交易会、文化产业和其他行业动态,把中心建成保加利亚人了解浙江和宁波的资讯平台,为保加利亚企业与浙、甬企业携手合作修路搭桥,促进文化机构和人才深度交流和项目研发。

加强与当地的文化机构和学校的业务联系,即使文化中心有国内大的财政投入,但一个机构孤悬海外,毕竟势单力薄,难成大事,需努力整合政府机关、企业、演艺协会、民间文化机构等当地资源,努力把中心打造成双边文化交流的平台。

(三)工作目的和效果概括为"容、融、荣"

要充分调动当地的资源,理顺与各种文化机构,包括孔子学院等其他中国文化推广机构、保加利亚本土的和外国驻保加利亚文化机构之间的关系,以开放的胸怀和视野开展各种形式的合作,使中国文化中心的活动成为当地普通人生活的一部分,成为了解中国、了解浙江的窗口,创立中国文化与本土文化和其他外国文化互相容纳,彼此包容,深度融合,进而和谐共荣的局面。这是外来文化生存和发展的不二选择。

(四)运营战略本土化

外国文化首先要在当地扎根,才能发展,后续才能形成影响力和号召力,带来长远的经济、政治利益回馈。而本土化战略在这一历程中尤为重要,是破解很多难题的钥匙。

中国文化有着强大的融合力。我们要用当地人接受的方式有效地传播中国文化,用适合本土的国际话语体系讲好中国故事。

保加利亚一向是"上帝的后花园""欧洲的安全边界",是中东欧的大国,它自古以来一直在周边强国的势力角逐和纵横交织的国际矛盾中求生存、求发展,它是两次世界大战的战败国。这决定了保加利亚复杂的国情和对外交往中的矛盾心理——既渴望与大国、强国合作,借外力解决固有的顽疾,又心存芥蒂,担心外国势力的扩张损害国家利益。作为开放的、世界著名的旅游目的地国家,保加利亚一向重视保护本国的传统文化和产业。一些西方国家和亚洲国家在保加利亚有着割不断的历史联系、现实的和未来的国家利益。中国文化要想生存须得到当地人的大力支持。

所有这些都决定了中国文化中心从内部管理到对外联络,从工作计划到项目设计,都要践行本土化战略。

第一,充分调研当地的法律、法规、政策、政府效率、腐败程度、宗教禁忌、风土人情、民族习惯、思维和工作方式等,掌握当地的营商环境和文化环境,是游刃有余地开展工作的前提条件。

第二,在内部人力资源管理上,主管和财务、人事、活动组织的决定权掌握在中国人手中,而秘书、内部杂务和对外联络应雇用高素质的当地人。这样,既能使我们快速了解和适应当地的环境,又能发挥他们的人脉优势,从而提高对外宣传的工作效率;同时,可以避免可能发生的当地人"欺生"、沆瀣一气和侵吞财产的恶劣行为。

第三,拓宽领域,合作单位网络化,交流立体化。打通官方和民间,打通文化和教育、经济等领域,加强省际、市际交流,加强官方、半官方和民间全面、多层次的互动,使艺术家协会与艺术家个体、文化产业行业协会与企业家个人、中保文化和教育单位之间,开展各种形式和内容的互动,建立长期的联系和合作。

第四,中心的任务是传播中国文化特别是浙江、宁波的地方文化,也可以在适当的时机,适度兼顾保加利亚当地的特色文化,把具有共性或差异性的项目放在一起展示,使当地人在比较中切身体会和挖掘中国文化的特殊魅力,也会自然而然地消除西方媒体"文化侵略"的不和谐声音。例如,与当地人共庆保加利亚传统节日,把有相关性和可比性的中国文化元素加进来一同展示。

(五)工作方法"四化"

1.公共形象亲民化,调研、活动和总结常态化,保证较高的艺术水平,确保民间交流深入社会各阶层,深入人心,社会反响良好。中心要开展各种定期和不定期的社会调查,了解当地人的关注点,科学制定文化中心的中期和短期规划、年度规划以及每个活动的整体设计,找准目标受众,前期宣介和设计过程中要充分考虑跨文化沟通各环节的细节,包括当地的文化禁忌,活动后要根据在当地的推广情况和受众反馈,及时反思,发扬优势或调整做法。中国文化中心是双边合作的成果,但是在国外运营中要淡化政府背景,民间身份和亲和的工作风格有利于跨文化传播,要利用各种时机自然而然地宣讲中国文化中心是给当地人带来福祉的桥梁和媒介。

2.外宣手段高科技化、虚拟化,增加文化活动数量和参与人数,扩展"粉丝群"和"粉丝"人数。不但要用精彩的活动把当地人吸引到文化中心来,还要进行实地场景与虚拟空间线上线下互动,利用互联网和国外流行社交网站传播自己的声音,这对于在年轻人中"圈粉"尤其会事半功倍;学会与当地主要媒体打交道,借船出海,对中国文化活动做广泛的报道和传播。利用保加利亚的地缘优势,强化中国(浙江、宁波)在这一地区的存在。

中国文化中心不但会悄然培育中国(浙江、宁波)商品的潜在客户群,还能于无形中培养未来保加利亚与中国(浙江、宁波)交流的众多民间大使,是"一带一路"大背景和框架下深化中保合作、扩大中国(浙江、宁波)在保加利亚、在中东欧甚至在西方的影响力必走的一步棋,这表现了浙江(宁波)调动自身资源,以实际行动积极、主动参与"一带一路"国家战略的长远眼光和坚定决心。

四、政府及民间保障合作的举措

第一,建立和完善组织机制。宁波市在保加利亚有重大项目和战略利益,因此需要双方上下沟通、内外联络。商洽业务事无巨细,而"外事无小事",需由专门的机构和人员负责这项工作。

第二,对口合作和协调。除了政府层面,半官方和民间组织之间,例如行业协会之间、演艺协会之间、工会组织之间等,对口单位应尽快建立联系,在信息交换、人员互派和支持等方面开展合作,取长补短、借鉴学习,迈开交流的第一步。

第三,政策倾斜和支持。中央、省政府、市政府分工协作,鼓励更多的企业和个人参与到甬保经贸、文教交流活动中来,实现多层次融资和经费支持。

第四,智库先行。跨国公司由于对保加利亚营商环境缺乏深入了解而导致的投资失败的案例不在少数,而中国企业投资巨大,因而失败案例和损失金额也远远高于世界其他国家。我们应加大投入对保加利亚进行调研,搜集政经、文化等最新资讯,深入分析,为政府、企业和社会提供及时、准确而全面的咨询服务,提高投资项目的成功率。保加利亚是欧盟、北约、中东欧自由贸易区成员国,与这些国际组织其他成员方有着千丝万缕的联系和历史渊源,与美、俄的关系历来是其外交要务。小国之所以复杂,除了由于自身的历史、民族、宗教、发展水平等以外,无孔不入的国际势力持续的渗透也是不容忽视的因素和矛盾的源头。加强对保加利亚与这些国家之间政府、企业、民间组织之间的关系的调研,对于我们深入了解保加利亚国情、预测其政策走向,对于中企在保加利亚的投资活动,特别是在重大项目国际招投标中少走弯路,有着非常重要的意义。

第五,保障人才到位。加大人才培养力度,以掌握当地语言、熟悉当地文化和营商环境为人才培养的目标。在加大地方投入的同时,协调和利用好北京外国语大学等国内外现有的教育资源。

第六，加大宣传力度。欧洲的媒体原则上独立于政府，对公众有巨大的影响力和号召力，对保加利亚媒体的工作尤其需要耐心、细心和智慧，才能争取双方舆论支持，做好对内对外宣传工作。

参考文献

[1] 李敬、肖伶俐."一带一路"相关国家贸易投资关系研究——中东欧十六国[M].北京:经济日报出版社,2017.

[2] 李伟."一带一路"沿线国家安全风险评估[M].北京:中国发展出版社,2015.

[3] 秦玉才、周谷平、罗卫东."一带一路"100问[M].杭州:浙江大学出版社,2015.

[4] 徐绍史."一带一路"与国际产能合作行业布局研究[M].北京:机械工业出版社,2017.

[5] 徐绍史."一带一路"与国际产能合作国别合作指南[M].北京:机械工业出版社,2017.

[6] 郭业洲."一带一路"沿线国家及重要政党概览[M].北京:党建读物出版社,2017.

上市公司参与"一带一路"建设对策研究
——以宁波为例

王 盼 杨 波 刘冲冲*

一、背景

建设丝绸之路经济带和 21 世纪海上丝绸之路,是以习近平同志为核心的党中央审时度势、主动应对经济全球化形势深刻变化,统筹国际国内两个大局,为实现中华民族伟大复兴的中国梦做出的重大战略决策,是新时期我国第三次改革开放,在新的历史条件下对开创我国全方位对外开放新格局、促进地区及世界和平发展、互利共赢具有重大意义。

2017 年 5 月 14 日,习近平总书记在"一带一路"国际合作高峰论坛上发表的主旨演讲中提到,宁波等地的古港是记载古丝绸之路历史的"活化石",这是对宁波在我国对外开放中重要地位的充分肯定。2017 年 9 月 20 日,浙江省人民政府批复设立宁波"一带一路"建设综合试验区,旨在将宁波打造成为"一带一路"港航物流中心、投资贸易便利化先行区、产业科技合作引领区、金融保险服务示范区、人文交流门户区,努力将宁波建成"一带一路"战略枢纽城市。

2016 年,宁波企业投资"一带一路"沿线国家的金额为 7.5 亿美元,占全市对外直接投资总额的 21.3%。目前,雅戈尔、申洲、百隆东方等劳动密集型的纺织服装企业已在东南亚建立境外生产基地。同时,宁波还加快了中意、中

* 王盼,男,宁波海上丝绸之路研究院培训部部长,主要研究方向:跨国公司经营与管理。杨波,男,上海海洋大学硕士研究生,主要研究方向:国际贸易理论与政策。刘冲冲,男,浙江万里学院本科生。

瑞、北欧等境内工业园以及东南亚、中东欧等境外合作园的建设。在"一带一路"沿线国家的承包工程营业额为 17.7 亿美元,占 2016 年全市境外承包工程营业总额的 87.0%。

因此,宁波正在迎来新一轮开放发展的巨大机遇,而宁波上市公司作为宁波经济社会发展的重要推动力量,应在新时代的更高层面上服务国家"一带一路"建设,在更高水平上重塑宁波开放新优势,提升宁波的国内外影响力,助力"名城名都"发展和"一带一路"建设。

二、宁波上市公司发展现状

宁波是我国首批 14 个沿海开放城市之一,是我国连接"丝绸之路经济带"和"21 世纪海上丝绸之路"的枢纽,是长江黄金水道和南北海运大通道构成的"T"字形宏观格局的交汇点,具有连接东西、辐射南北的区位优势。从经济总量上来看,2016 年宁波全市实现地区生产总值 8541.1 亿元,比上年增长7.1%。按常住人口计算,全市人均地区生产总值为 108804 元,在全国居于第16 位。据宁波市统计局数据显示,2017 年一季度全市实现地区生产总值2042.4 亿元,按可比价格计算,同比增长 8.5%,增速比去年同期提高 3.2 个百分点,比去年全年提高 1.4 个百分点,快于全国 1.6 个百分点。中国社会科学院和《经济日报》共同发布的《中国城市竞争力第 15 次报告》也显示宁波的综合经济竞争力超过杭州,排名全省第一,全国第 23 位。

根据中国证监会统计数据显示,截至 2017 年 10 月,宁波 A 股上市公司达68 家,总市值 7274 亿元,宁波形成了以高端制造业为特色,以民营企业为主的资本市场"宁波板块"。本文鉴于可采集数据的权威性和可比性,主要聚焦于宁波 A 股上市公司发展情况的分析讨论,发现宁波上市呈现如下特点。

(一)行业分布

根据中国证监会网站公布的行业分类标准,宁波 A 股上市公司共涵盖 22个行业,各行业上市公司数量和总市值情况见表 1。

表 1   2017 年 10 月宁波上市公司数量和总市值分行业统计

行　　业	公司数量（家）	总市值（亿元）	总市值占比（%）	平均市值（亿元）
房地产业	4	558.07	7.67	139.52
租赁业	1	42.25	0.58	42.25
批发零售业	3	145.33	2.00	48.44
电气机械和器材制造业	8	528.51	7.27	66.06
有色金属冶炼和压延加工业	3	285.20	3.92	95.07
交通运输、仓储和邮政业	3	1371.23	18.85	457.08
纺织业	3	245.41	3.37	81.80
计算机、通信和其他电子设备制造业	7	554.89	7.63	79.27
金属制品业	1	73.79	1.01	73.79
土木工程建筑业	4	335.19	4.61	83.80
电力、热力生产和供应业	1	33.09	0.45	33.09
汽车制造业	7	929.60	12.78	132.80
文教、工美、体育和娱乐用品制造业	3	105.17	1.45	35.06
农副食品加工业	1	70.51	0.97	70.51
货币金融服务业	1	941.96	12.95	941.96
通用设备制造业	6	405.84	5.58	67.64
其他制造业	1	36.26	0.50	36.26
仪器仪表制造业	1	145.91	2.01	145.91
专用装备制造业	4	242.73	3.34	60.68
医药制造业	2	105.70	1.45	52.85
橡胶和塑料制品业	3	86.87	1.19	28.96
专业技术服务业	1	30.82	0.42	30.82
合　计	68	7274.33	100.00	127.44

数据来源:中国证券监督管理委员会宁波监管局,由笔者整理而得。

总体来看,宁波 A 股上市公司所属制造业企业数量较多,总市值各行业差异较大。具体而言,从数量上来看,宁波 A 股上市公司数量居前四的行业依次为电气机械和器材制造业(8 家),计算机、通信和其他电子设备制造业(7 家),

汽车制造业(7家),通用设备制造业(6家),公司数量合计占比近41%。从总市值来看,占比较高的前三个行业依次为交通运输、仓储和邮政业(18.85%),货币金融服务业(12.95%),汽车制造业(12.78%),三个行业总市值占比44.58%。平均总市值较高的前两个行业依次是货币金融服务业,交通运输、仓储和邮政业。值得注意的是宁波仅有一家货币金融服务业上市公司——宁波银行。

(二)区域分布

2017年宁波行政区域下辖6个区(海曙区、江北区、北仑区、镇海区、鄞州区、奉化区)、2个县(宁海县、象山县)、2个县级市(余姚市、慈溪市)。

从表2来看,宁波A股上市公司数量和总市值在各区域分布呈现不均衡性。从数量上来看,上市公司较多的3个区分别是鄞州区(19家)、北仑区(11家)和海曙区(11家)。3个区域上市占比达60.29%,其中,鄞州区占比为27.94%。从总市值上来看,总市值前四位的区域是鄞州区、海曙区、北仑区和慈溪市,总市值分别为3294.22亿元、935.05亿元、797.79亿元和796.59亿元。四区域总市值占比达到80.06%,其中,鄞州区占比达45.29%。

表2 2017年10月宁波上市公司数量及总市值分区域统计

区　　域	公司数量(家)	数量占比(%)	总市值(亿元)	总市值占比(%)
鄞州区	19	27.94	3294.22	45.29
北仑区	11	16.18	797.79	10.97
海曙区	11	16.18	935.05	12.85
慈溪市	7	10.29	796.59	10.95
余姚市	5	7.35	438.41	6.03
江北区	4	5.88	183.30	2.52
象山县	4	5.88	365.97	5.03
宁海县	3	4.41	225.29	3.10
镇海区	2	2.94	98.51	1.35
奉化区	2	2.94	139.20	1.91
合　　计	68	100.00	7274.33	100.00

数据来源:中国证券监督管理委员会宁波监管局,由笔者整理而得。

(三)不同区域上市公司行业分布

鉴于部分区域上市公司数量较少,行业特征不明显,我们仅选取上市公司较多的鄞州区、北仑区和海曙区 3 个区对其行业分布进行分析。

宁波市鄞州区是宁波市经济总量最大的区,也是上市公司较为集中的区域,共有 19 家上市公司,这些上市公司分布于 12 个行业(见图 1)。总体来看,鄞州区上市公司主要集中在计算机、通信和其他电子设备制造业(3 家)、汽车制造业(3 家),此外,占比较高的还有电气机械和器材制造业、土木工程建筑业、医药制造业,行业种类比较丰富。上市公司总市值超过 100 亿元的共有 7 家,占比达 36.84%。其中,市值最高的是货币金融服务业的宁波银行,其市值达到 941.96 亿元。交通运输、仓储和邮政业的宁波—舟山港次之,市值达

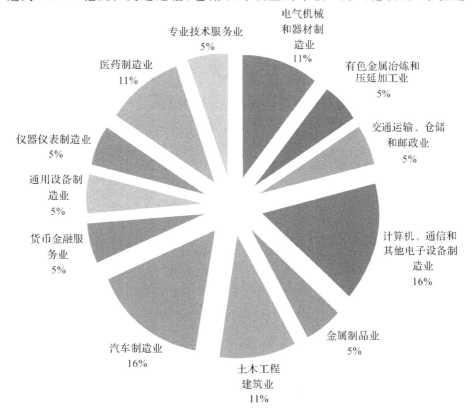

图 1 宁波市鄞州区各行业上市公司行业分布

769.29 亿元,第三是汽车制造业的均胜电子,其市值为 370.13 亿元。

2017 年 10 月,北仑区共有上市公司 11 家,他们分布于 7 个行业,较为分散(见图 2)。北仑区上市公司集中分布于电气机械和器材制造业行业,汽车制造业,文教、工美、体育和娱乐用品制造业 3 个行业,分别以理工环科(79.53 亿元)、拓普集团(188.44 亿元)和创源文化(29.87 亿元)为代表。拓普集团(188.44 亿元)和旭升股份(188.28 亿元)是北仑区仅有的 2 个超百亿元的上市公司。

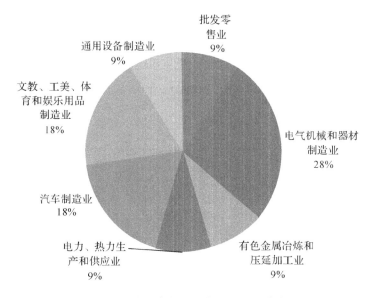

图 2　北仑区各行业上市公司行业分布

海曙区拥有上市公司 11 家,它们分布于 7 个行业(见图 3),集中分布于房地产业、纺织业和批发零售业。值得一提的是这里的 3 个产业使得海曙区成为宁波市中拥有房地产业、纺织业和批发零售业上市公司最多的行政区。尤以房地产企业雅戈尔、纺织业企业太平鸟和批发零售业三江购物为代表,其市值分别为 333.79 亿元、127.45 亿元和 88.11 亿元。

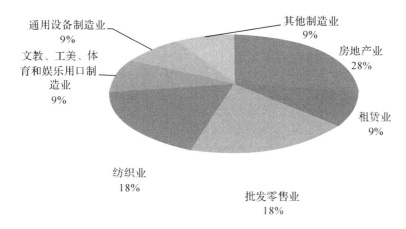

图 3　海曙区各行业上市公司行业分布

(四)宁波上市公司中优秀企业区域分布、市值及所属行业分布

从图4来看,宁波市上市公司中市值超百亿元的企业共有17个,其中鄞州区7家(41%)、海曙区3家(17%)、北仑区和象山县各2家、慈溪市、余姚市和宁海县各1家,奉化区和江北区均没有超百亿元的上市公司。从市值排名来看(见表3),宁波银行以941.96亿元居首,宁波—舟山港以769.29亿元次之,韵达股份以544.11亿元居第三位。宁波上市公司实力差异明显,且主要集中于制造业。

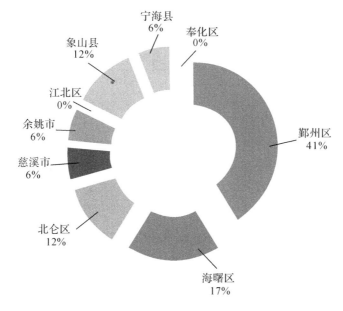

图 4　宁波市各区超百亿元市值上市公司分布

表 3 2017 年 10 月宁波上市公司总市值前二十位排名一览

公司股票简称	股票代码	上市时间	所属行业	总市值（亿元）
宁波银行	002142	2007/7/19	货币金融服务	941.96
宁波—舟山港	601018	2010/9/28	水上运输业	769.29
韵达股份	002120	2007/3/6	邮政业	544.11
均胜电子	600699	1993/12/6	汽车制造业	370.13
雅戈尔	600177	1998/11/19	房地产业	333.79
杉杉股份	600884	1996/1/30	电气机械和器材制造业	224.89
拓普集团	601689	2015/3/19	汽车制造业	188.44
旭升股份	603305	2017/7/10	有色金属冶炼和压延加工业	188.28
江丰电子	300666	2017/6/15	计算机、通信和其他电子设备制造业	180.52
三星医疗	601567	2011/6/15	仪器仪表制造业	145.91
宁波华翔	002048	2005/6/3	汽车制造业	136.75
龙元建设	600491	2004/5/24	土木工程建筑业	130.37
太平鸟	603877	2017/1/9	纺织服装、服饰业	127.45
荣安地产	000517	1993/8/6	房地产业	125.13
东方日升	300118	2010/9/2	计算机、通信和其他电子设备制造业	120.50
日月股份	603218	2016/12/28	通用设备制造业	102.94
围海股份	002586	2011/6/2	土木工程建筑业	101.59
鲍斯股份	300441	2015/4/23	通用设备制造业	96.19
大丰实业	603081	2017/4/20	专用设备制造业	96.07
宁波韵升	600366	2000/10/30	计算机、通信和其他电子设备制造业	95.31

（五）小结

1. 宁波上市公司数量与规模有待提升。据《宁波资本市场发展报告2016》显示，宁波上市公司的数量和总市值低于杭州，且差距较大；宁波上市公司的平均总市值也低于浙江省平均水平，这与宁波在省内的经济地位不太吻合。宁波与厦门、青岛、大连等计划单列市相比，虽数量和总市值有相对优势，但产业结构不甚理想，尚需优化。

2. 宁波上市公司区域与行业分布有待优化。从数量与总市值考量，宁波上市公司的区域与行业分布不均衡；从区域分布来看，上市公司主要集中于鄞州区、北仑区和海曙区，其他区域较少；从行业分布来看，传统制造业占比较大，产业转型升级任重道远。

三、宁波上市公司发展机遇分析

(一)各级政府重要的政策支持

2015 年以来，中央、省、市层面陆续出台了一系列相关的法规政策助力"一带一路"建设。其中比较有代表性的有国家发改委于 2017 年 12 月 26 日公开发布的《企业境外投资管理办法》；中国保监会于 2017 年 4 月 27 日公开发布的《中国保监会关于保险业服务"一带一路"建设的指导意见》；浙江省发改委于 2017 年 9 月 20 日公开发布的《宁波"一带一路"建设综合试验区总体方案》和宁波市人民政府于 2015 年 5 月 29 日公开发布的《关于加强与中东欧国家全面合作的若干意见》等重要政策文件。主要内容详见表 4。

表 4   2015 年以来公开发布的"一带一路"建设相关政策文件

层面	文件名称	出台时间	出台单位	主要内容
中央部委	企业境外投资管理办法	2017 年 12 月 26 日	国家发改委	新办法作为境外投资管理的基础性制度，在"放管服"三个方面统筹推出了八项改革举措，旨在加强境外投资宏观指导，优化境外投资综合服务，完善境外投资全程监管，促进境外投资持续健康发展，维护我国国家利益和国家安全
	关于进一步引导和规范境外投资方向的指导意见	2017 年 8 月 4 日	国家发改委、商务部、人民银行、外交部	指导意见明确指出了我国企业境外投资鼓励类、限制类和禁止类项目投资及四点保障措施等重要内容

续表

层面	文件名称	出台时间	出台单位	主要内容
中央部委	关于保险业服务"一带一路"建设的指导意见	2017年4月27日	中国保监会	充分认识保险业服务"一带一路"建设的重要意义、基本原则;构建"一带一路"建设保险支持体系,为"一带一路"建设提供全方位的服务和保障;加快保险业国际化步伐,推动保险业"一带一路"互联互通和保障措施等
	关于推进国际产能和装备制造合作的指导意见	2015年05月13日	国务院	推进国际产能和装备制造合作的重要意义、总体要求、主要任务;提高企业"走出去"能力和水平;加强政府引导和推动;加大政策支持力度和强化服务保障和风险防控等
	关于落实"一带一路"倡议 做好税收服务与管理工作的通知	2015年4月21日	国家税务总局	做好相关税收服务与管理工作的总体目标、主要内容和其他有关内容
	推动共建丝绸之路经济带和21世纪海上丝绸之路的愿景与行动	2015年3月28日	国家发改委、外交部、商务部	推动"一带一路"建设的时代背景、共建原则、框架思路、合作重点、合作机制、中国各地方开放态势和中国的积极行动等
浙江省	宁波"一带一路"建设综合试验区总体方案	2017年9月20日	浙江省发改委	宁波"一带一路"建设综合试验区试验意义;宁波优势条件;试验思路、试验重点和保障举措等
宁波市	宁波建设更具国际影响力的经贸合作交流中心行动纲要	2017年2月28日	宁波市人民政府	推进宁波更具国际影响力的经贸合作交流中心建设的重大意义、总体要求、重点任务及工程和保障措施等
	关于制定"十三五"规划的建议	2015年12月25日	中国共产党宁波市第十二届委员会	"一带一路"建设背景宁波机遇;服务"一带一路"的港口经济圈;打造"一带一路"海洋金融创新服务中心和特色财富管理中心等
宁波市	关于加强与中东欧国家全面合作的若干意见	2015年5月29日	宁波市人民政府	加强宁波与中东欧国家全面合作的总体思路;政策支持和保障措施等

(二)相关国家间的双多边制度保障

目前,100多个国家和国际组织积极支持和参与"一带一路"建设,联合国大会、联合国安理会等重要决议也纳入"一带一路"建设内容。中国已同40多个国家和国际组织签署了合作协议,同30多个国家开展机制化产能合作,与56个沿线国家签署了双边投资协定,与54个沿线国家签署了税收协定,与"一带一路"沿线的36个国家及欧盟、东盟分别签订了双边海运协定(河运协定),与21个"一带一路"沿线国家签署了标准化合作协议,与"一带一路"沿线的格鲁吉亚、新西兰、智利、巴基斯坦、东盟、新加坡等23个国家或地区签署了15个自贸区协定(FTA),与相关国家或地区正在磋商《区域全面经济合作伙伴关系协定》(RCEP),与海合会、斯里兰卡、马尔代夫、以色列、挪威等达成了自贸区协定,正与巴基斯坦、新加坡、智利、新西兰进行自贸区协定的升级谈判。在"一带一路"沿线的17个国家中共同建设了46个境外合作区,同欧盟"容克投资计划"、蒙古"草原之路"、柬埔寨"四角战略"、老挝"变陆锁国为陆联国"战略等产能合作对接达成共识。以上这些双边或多边协定或平台为宁波上市公司在"一带一路"沿线国家的业务开展提供了货物、资本、技术和人员流动的便利以及税收的优惠,境外经贸合作区无疑有助于宁波上市公司的境外发展。

(三)东道国产业需求及优惠政策

"一带一路"沿线国家中的越南、柬埔寨等国大力发展纺织服装等劳动力密集型产业;为扩大就业,他们把出口加工制造业作为国民经济发展的支柱产业,形成了一些产业集群,如印尼、马来西亚、菲律宾、新加坡的电子产业集群,新加坡石化产业集群,印尼、马来西亚和泰国汽车产业集群,越南和泰国纺织服装产业集群及新加坡生物医药产业集群等都在吸引着国际产业转移。东道国提供了普惠制待遇或出口优惠政策,给予外资税收减免和降低土地租金等优惠政策。

(四)宁波自身门户优势

宁波作为海上丝绸之路的重要门户,对外交流历史悠久,在宋代与广州、泉州同为对外贸易三大港,清代成为中国四大海关之一,现与 40 多个沿线国家城市缔结了友城关系。宁波地理区位优越,拥有世界第五大港口宁波—舟山港,是中国从"海路"开展与"一路"沿线国家产能合作的始发港之一,也是长江三角洲铁路与水路交汇处。宁波经济外向度高,外贸自营进出口总额连续四年超千亿美元,与"一带一路"沿线国家和地区贸易额达 248 亿美元,累计跨国并购额达 23 亿美元,在"一带一路"沿线国家和地区设立境外企业和机构近 580 家,先后成功举办中国—中东欧投资贸易博览会、中国—中东欧国家经贸促进部长级会议、中国航海日论坛等活动,有条件为我国与"一带一路"沿线国家和地区开展经贸合作提供更大的空间。同时,宁波还是国家保险创新综合试验区、中国—中东欧贸易便利化国检试验区、跨境电子商务综合试验区、"中国制造 2025"试点示范城市和"一带一路"建设综合试验区等,使得其综合服务环境和质量水平不断提升,为与"一带一路"沿线国家和地区开展合作提供了有力的制度保障。以上优势为宁波上市公司融入"一带一路"建设提供了良好的发展机遇。

(五)开拓进取的民营企业群体

民营经济是将"一带一路"建成繁荣之路的重要力量。宁波民营经济发达,民营企业家创新意识强、开拓精神足,民间资本可用总量达 1 万亿元以上,"走出去"的民间资本遍布全球 100 多个国家和地区,"一带一路"沿线国家和地区投资总量占比达到 20%以上,是目前全国第四个境外投资额超百亿美元的副省级城市,这成为宁波推进"一带一路"建设的重要力量。

四、宁波上市公司参与"一带一路"建设存在的问题及需求

(一)宁波上市公司"走出去"存在的主要问题

1."走出去"战略模糊

许多"走出去"的宁波上市公司缺乏清晰的"走出去"路线图,"走出去"目

的含混不清,对协同效应理解不足。有的公司急于通过"走出去"做大做强,未做充分准备就盲目进入陌生领域。有的公司缺乏足够的国际资源和专业经验,过分依赖投行等中介提供的目标企业信息,容易陷入"机会导向"陷阱,甚至单纯为了走出去而走出去。个别公司在"走出去"战略制定和对外投资标的选择方面,对投资目的行业发展的全球趋势把握不准,投资了一些夕阳产业,导致"走出去"后无法扭亏,最终导致投资失败。

2."走出去"公司的品牌和形象影响力处于弱势

在"走出去"的宁波公司中,大多数宁波上市公司在制造板块层次较低,如服装、纺织、玩具、批发等劳动密集型行业,技术水平低,环保意识也不强,加上宁波上市公司的管理者一般集所有者、经营者为一身,自身的能力往往限制了企业的发展和品牌的建立。特别是在我国追求规模经济的粗放发展时期,有一些不负责任的公司制造"假冒伪劣"产品,给世界各国留下了不好的印象。直到现在,仍有一些公司对产品质量、环保、社会责任等方面的重要性还缺乏足够认识,对我国公司的整体形象造成了不良影响,对宁波上市公司的"走出去"产生了阻碍。例如,浙江华立集团在其报告中反映,部分国内公司用低质、冒牌产品进行了无序恶性竞争,其全力打造的青蒿素抗疟药,在非洲市场虽然受到好评,但也存在大量我国无证药厂生产出口的青蒿素抗疟药,这些质量较次的药品,影响了中国制药企业的声誉。这种情况均对我国公司"走出去"的品牌形象产生了不利影响。

3.公司对国外相关政策和法律风险理解认识不足

由于涉及财政、税收、产业保护等地方保护主义,宁波上市公司在实施对外投资过程中往往面临较多的行政壁垒。但宁波上市公司在对外投资过程中不能全面地评估、考虑政治、法律风险,特别是在限制外资进入的领域。许多投资目的地国家以国家安全、技术保密、反垄断等因素为由,在投资中往往会出现政府干预的现象。同时,由于宁波上市公司对国际法律法规、经济政策的认识不足,加重了宁波上市公司"走出去"的风险。

案例1:百隆东方股份有限公司对子公司百隆(越南)有限公司追加投资

百隆东方股份有限公司是一家集研发、生产、销售色纺纱于一体的股份制企业,经过20多年的发展,已成为全球最大的色纺纱制造企业之一。百隆在越南和我国浙江、山东、河北、江苏等地设有生产子公司。2015年4月,百隆东方股份有限公司发布对子公司百隆(越南)有限公司追加投资的公告。增加注册资金5000万美元,追加总投资5200万美元,本次扩大投资后,百隆(越南)注册资本达到1亿美元,投资总额达到3亿美元。由于越南的政治、法律、政策、商业环境、人文社会与中国存在差异,境外子公司必须遵照越南的法律及商业规则开展经营活动,适应当地环境。此外,本次项目扩大投资须取得国内及越南当地投资主管部门审批核准后,方可实施。因此对外追加投资的成功与否,受到越南一系列法律、政策的不确定性带来的风险。

4.公司缺乏跨国经营的人才

"走出去"境外投资需要从事境外投资经营的复合型人才,这些人要懂经营、懂专业、懂法律、懂外语。宁波上市公司中既懂经营之道,又懂产品生产技能的人才匮乏,国际化经营人才更是凤毛麟角。缺乏"走出去"人才,不但成为宁波上市公司对外直接投资首先面临的难题,影响企业迈出国门,而且对已经"走出去"的企业来说,这一难题造成企业对国际市场信息的了解与反应比较迟缓,使公司不同程度地贻误商机、错失良机,影响公司"走出去"的质量。据浙江省工商联的调研报告,浙江省有63.91%的民营公司表示公司缺乏国际经营管理人才,40.6%的公司表示缺乏专业技术人才。

案例2:宁波牛奶集团收购澳洲牧场

2012年起,宁波牛奶集团先后投资3亿元在澳洲收购拥有百年历史的牧场。该集团目前拥有10平方千米的澳洲牧场,不断地向中国的集团牧场输送优良纯种奶牛,保证和提高了集团的优质奶源,并计划在澳洲牧场里建设一座1万平方米的加工厂。在收购牧场后,由于很难招聘到澳洲当地的工人且用人成本高,宁波牛奶集团打算派养殖、生产方面的人才到澳洲管理牧场并负责生产,不过现在这个想法遇到了困难。由于澳洲对赴澳员工英语水平的要求门槛较高,集团虽有好的技术人才,但精通英语的人才几乎没有,这导致了宁波牛奶集团在澳洲牧场的招工困境。

5．"走出去"过程中存在信息障碍

宁波上市公司"走出去"必须立足于知己知彼。外国跨国公司在进入新的东道国市场时，一般都非常重视前期的调研，如法国家乐福、荷兰万客隆等跨国零售企业进入我国市场时，都耗时两年多。而宁波的有关研究、咨询机构较为缺乏，各种资源未能有效整合，公共信息服务体系有待健全，宁波企业缺乏获取国际市场信息的规范、快捷、有效的渠道。由于信息不全面而导致项目不理想的情况时有发生，这也使一些企业望而却步，成为跨国经营的一个制约因素。

6．本地中介服务水平有待提高

目前宁波中介服务机构在服务"走出去"企业过程中的能力与水平还非常薄弱，与国际相关机构及北上广深的相关机构差距较大，不能够直接深入到国外当地社会阶层中，对企业并购不能起到"润滑剂"的作用。宁波现有会计师事务所、律师事务所等提供的服务往往达不到企业的要求，他们缺乏国际化的沟通能力，缺乏与国外政府、议会、投资审查等机构的交流渠道，特别是在企业并购过程中发生问题以后进行危机公关、开展增信释疑活动的能力不强，难以为企业解决重大难题。

7．"走出去"的税收政策不完善

宁波公司实力较弱，为了积聚实力，所以对减免税收比较期待。为培育公司的国际经营，在"走出去"税收方面，国家出台了一系列的税收政策，但仍存在一些问题：一是从税收支持政策角度而言，主要侧重于税收抵免、饶让等直接鼓励措施，对于加速折旧、延期纳税、设立亏损准备金等间接鼓励措施很少涉及。二是目前我国已与100多个国家签订了双边投资促进和保护协定，但是在已经签订的协定中，大多数是为了吸引发达国家来华投资，而未对中国企业对外投资做出保护说明。因此，这实质上成为招商引资的单方面承诺书。三是我国作为资本输出大国与诸多国家还没有签订双边所得税减免条约，这导致企业不得不面临双重缴税的问题。

8．"走出去"的商会服务组织发展停滞不前

从世界各国商会的成立目的和发展史可以看出，商会主要职能就是维护会员的合法权益和帮助成员发展，此职能在异地他乡显得尤为重要，特别是商

会的驻外机构和境外商会在推动本国企业走出去和境外维权上有着不可替代的地位。例如,目前在全国各地发展非常迅速的温州商人,其中功不可没的组织就是温州异地商会,它对温州商人的异地发展起到了强有力的桥梁纽带作用。目前境外中国商会主要由我国商务部负责,具体由当地使馆经参处落实,实际操作中往往偏向管理而缺乏具体服务,而且这种具有官方性质的商会往往会遭到东道国的抵制。宁波的中国贸易促进会宁波分会、国际投资贸易促进局和宁波上市公司协会等,在组织宁波企业"走出去"中处于国外平台缺乏及国内资源缺乏,以及出现自身组织动力不强的状态。

(二)宁波上市公司"走出去"存在的主要需求

1.政治保障需求

宁波上市公司走出去最难应对的是来自东道国政府的阻碍,当东道国政府出于某种目的和意图,对宁波"走出去"企业持有一种害怕、歧视与遏制的态度时,宁波"走出去"企业的立足也会面临一个很大的挑战,更不用提谋求更大的发展了。除此之外,政府的更迭、发展中国家国有化、征收等一系列政治风险对宁波企业"走出去"的威胁也是集中的、巨大的且难以化解的。在2005—2014年发生的120起"走出去"失败案例中,政治原因所导致的失败案例占25%,而这其中又有8%是在审批环节因东道国政治派系力量的阻挠而失败的,另外17%是在运营过程中因东道国政治动荡、领导人更迭等原因而遭受损失。这不仅会让宁波上市公司"走出去"造成财产损失,还易让企业丧失了"走出去"的信心,这对企业"走出去"的打击无疑是巨大的。因此,政治保障是宁波上市公司"走出去"所需的重要保障。

2.法律保障需求

根据中国与全球化智库(简称CCG)对2005—2014年期间发生的120起"走出去"失败案例的分析,发现直接或间接因为法律因素导致失败或损失的投资事件占16%,其中1/3的中资企业是因为法律观念薄弱,不严格遵守投资目的国的法律法规,通过不正当手段获取项目所致的;1/3的中资企业是因为对当地劳工法不熟悉所致的。比较典型的如上汽收购韩国双龙,因员工罢工直接诱发韩国法院介入,最后双龙进入破产程序。宁波企业对外直接投资因法律等原因遭受不公正待遇导致损失后,不善于使用法律手段维护自己的投资权益,最终多以高额或巨额美元赔偿外方当事人的方式结束,甚至有时候以倒闭收场。总之,加强法治保障是宁波企业顺利"走出去"的迫切需要。

3.金融服务需求

企业海内外资金统一管理保障问题,包括境外投资过程中的贷款、融资、筹集到资金的运用、国内外资金的调拨、规避外汇风险的金融解决方案等,是许多进行"走出去"企业面临的又一难题。据调查了解,中国银行、工商银行、中信银行等银行的各宁波市分行针对企业在"走出去"过程中对于资金融通、支付结算、现金管理、财务咨询等一系列需求,都有提供相应的金融服务。

4.人才保障需求

根据 2015 年宁波市人力资源调查报告显示,截至 2015 年年底,宁波市人才资源总量为 636.5 万人,其中专业技术人员为 172.6 万人,仅占全市人力资源总数的 27%。从人才组成的比例来看,高层次、高技能和复合型人才十分紧缺。境外投资需要大批掌握金融、管理、法律和国际规则的专业化和复合型人才,但受企业财力、规模和培养周期所制约,周边又有上海、杭州等城市对人才的"虹吸效应",使得宁波企业国际化人才短缺现象短时期内难以改变,引进人才成为宁波企业"走出去"的迫切需求。

5.风险评估保障需求

宁波上市公司"走出去"的境外投资项目收益低于预期甚至导致失败的,其原因在于一些企业缺乏长期进行境外投资的发展战略,"走出去"之前未经历充足的前期调研和考察。

宁波市几乎没有范围全面的风险评估机构。国外一些风险评估机构则存在着收费较高、存在文化差异等问题,不能很好地配合企业活动。因此企业对这种在"走出去"前期的融资方案、财务咨询、外汇管理等的风险评估保障服务有着更高的需求。

6.综合信息保障需求

宁波上市公司"走出去"对外直接接触较少,对外部世界的了解有限,资金、人才、渠道缺乏,对国际有关法律、政策、投资环境等知之不多,在互联网上能够查询到真正有用的信息不多。

宁波的有关研究、咨询机构也较为分散,各种资源未能有效整合,公共信息服务体系有待健全,宁波上市公司缺乏获取国际市场信息的规范、快捷、有效的渠道,企业即使想对外投资,但是由于信息不足,也不知道应向哪里发展。

7.经营管理保障需求

部分宁波"走出去"企业责任与权力分配不够明确,竞争机制较弱。一部分"走出去"企业家仍使用国内管理企业的方法进行管理,未结合当地实际情况,使企业无法跟上国际环境的变化,企业凭经营者的主观经验和常识,靠简单的信任和亲情去约束人,其代价必然是出现管理的漏洞、经济的损失和亲情的失落,因而也使其具有一定的盲目性,削弱了市场竞争力。

8.安全保障需求

在国际环境的不确定性日益彰显、传统与非传统安全挑战严峻的情况下,宁波上市公司"走出去"的安全考虑会越来越突出。由于中国海外利益不断扩大、海外安保涉及面广、统合难度大等原因,企业宜组建高级别机制来统筹领导。

2016年10月埃塞俄比亚首都亚的斯亚贝巴发生示威事件,中方承建的东方工业园险些受到牵连,埃塞政府动用100多名军人入驻才保住企业园没受冲击破坏。这一方面在于中国和埃塞两国关系较好,能有效协调配合;另一方面埃塞政府也有希望效仿中国专心发展经济的策略。否则很多事就难以控制了。另外,中企在越南、津巴布韦等地被打砸抢的事也发生过。

五、宁波上市公司参与"一带一路"建设的路径

在借鉴上文归纳的宁波上市公司"走出去"的发展现状和存在的问题,结合宁波上市公司参与"一带一路"建设中面临的机遇,在熟悉各东道国最新的投资环境,包括投资政策和鼓励措施,外国企业生活指南和投资服务等基础上,笔者得出最适合当前形势下宁波上市公司"走出去"的可行路径(见表5)。

表 5　宁波企业"走出去"路径分析

行业/企业类型	采取的战略	路径分析
纺织服装类、家电类、边际产业等	OEM、跨国并购、绿地新建	从参与"外援化"到主导"外援化",从攻占海外市场到反攻国内市场,最终实现双赢
传统制造业	纯国内经营—通过中间商间接出口—直接出口—设立外销售分部—海外生产和海外并购	渐进式路径,在国内积累的基础上对外扩张,可以先进入周边国家或最易进入的国家,再向四周区域扩数,最终辐射全球市场,总体遵循"先易后难"原则
高新技术类、科技产业、资源能源类、服务业等	并购、绿地新建、战略联盟	跨越式路径,直接锁定目标国,快速扩张;可以根据不同战略目标,选取不同市场,采取不同策略
任一行业	产业集群	通过集体出海,充分发挥企业社会网络优势,降低生产成本,减少风险,享受更多政策支持与优惠
优势产业、新兴产业	建立总部经济	在选定区域内设立城市总部,可在全球范围内形成总部经济链

(一)从参与"外源化"到主导"外源化"路径

"外源化"即"外包",是指一家企业可以将自身非核心业务通过国际合同的形式外包给他国企业,从而形成一个全球化的生产网络,而这个网络可以有效提高生产质量并降低成本。宁波市很多企业是从参与跨国公司外源业务开始走上国际化之路的。其采取的主要形式是 OEM(贴牌生产),为跨国公司贴牌生产,而无权经销该商品。这种形式可以使其避开激烈竞争且进入成本高的国内市场,直接获得国外订单,这几乎覆盖了宁波市重要消费品市场,包括服装业、玩具业、家电业、电子产品、建筑业等。通过 OEM 参与"外源化",企业能与世界生产工艺接轨,从而提高自身的生产技术和管理水平,再通过并购、绿地投资等形式"走出去"获得快速发展,最后甚至可以主导自身"外源化",这是一条可行性高的宁波市企业"走出去"的路径。

(二)渐进式路径:在国内积累基础上对外扩张

对于大多数宁波企业而言,尚处中小型阶段的他们没有足够的资金和经验支持他们快速开展国际化战略。这些企业一般是先从最原始的"走出去"

形式即出口贸易来逐步进军海外市场的,为避开与强大的跨国公司竞争,基本遵循国际化阶段论,即纯国内经营—通过中间商间接出口—直接出口—设立海外销售分部—海外生产和海外并购。

采用这种方式"走出去",企业主要通过举办商品订货会、参加国际商品交易会和博览会、发布电子商务信息、在境外设立实体销售店等措施拓宽销售渠道,扩大出口市场空间。

(三)跨越式路径:实现企业海外快速扩张

跨越式路径与渐进式路径对应,即企业不走国内生产—出口—海外设立分销机构—海外设厂或并购的国际化道路,而是找准时机通过绿地投资、跨国并购或战略联盟等方式,快速进攻海外市场,实现企业国际化的跨越式发展。

以下是实现企业海外快速扩张的模式:

(1)绿地投资。创建投资会直接刺激东道国生产能力、产出和就业的增长。绿地投资作为国际直接投资中获得实物资产的重要方式的传统是由来已久的。早期跨国公司的海外拓展业务基本上都是采用这种方式。绿地投资有两种形式:一是建立国际独资企业,其形式有国外分公司,国外子公司和国外避税地公司;二是建立国际合资企业,其形式有股权式合资企业和契约式合资企业。(2)跨国并购。跨国并购是国内企业并购的延伸,是企业间跨越国界的并购活动,涉及两个或两个以上国家的企业,其中"一国企业"是并购企业,可称为并购方或进攻企业,"另一国企业"是被并购企业,也叫目标企业。这里所说的渠道,包括并购企业直接向目标企业投资,或通过目标国所在地的子公司进行并购的两种形式。这里所指的支付手段,是包括支付现金、从金融机构贷款、以股换股和以股票换资产等方式的。(3)战略联盟。战略联盟是现代企业竞争的产物,可以表现为正式的合资企业,即两家或两家以上的企业共同出资并且享有企业的股东权益;或者表现为短期的契约性协议,即两家公司同意就某个项目,例如开发某种新产品等问题进行的合作。战略联盟是各企业在追求长期竞争优势过程中为达到阶段性企业目标而与其他企业的结盟,各企业通过相互交换互补性资源形成合力优势,共同对付强大的竞争者。

（四）集体出海路径：企业社会网络建设

约翰逊和麦特森（Johnson & Mattsson）把"商业网络"定义为"企业与它的商业伙伴如客户、经销商、供应商、竞争对手、政府之间的关系"，企业在商业网络中的分工，说明企业之间存在彼此相互依赖的关系。所谓网络能力指企业开发利用组织内外部关系的能力，而国际关系网络则能帮助企业新产品快速进入世界各地市场，同时为企业提供获取稀缺资源的重要途径。集体出海路径可以具体划分为产业集群和区域组团两种。目前，我国已在俄罗斯、赞比亚、柬埔寨、巴基斯坦等多个国家设立了境外经贸合作区。此外，由63家中国品牌企业管理者组成的爱国者国际化联盟抱团闯荡欧洲，广东省贸促会带领70家中小企业赴海外考察等都是积极的探索。

（五）总部经济路径

总部经济是指一个区域利用特有的资源优势，吸引企业将总部在该区域集群布局，将生产加工基地布局在具有郊区优势的其他地区，从而使企业价值链与区域资源实现最优空间耦合，以及由此对该区域经济发展发生重要影响的一种经济形态。发展总部经济可以为区域发展带来多种经济效应，如税收效应、产业乘数效应、消费效应和社会资本效应。

宁波上市公司在"走出去"中也可以参考总部经济模式。作为一种新的资源配置方式，"全球化布局，区域化经营"是通过将产业功能在不同空间的配置，实现资源的优化。企业以总部经济模式"走出去"，设立海外生产基地、研发机构、地区总部等，可在全球范围内形成总部经济链条，取得在全球资源配置中更多的总部经济收益。主要可以走三大路径：（1）设立海外研发机构，积极利用国外优质科技资源提升企业自主创新能力。这种路径主要是指企业为适应别国市场需求，在拟进入的国外市场设立企业后，推行本土化战略，借助当地的科技和智力资源，对本公司的产品进行研究开发，甚至量身定做，从而达到有效提升本企业产品竞争力的目的。（2）设立地区总部或投资性公司，强化企业对各类分支机构的管理、组织与协调。（3）建立全球供应链网络，实现对全球生产、销售、融资、品牌等的有效控制和优化配置。

(六)契约式路径

契约式路径是指通过许可证贸易、特许经营、技术协议、服务合同、管理合同、工程合同、生产合同、合作生产协议等方式,转移技术、商标、经营方法、管理经验等无形资产。契约模式是跨国公司与目标国家地区的法律实体之间长期的非股权联系,前者向后者转让技术或技能。我国目前常用的契约模式有对外承包工程和特许经营两种方式:(1)对外承包工程。对外承包工程是指我国公司按照国际上通行的做法,在国外以及我国的香港、澳门地区承揽和实施各类工程项目的经济活动。这种契约模式在建筑工程领域比较常用。(2)特许经营。特许经营是指特许经营权拥有者以合同约定的形式,允许被特许经营者有偿使用其名称、商标、专有技术、产品及运作管理经验等从事经营活动的商业经营模式。

(七)国际市场拓展式路径

这种路径是指在以贸易为先导的基础上,将销售网络终端直接延伸到海外的方式,其最通常的方法是具有自主出口名牌产品的企业纷纷在境外设立销售网点,以直销、专卖店、连锁店等方式渗入销售市场,使简单的贸易行为转变为海外营销,进而带动贸易数量的增长和贸易方式的转变。

(八)境外加工贸易式路径

这种路径是指企业以技术、设备等实物投资为主,在境外以加工装配的形式,带动和扩大国内原材料、零部件等出口的国际经济合作方式。这一方式较之于国际市场拓展型的区别在于,境外加工贸易能够在一定程度上规避贸易摩擦,同时可以有效地转移相关产品的富余生产能力。

(九)海外资源开发式路径

这种路径主要是选择具有资源优势的国家进行合作,帮助资源国进行资源开发和深度加工,使其从资源优势向经济优势转变,并利用其资源产品弥补我国生产企业的资源短缺的问题,同时有效地扩大我国的境外资源开发利用。

资源类跨国并购是未来的发展趋势,通过海外资源类投资项目,开发国内紧缺的石油、天然气、森林矿产、海洋渔业等自然资源来满足我国经济可持续发展的需求。因此,资源类对外投资在区位选择上,应重点选择资源禀赋比较富裕的国家和地区。如投资矿产应该选择印度尼西亚、越南、南非、澳大利亚等;投资林业资源,可选择东南亚国家,如菲律宾、马来西亚、印度尼西亚等;投资渔业资源主要可以选择临海国家,如东南亚、南太平洋和西非国家。

六、宁波上市公司参与"一带一路"建设的风险

(一)政治风险

中国"一带一路"倡议得到了很多周边国家的积极回应和支持,但是,受社会认知的偏见、意识形态以及大国之间的战略博弈等因素的影响,一些周边国家对中国"一带一路"倡议的意图存有疑虑或持观望态度,甚至对中国在沿线互联互通和基础设施建设等方面的努力赋予了负面的政治含义或军事色彩,这无形中增加了中国公司开展海外并购的难度。另外,部分公司对"一带一路"倡议的理解较为狭隘,将沿线国家视为原料产地和商品市场,进行海外并购的主要目的是获取当地资源或输出廉价商品,而对于当地经济发展和人民生活水平的提高没有实质帮助,这种做法容易招致东道国的反感和敌意。出于国家安全方面的考量,东道国政府往往会采用严格准入或规定控股比例的方式对海外并购进行限制,直接对并购案行使否决权或者通过"临时立法"的方式干预并购结果的案件也屡见不鲜。

另外,"一带一路"沿线不少国家政局动荡,局部冲突不断,执政党更替频繁。尤其是在"西亚中东—南亚—中亚"弧形分布的恐怖主义地带,宗教极端势力、民族分裂势力和暴力恐怖势力这三股势力活动猖獗,这已经对我国在这些沿线国家的直接投资带来严重的安全威胁。

案例3:缅甸政府搁置密松水电站项目

2006年,中国企业与缅甸第一电力部签署备忘录,并与缅甸政府和企业成

立了合资公司,合作开发密松水电站在内的伊江上游水电项目。2011年3月30日,缅甸吴登盛总统及两位副总统正式宣誓就职。由于缅甸政权交替,新政府对密松水电站项目还存疑虑,因此突然叫停了密松水电站项目,中方企业损失惨重。

(二)法律政策风险

不同国家的法律体系、税务体系、信用体系等给"走出去"带来很多风险。宁波公司"走出去"需要了解很多信息,包括东道国法律制度、税收制度、外汇制度、劳工问题、政府审批程序等。

法律政策方面,"一带一路"沿线很多发展中国家的法律制度不完善,执法的随意性和变化较大,有些国家还有特殊的法律要求,从而给我国企业海外并购的开展带来较大阻碍。例如,很多沿线国家并不是《纽约公约》的缔约国或世界贸易组织(WTO)成员方,这就意味着在这些国家开展的海外并购项目如果出现争议需要进行国际仲裁,即使中方企业取得有利于中方的裁决,也难以获得东道国法院的承认和执行;部分国家海外并购审查程序不透明,政府干预色彩明显,主并企业的利益难以得到有效保护;沿线很多国家属于伊斯兰法系,其法律制度与我们熟知的大陆法系和英美法系存在较大差异,从而影响海外并购的运作模式和流程。

案例4:银亿集团投资印度尼西亚矿产资源项目

2010年10月,银亿集团启动在印度尼西亚的矿产资源项目,注册成立银亿印尼矿业投资集团有限公司,投资约4亿美金,开展矿山勘探、矿权收购和矿石贸易等工作,将其总部设在雅加达。2014年1月12日,印度尼西亚总统苏希洛签署2014年第一号政府条例,禁止原矿出口,仅允许粗加工后纯度分别达到最低纯度标准的铜矿(15%)、铁砂(56%)、铁矿石(62%)、铅(57%)、锌(52%)、锰(49%)等精矿石继续出口3年,并征收20%以上高额累进出口税,镍矿、铝矾土、铅锌矿、金矿、银矿、锡矿、铬矿等矿产因提纯工艺中没有过渡性产品,须就地进行冶炼提纯。相关政策的出台使得银亿在外投资受到阻碍,致使该项目到目前仍没有实质性进展。

(三)金融风险

海外并购的支付方式主要有现金支付、股票支付和综合支付三种形式。从中国企业海外并购实践看,除少部分在境外上市的公司外,绝大多数采用的是现金支付方式。根据研究结果显示,在 1982—2010 年中国企业完成的能够获得明确支付信息的 532 个海外并购案中,共有 447 个采用全现金收购的模式,占到总数的 84%。

(四)环保风险

宁波上市公司在海外的发展当中所遇到的问题是各个方面的,绝不仅仅只是经济方面的问题。比如国外对待环保的要求是非常严格的,甚至可以说是相当苛刻的。这就给宁波上市公司对外投资提出了更高的要求,宁波上市公司必须学会适应当地在生态和环保方面的特殊规定,否则,再好的项目,即使并购成功了,也很难运作并取得成效。

案例 5:中国一家企业在加拿大投资塞尔加纸浆厂

20 世纪 80 年代,中国的一家企业在加拿大投资塞尔加纸浆厂,这是中国最早的对外投资项目之一。该纸浆厂在长达 10 年左右的时间里,生产的月亮牌纸浆,销售额达到十几亿美元。生产纸浆需要大量的林木,塞尔加纸浆厂就是采伐当地的人工林来进行生产的。由于采伐机械的噪音和林木的砍伐影响到当地栖息的鸟类,环保组织认为纸浆厂的存在有可能使这种鸟类面临成为濒危物种的命运。因此环保组织和环保人士不断地向纸浆厂示威并且上告当地的议会。于是议会做出搬迁纸浆厂的决定,中国企业不得不从加拿大撤出。

(五)"突发事件"风险

遍及世界各地的突发事件,已经成为国际经济发展的"头号杀手",不仅严重影响了东道国的政治体制,也阻碍了国家间的经济交往。其中的"宁波华丰建设"就是一个典型的案例。

2011 年 1 月,利比亚战争爆发,政局动荡。中华人民共和国成立以来最大规模的组织海外公民撤离的行动展开,虽然华丰员工同身在利比亚的其他中国公民,安全顺利回国,但华丰在当地的项目被迫全面停工。因利比亚项目损失惨重,华丰被有的银行系统列入"风险提示",部分银行对"华丰系"停贷,有的甚至抽贷。华丰旗下所有的项目全部靠自筹资金。从2012年起,"华丰系"约200个跨年度项目中有30个停建或缓建,公司只能靠卖项目维持周转。

(六)汇率风险

近年来,国际市场上外汇汇率波动频繁,增加了宁波上市公司对外投资的金融风险。金融机构局限于传统的对冲工具等投资支付手段中,难以有效应对国际金融危机所带来的高度不确定性风险。海外资产的投资回报难以准确预估,这产生了投资收益因汇率波动而被吞噬的风险,成为宁波上市公司"走出去"的一道门槛。

(七)审查和监管风险

虽然世界各国政府都普遍认识到外资的重要性,但其自身的投资便利化政策还存在偏差和缺陷。与此同时,国际贸易和投资保护主义有所抬头,国家安全考虑日益成为外资监管的重要部分,一些国家对涉及核心技术、前沿技术和重大资源领域的投资,采取更为严格、更加形式多样的审查措施。联合国贸易和发展会议组织的报告显示,2013年全球共有59个国家和经济体实行了87项涉及外国投资的政策措施,监管或限制性投资政策的比重从25%上升到27%。

(八)目标企业估价风险

在投资过程中,由于信息不对称而对目标企业价值评估不准确,投资企业战略选择出现偏差,从而产生了估价风险。对目标企业的估价风险包括过高估价和过低估价。过高估计目标企业的投资协同效应会使投资方支付过高溢价,引起投资企业财务状况恶化或财务成果损失;而过低的评估目标企业价值致使目标企业不愿出售,导致投资失败且使投资企业损失前期投入。

在对外投资过程中,目标企业估价的风险就会大大地增加,从而影响投资的整体效果。金融危机给宁波上市公司投资国外的企业提供了一个很好的发展机遇,国外企业的资产缩水,价值被低估,但是由于宁波企业的对外投资经验不足,对投资的资产期望过高,对投资的协同效应过分的乐观,这些都会给宁波上市公司在对外投资过程中对目标企业的估价决策带来风险。

(九)人力资源风险

人力资源是第一资源,企业要想在海外拓展市场,保证项目履约率,提高企业竞争力,人才是最重要的因素之一。制约宁波上市公司"走出去"的人力资源风险主要表现在两个方面:一是本国人才不适应国际化经营需求。由于宁波企业过去受到国内环境、体制所限,企业外语、专业和商务方面均强的复合型人才稀缺,人才团队结构不尽合理,缺乏具有国际视野的领军人物。二是国际人才的引进和使用情况不尽如人意,外籍员工难以融入。人才属地化的管理可以有效提高所在国对宁波市企业的认同度,降低管理和沟通成本,提高项目的履约率。但由于双方文化、习俗、思维模式、管理方式等存在差异,目前外籍人才尚难以真正融入企业,尤其是管理团队本土化程度较低,企业整体人力资源环境国际化转型的要求迫切。

(十)整合风险

在对外投资过程中,国内外企业在技术、品牌、管理、市场、供应链、人员、文化等方面的整合会遇到很大的风险。随着宁波民营企业"走出去"国家和地区范围逐步扩大,投资后的文化整合风险凸显。由于东西方文化上的差异和企业管理方法上的差异,两个企业往往会在文化的整合上出现矛盾甚至是分歧。在管理方面,我国的民营企业倾向于人治,而西方企业更加倾向于法治,所以民营企业在管理上可能会与目标企业相冲突。这样的一些文化上的差异很可能会打击员工工作的积极性,而高层管理人员流失以及客户流失等一系列问题的出现,则会大大增加企业的整合风险,特别是文化整合风险。

七、宁波上市公司参与"一带一路"建设对策建议

(一)加强政府服务和监督职能,提供便利化服务和科学监督

一是政府要为上市公司"走出去"提供便利条件。2018 年 1 月,由商务部、央行、国资委、银监会、证监会、保监会、外汇局联合印发的《对外投资备案(核准)报告暂行办法》中指出,相关主管部门应根据各自职责按照"鼓励发展＋负面清单"的模式建立健全相应的对外投资备案(核准)办法,此举提高了投资便利化水平,有助于推进"一带一路"建设顺利实施。宁波可以结合新办法、新环境出台相应配套措施,为上市公司"走出去"提供更加便利化的政府服务。二是进一步完善对外投资的监管体系。政府作为参与"一带一路"建设战略的管理者,应完善对企业的事前、事中、事后监管体系。可以借鉴先进国家和地区通行的做法,逐步制定相关的地方性法规,包括具体的实施细则和相关的配套法规,以便依法规范执行部门和"走出去"企业的行为。

(二)完善财政政策支持体系,加大对参与"一带一路"建设上市公司的扶持力度

一是促进财政补贴政策落实。按照"平等准入、公平待遇、加强支持、改善服务、积极引导"的方针,相关部门切实落实已有的与"一带一路"沿线国家合作的优惠政策。二是增强政府财政补贴的针对性和有效性。对相关企业在对外投资过程中聘请专业律师、资信调查等中介服务给予必要的财政补贴。重点扶持装备制造、化工、对外工程承包等宁波传统优势产业以及部分高科技产业和项目,在增强政府财政补贴针对性和有效性的基础上,兼顾操作简便性。

(三)丰富和创新融资安排,实现融资渠道多元化

一是重视股权融资,吸引更多财务投资者参与海外并购。宁波上市公司应在原有融资渠道的基础上,进一步拓宽股权融资渠道,通过设计合理的股权结构和退出机制,吸引包括私募基金、并购基金、信托基金、保险公司等在内的

财务投资者,尤其是海外背景深厚的财务投资者参与并购交易。二是充分利用海外融资平台开展并购。在国内目前受到宏观政策和流动性限制的情况下,宁波上市公司可尝试通过海外的平台进行融资。企业可在境外市场发行结构化融资工具,通过优先/劣后的分层设计,吸引不同风险偏好的投资者;或者与其他财务投资者共同设立海外并购基金,利用杠杆放大自身有限的外汇资金,提高外汇资金的利用效率。三是创新海外并购交易结构设计,突破制度障碍。宁波上市公司中的国企可以进一步优化海外并购交易方案,在支付方式等方面进行创新,减轻筹措现金的压力。例如 2016 年 9 月,航天科技运用定向发行股票的方式,通过跨境换股的方式收购了航天科工集团在境外设立的特殊目的公司——AC 公司。由于航天科技和 AC 公司的实际控制人航天科工均为国资委下属企业,并购行为属于国资内部的资产重组整合,所以获得了证监会和商务部的批准。

(四)利用"第三方市场合作"模式,扩大合作范围,实现 "1＋1＋1＞3"效果

"一带一路"沿线许多经济体是美、俄、日、欧洲国家等的传统合作伙伴,因此,企业在开拓"一带一路"沿线国家市场时,需要考虑这些国家的感受,与对方合作,以"第三方市场合作"的模式实现合作共赢,实现"1＋1＋1＞3"效果。目前,中国已与法国正式发表了《中法关于第三方市场合作的联合声明》,与加拿大签署《中加关于开展第三方市场合作的联合声明》,与韩国、德国、日本、西班牙达成重要共识或签署备忘录,与新加坡探讨进行第三方市场合作的可行性。因此,以第三方市场合作的模式与宁波本土的外资企业合作拓展"一带一路"沿线国家的市场,有利于宁波产能、工业产品和技术品牌的输出。

(五)建立高层次的国际化人才引进和培养机制

一是建立宁波企业国际化人才培养支持体系,鼓励相关机构培养参与"一带一路"建设的国际化经营管理与高技能人才。二是完善人才引进机制,设立"一带一路"专项人才基金,着重引进高端、复合型国际化经营管理人才及相关技能人才。三是积极培养、储备能够承接跨境并购业务的律师、会计师和咨询

师等专业人才。出台有利于涉外律师队伍和涉外注册会计师队伍建设的优惠政策。四是建立"一带一路"企业家公共培训平台,开展多层次专题培训,提升企业家的经营管理水平和国际竞争能力。

(六)重视企业的公共外交能力,夯实"一带一路"民生基础,努力承担社会责任

宁波上市公司在海外并购过程中,应坚持"以人为本"的原则:实施并购之前,应与当地居民充分沟通,做好公共关系管理,获得东道国政府和民众的支持;在项目过程中,充分了解、解决当地员工的重大关切问题,保证其合理权益;在生产经营的同时,注重开展社区公益项目和民生工程,着力提升当地民众福祉。这样做的目的是让企业的经营活动易于得到当地政府支持,也易于得到当地民意的支持。

(七)强化"走出去"空间的结构性优化,实现企业对外投资经营区位的精准化

一是以东南亚等欠发达国家为重要区域,推动劳动密集型企业的绿地投资。支持鼓励装备制造、电力、化工、建筑以及纺织服装等传统优势产业的宁波上市公司,到东南亚欠发达国家进行绿地投资,充分利用当地丰富的劳动力资源、生产所需的富足自然资源、发达国家给予东道国的优惠政策等。二是以欧美发达国家为主要对象国,推动先进制造业公司并购投资,吸收欧美企业先进技术及品牌。三是以非洲、南美洲、大洋洲为主要区域,开展资源类项目建设,进一步拓展宁波市海外资源开发基地的数量。

(八)加快行业商会及中介服务组织协调机制,为"走出去"企业提供优质服务

发挥商会协会组织协调、自律、服务等重要作用,支持贸促会和各行业组织尝试拓展宁波企业"一带一路"的服务网络,聚合国际合作服务机构,加强信息共享,强化服务协同。加大信息收集、整理、分析和发布力度,重点发布沿线国家投资风险评估报告和法律服务指南。注重收集并向"一带一路"沿线国家

政府反映我国企业合理诉求,维护其在当地的合法权益。大力宣传宁波企业在推进"一带一路"建设中的重要作用,及时准确通报信息,讲好中国故事,积极推介我国企业产品、技术和优势产业。

参考文献

[1] 陈坚副.基于企业竞争力分析视角对中国企业"走出去"战略的思考[J].国际贸易,2010(3):29—35.

[2] 董小麟.关于提升我国中小企业国际化水平的思考[J].国际经贸探索,2012(4):34—41.

[3] 皮建才,杨霈.中国民营企业的成长:逆向并购还是自主研发?[J].经济评论,2015(1):66—76.

[4] 廖萌."一带一路"建设背景下我国企业"走出去"的机遇与挑战[J].经济纵横,2015(9):30—33.

[5] 李淑静,贾吉明,王秀丽."一带一路"背景下我国对外工程承包企业"走出去"研究[J].现代管理科学,2015(7):15—17.

[6] Johanson J,Mattsson L G. Marketing investments and market investments in industrial networks[J]. International Journal of Research in Marketing,1985,2(3):185-195.

经

贸

篇

"一带一路"建设：宁波的使命与担当

殷军杰

"一带一路"重大合作倡议是新时期构建我国全方位对外开放新格局的旗帜和主要载体，是推动经济全球化深入发展的重要策略，同时也是推动全球治理的有力抓手。在"一带一路"建设中，宁波被定位为"一带一路"的枢纽城市和 21 世纪海上丝绸之路的支点城市，这是宁波发展的重大历史机遇，也赋予了宁波特殊的历史使命。

近年来，宁波紧紧围绕国家"一带一路"总体规划和布局，注重发挥宁波港口经济、经贸合作和人文交流的独特优势，展现了宁波在"一带一路"建设中的积极作为。

宁波基础设施建设加快推进，设施联通重要枢纽日趋成形。一是海上通道建设基本完成，港口经济圈建设不断深入，宁波—舟山港作为国际枢纽港的地位基本确立。二是海铁联运通道建设取得突破性进展，宁波海铁联运持续呈现高速发展势头。三是空中通道建设稳步推进，宁波将建成 4E 级国内干线机场和长三角国际航空物流枢纽。四是口岸大通关体系建设持续完善，口岸通关便利化程度大幅提升。

宁波对外经贸合作成效明显，作为贸易畅通的重要平台水平提升。一是"一带一路"沿线成为外贸新增长点，成为宁波企业海外市场的"新风口"，国际贸易市场的多元化进一步提升。二是双向投资进一步扩大，一大批"一带一路"相关项目正在有序推进，甬企境外产业园建设进展顺利。三是跨境电商迅猛发展，跨境电商成为宁波对外贸易重要的新生力量。四是重点区域的经贸合作渐入佳境，"中国—中东欧贸易便利化国检试验区"多个项目正式开始筹建，"中国—中东欧国家投资贸易博览会"连续成功举办，宁波正在成为中国与中东欧国家双向投资之地、中国与中东欧国家人文交流之地。

宁波人文交流融合不断深化,民心相通重要纽带深入发展。一是文化交流合作不断加强,促进了宁波与沿线国家不同文明的沟通与交流。二是教育交流合作不断深入,"一带一路"商学院联盟等多个教育国际化平台相继建立。三是旅游合作不断拓展,开辟了面向中东欧国家的特色旅游线路等。四是友城规模不断扩大,宁波正积极扩大与沿线国家建立友好城市关系。

下一步,宁波应以"五通"——政策沟通、设施联通、贸易畅通、资金融通、民心相通为主要内容,着力发挥改革开放前沿阵地的作用,担当起"一带一路"建设重任。

第一,着力加强与沿线城市多层次交流,促进政策沟通。要以建立友好城市关系为抓手,构建多层次政策沟通交流机制。要充分发挥智库桥梁和纽带作用,并谋划成立沿线城市智库联盟,使联盟开展不定期交流,为城市交流提供智力支撑。此外,还要强化协会等各类社会组织作用。

第二,强化海港、陆港、空港、信息港"四港联动",促进设施联通。要加快打造集疏运网络体系,提升与沿线城市基础设施联通水平,推动人流、物流、信息流等便捷高效的流动。要依托国际港口城市联盟,积极参与沿线港口建设运营管理。要着力打造信息丝绸之路,宁波启动建设"一带一路"国家级信息枢纽体系,使其成为服务"一带一路"沿线国家和地区国际投资贸易合作、国际产能合作和产业对接、全球资源配置的综合信息服务平台。

第三,突出重点区域,促进贸易畅通。要把投资贸易合作作为宁波服务"一带一路"建设的重要内容,以与中东欧国家的经贸合作为突破口,紧紧抓住宁波建设"中国—中东欧贸易便利化国检试验区"和连续成功举办"中国—中东欧国家投资贸易博览会"的契机,不断拓宽与沿线地区的贸易领域,优化贸易投资结构,激发释放合作潜力,做大做好合作"蛋糕"。

第四,充分发挥民间资本优势,促进资金融通。要加快设立市级丝路基金,发挥财政资金撬动作用,联合社会民间资本,共同成立丝路基金,重点支持企业开展海外并购、基础设施建设等。同时,要鼓励金融机构开展特色业务,推出"丝路金融"业务,为"走出去"企业量身打造一站式综合金融服务。

第五,全面加强各领域人文交流合作,促进民心相通。要充分挖掘宁波的人文资源,加强推广城市国际化的形象,在与沿线地区的人文交流中体现"宁波元素",说出"宁波故事"。要设立较大规模的"友城人文交流专项资金",推动宁波与沿线友好地区在人文交流的各个领域开展实质性的交流与合作。

参考文献

[1] 唐一军.争做"一带一路"建设先行者[J].宁波通讯,2017(13):14—16.

[2] 杨益波.宁波定位:"一带一路"枢纽城市[N].中国经济时报,2016-06-13(007).

[3] 裴长洪,于燕."一带一路"建设与我国扩大开放[J].国际经贸探索,2015,(10):4—17.

[4] 翟崑."一带一路"建设的战略思考[J].国际观察,2015(4):49—60.

宁波自由贸易发展的历史及其地位

龙力见　杨　露[*]

一、世界自由贸易港的起源及其类型

自由贸易港的概念最早产生于欧洲。目前,全世界有 100 多个自由贸易港和 2000 多个与自由贸易港有相似内涵和功能的特殊经济和自由区。随着时代的变化,自由贸易港也由早期单一的"转口贸易型"进一步发展出了"工商型""旅游、购物型"和"综合型"等紧跟时代步伐的类型。

一是"转口贸易型"自由贸易港。这类自由贸易港主要分布在西欧地区,以德国的汉堡港和英国的利物浦港为典型代表,属于第一代自由贸易港。通过这种"转口贸易型"自由贸易港,货物的贸易不直接在生产国与消费国之间进行,而是通过将货物运往第三国的自由贸易港,再由第三国易手进行买卖。二是"工商型"自由贸易港。这类自由贸易港主要分布在拉丁美洲、非洲和东欧地区,以巴西的马瑙斯港和罗马尼亚的苏利纳港为代表,属于第二代自由贸易港。因为二战之后加工制造业对场地和交通运输网络有了更高的要求,所以第二代自由贸易港突破了空间限制,选址更为广阔了。三是"旅游、购物型"自由贸易港。这类自由贸易港主要分布在加勒比海地区,以委内瑞拉的马格里塔港和哥伦比亚的圣安德烈斯港为代表。这类自由贸易港由于所在地区的经济并不发达,产业结构多以与旅游购物有关的第三产业为主。

---

* 杨露,女,浙江万里学院硕士研究生,主要研究方向:港口物流与航运管理。

二、宁波自由贸易发展历史沿革及其历史地位

宁波自由贸易发展经历了一个长时间发展与演变的过程。宁波历史上自由贸易发展地位是从宁波对外贸易历史演变的过程中体现出来的。

(一)宁波自由贸易发展的开端

宁波对外贸易发展的起始时间,目前学术界尚未取得一致的看法,一种观点认为宁波的对外贸易起源于春秋时期,另一种则认为起源于秦汉时期。持"春秋说"的学者认为,浙江地处东海之滨,早在春秋时期,造船业与航海技术已有一定基础,并走在全国先进行列,且在甬江口出现了句章港(今宁波港)。据史料记载,春秋时期越人的航海活动是十分活跃的,造船水平也很发达。而且造船业是开展自由贸易的前提,在与海外国家交往中可能产生海外贸易。但是"春秋说"的观点也遭到许多质疑。第一,该观点是一种猜想,没有足够的证据表明此时已有海外贸易。第二,当时的句章港是越王勾践为了发展水师和加强内越与外越的联系而建立的,在对外经济方面没有发挥过重要的作用。第三,临近宁波的海外国家日本、朝鲜等不具备与宁波进行贸易活动的条件。据此,我们认为"春秋说"不成立。另一种观点认为,宁波的海外贸易约始于秦汉时期。不论是从史料记载的"鄞县"的由来、日本绳纹时代到弥生式时代的突然跨越、徐福东渡日本之说的"移民潮流",还是造船技术的进步都科学地表明了远在秦朝时期,宁波海外贸易的萌芽已经出现。这种贸易主要是民间贸易或物物交换的形式。宁波海外贸易的发展为自由贸易发展提供了条件。

(二)宁波自由贸易的萌芽发展时期

唐朝开始,政府积极开展对外贸易,其中包括以"丝绸之路"为主的陆路交通贸易的继续和海上贸易的发展。安史之乱之后,陆上交通受阻,海上贸易开始繁荣发展起来。当时的贸易形式有两种,即以遣唐使形式出现的"朝贡"贸易和民间贸易,民间贸易以中日贸易最为典型。唐开元二十六年(738)明州设州,并于唐长庆元年(821)迁至三江口。明州也依托港口优势,扩建州城,兴建

港口,设置官办船场,拓展腹地,并逐渐成为我国港口和造船业最发达的地区之一。明州商帮(团)将唐代的宗教用品、香料、药品、丝绸、陶瓷、书籍等大量物品运销日本、新罗及东南亚等地。

宋元时期,宁波的对外贸易在唐代长足发展的基础上达到鼎盛。宋淳化三年(924)朝廷在明州设市舶司,管理海外贸易事务,它成为"三司"之一。在与日本的交往方面,明州是中日贸易的枢纽港,两国商人往来频繁,明州向日本输出的商品主要有钱币、瓷器、香药、书籍、字画、丝织品等,日本运来的货物主要有黄金、木材和硫黄等。在与朝鲜半岛的交往上,明州则是两宋时期中国与高丽贸易的重要港口,仅北宋中后期,明州商人航行到高丽经商的就有120次,运往高丽的货物有茶叶、瓷器、丝织品等,进口的有人参、麝香、红花等,宋熙宁七年(1074),明州正式取代登州,成为北宋指定通往高丽的主要出入口岸,政和七年(1117),朝廷在明州专门兴建高丽使馆(高丽行使馆),以接待往来明州的高丽使者、商贾。在与东南亚、西亚的交往方面,北宋神宗时朝廷增加了明州可通航东南亚诸国的签证权,明州与东南亚、南亚、西亚诸国的贸易日益频繁,明州建有专门接待阿拉伯商人的波斯馆,阿拉伯人在明州还建造了清真寺。

1279年,元灭南宋,在承袭宋朝外贸政策的基础上,推行比南宋更为开放的外贸政策。此外,元政府对各地市舶司进行了多次调整,于1293年将温州市舶司并入庆元,于大德二年(1298)将上海、澉浦市舶司也并入庆元,并升其为直接隶属于中央的中书省直机构,庆元港成为与泉州港、广州港并立的元朝三大对外贸易港之一。庆元港无论是贸易品种、贸易数量,还是贸易形式、贸易方法都超过了前代,在整个元代对外贸易发展中占据极其重要的地位。宋元时期虽已经具有了自由贸易区的雏形,但尚不能被认为是现代意义上的自由贸易。

(三)宁波自由贸易发展繁荣时期

明朝中期,葡萄牙殖民者侵占舟山(当时属于宁波辖区)的六横岛,建立了当时世界上最大的国际自由贸易港——双屿岛,在经过长达20年的繁荣发展后,在1548年由于明朝军队的进攻而趋于衰落。在明王朝实行最严厉的海禁政策的情况下,王直的海盗武装走私集团经营的宁波双屿岛(今舟山六横岛)却是全球性的贸易中心。

1840年鸦片战争爆发,列强通过船坚炮利打开了中国的大门,定海、镇海和宁波其他地区相继失守。1842年清政府与英国签订不平等的《南京条约》,要求清政府割让香港岛给英国。其实一开始,英国想要得到的地方是位于现在浙江省的舟山群岛(现在的浙江省舟山市),但当时舟山群岛对清政府来说是非常重要的地方。当时英国海军上校义律称"舟山群岛良港众多,也许是世界上最富裕的地区,当然还拥有一条最宏伟的河流和最广阔的内陆航行网"。这里内陆航行网指的就是长江流域,可见其区位优势十分凸出。《南京条约》签订后,宁波被开辟为五口通商口岸之一,宁波港被迫对外正式开放,并开始走向了一条跌宕起伏、坎坷的近代之路。

明清时期,由于朝贡贸易以及海禁等政策的影响,三江口一带的港口发展已不复唐、宋、元时期的鼎盛,但宁波依然是东亚板块内的核心城市,其港口是中国对日本群岛进行贸易的唯一合法港口。而且在海禁政策下,虽然官方贸易受到了抑制,但民间贸易依然找到了出路。在与梅山岛隔海相望的六横岛,400多年前的"富商大贾,牟利交通,番船满海",形成了世界上最早的自由贸易港,迎来一段空前发展的时期。

三、结语

宁波在历史上建立过全球最大的国际自由贸易港,当时的宁波双屿岛是全球性的贸易中心。通过宁波自由贸易历史演变过程我们可以看到,宁波具有重要的城市战略地位、得天独厚的港口资源优势、源远流长的开放合作基础、开放包容的国际营商环境、开拓进取的民营企业群体、非常深厚的历史文化底蕴。因此,宁波需要立足实际,以客观历史为依据,认清历史必然性,充分发挥自身基础优势,明确定位,主动服务国家战略,将"一带一路"、长江经济带、浙江海洋经济示范区、宁波都市圈和"中国制造2025"试点示范城市建设等国家战略作为重要抓手,加快港口经济圈建设,争设自由贸易港区,这些举措必将促进宁波社会经济由复兴走向辉煌。

参考文献

［1］杜弘禹.从自贸试验区到自由贸易港:地方竞逐全面开放高地［N］.21世纪经济报道,
　　2017-12-29(012).

［2］沈玉良,彭羽.上海自由贸易试验区建设自由贸易港区路径分析［J］.上海经济,2017
　　(4):5—11.

［3］赵亚鹏,王任祥.宁波争取设立自由贸易港区的可行性分析与政策建议［J］.宁波经济
　　(三江论坛),2017(1):17—19.

［4］王万盈,胡珊.穿越千年,探寻宁波港口变迁的"活化石"系列报道3　双屿港:世界上最
　　早的自由贸易港［J］.宁波通讯,2017(18):72—75.

［5］汪闻勇."一带一路"背景下宁波保税区和自贸区发展研究［D］.北京:中国社会科学
　　院,2017.

宁波民营企业走进中东欧思考

闫国庆

随着宁波对外开放水平的提升,宁波民营企业对外直接投资规模越来越大,方式越来越多样,效果越来越显著。"走出去"已经成为宁波民营企业发展的一种重要方式。近年来,宁波主打"中东欧"战略牌,抢抓国家"一带一路"先行机遇,努力把宁波打造成为中国与中东欧国家交流与合作的 3 个"首选之地"之一,为宁波民营企业"走出去"提供了更加广阔的空间和发展平台。"走出去"是大势所趋,但日益复杂多变的国际环境,也导致宁波民营企业"走出去"面临不少风险,应引起政府高度重视,通过综合施策、积极防范等措施,奏响宁波民营企业"走进中东欧"新乐章。

一、重新发现彼此:宁波与中东欧国家经贸合作关系全面升级

近年来,宁波与中东欧国家的经贸往来日益紧密,与中东欧国家的合作全面升级,合作项目由小到大、由浅到深,内容日渐丰富和成熟。用波兰学者诗丽娜的话来说,可谓"重新发现彼此"。

2016 年,宁波与中东欧国家间的进出口额达 23.65 亿美元,占中国与中东欧国家贸易总额的 1/25,比去年同期增长 5.9%,若以人民币计算,增长率超过 12%。至 2016 年年底,宁波累计批准在中东欧 16 国中的 5 个国家投资的企业和机构 42 家,备案(核准)中方投资额 19122 万美元,实际中方投资额 15261 万美元。截至 2016 年年底,宁波在保加利亚、斯洛伐克、捷克、波兰、斯洛文尼亚、罗马尼亚、立陶宛、匈牙利和塞尔维亚 9 国承接对外承包工程合同

额 1.74 亿美元,完成营业额 1.2 亿美元。

　　宁波与中东欧国家的人文合作也在积极开展。在旅游合作方面,推出了"百团千人游中东欧"活动,得到了中东欧国家热烈欢迎和宁波市民的积极响应。在教育合作方面,签订了 30 多份教育合作协议,其中宁波外事学校在罗马尼亚设立了中罗(德瓦)国际艺术学校,宁波工程学院与斯洛伐克和保加利亚 3 所高校共同签订了中国—中东欧国际科技创新成果转移中心筹建合作备忘录。

　　在友好城市合作方面,宁波与中东欧 16 国的 20 个城市缔结了友好城市关系,是我国第一个在中东欧各国都有友城的城市。宁波还积极承接保加利亚索非亚中国文化中心的建设和运营,与捷克布拉格的直航航线也即将开通。

　　在此背景下,宁波民营企业走进中东欧呈现出以下特点:投资增长快、生产经营网络逐渐形成、大项目主导作用显著、跨国并购步伐加快,工程承包领域不断扩大等。

二、宁波民营企业"走进中东欧"应正视可能面临的风险

　　西谚有云:"鲜花丛中总会有陷阱。"海外投资面临的风险具有复杂性和多样性,易受各种因素波动的影响,在看到可喜的发展局面的同时,我们也要清醒地看到宁波民营企业在"走进中东欧"的过程中,还可能面临着一系列风险。

(一)政治风险

　　由于某些中东欧国家政治体制与政治局势不稳,造成政策变更的风险较大。不同届的政府对投资政策可能会有较大的改变,即使是同一届政府在其任期内,现行的政策也可能发生改变,这会造成外资企业被迫撤资。

(二)审批风险

　　我国境外投资项目在达到一定额度后,需经国家的各个相关部门进行审批,审批层次多,使得企业经营管理者为琐事烦恼。虽然大部分宁波民营企业

在"走进中东欧"前已与相关部门进行初步沟通,但最终审批结果仍有不确定性,这将导致许多民营企业在"走进中东欧"过程中存在风险。

(三)法律政策风险

民营企业在"走进中东欧"的过程中会涉及中东欧国家当地的财政、税收、产业保护等问题,许多投资目的地国家以国家安全、技术保密、反垄断等为由,在投资中出现政府干预的现象。这使得宁波民营企业在实施对外投资过程中会面临各种壁垒。

(四)汇率风险

国际市场上外汇汇率的不断波动,大大增加了民营企业对外投资的金融风险。企业局限于传统的对冲工具等投资支付手段,难以有效应对国际金融危机所带来的高度不确定性风险。海外资产的投资回报难以被准确预估,会产生投资收益因汇率波动而被吞噬的风险。这是宁波民营企业在"走进中东欧"的过程中的一道不可忽视的门槛。

(五)金融风险

虽然我国资本市场发展较快,形成了股票类、贷款类、债券类、基金类、项目融资类、财政支持类等融资方式和数十条国内外融资渠道的庞大体系。但是,除了短期信贷外,其他融资渠道对民营经济的开放度很低,从而使民营企业与国有企业相比,融资的机会少、规模小、期限短、比重低、品种少、担保难、成本高,满足不了民营经济"走进中东欧"融资的需要。宁波民营企业"走进中东欧"的融资,无论是初创时期还是发展期都严重依赖自我融资渠道。民营企业缺乏金融业的支持和参与,削弱了跨国融资和投资的能力。同时国家对外汇汇出的限制,也进一步造成了民营企业融资上的困难。

(六)信息不对称风险

民营企业"走进中东欧"必须立足于知己知彼的前提,目前宁波相关的中东欧国家研究、咨询机构缺乏,各种相关的资源未能有效整合,相关的公共信息服务体系不健全,民营企业缺乏获取中东欧国家市场信息的规范、快捷、有效渠道,这导致许多民营企业对中东欧国家的项目投资后就出现亏损,其至无法继续经营下去的状况。

(七)决策风险

许多宁波民营企业"走进中东欧"的战略含糊不清,"走出去"目的不明,有的仅仅是为了走进中东欧而走进中东欧,没有搞清如何通过整合国际资源产生协同效应。此外,企业在"走进中东欧"过程中缺乏清晰的"走进中东欧"路线图,导致走了许多弯路。也有部分企业急于通过"走进中东欧"做大做强,未做充分准备就盲目进入陌生领域,缺乏足够的国际资源和专业经验,过分依赖投行等中介提供目标企业信息,往往使其陷入"机会导向"陷阱。

(八)整合风险

由于我国与中东欧国家在文化和企业管理方法等方面存在差异,合作双方往往会出现矛盾甚至是分歧,民营企业在管理上常常会出现与目标企业的管理体制和文化上的冲突。这样的冲突往往会打击员工的积极性,造成高层管理人员以及客户的流失等一系列问题,大大增加了企业的整合风险。

(九)人力资源风险

"走进中东欧"需要一大批懂相关技术、法律、文化、语言的专业人才,宁波民营企业中这样的复合人才却凤毛麟角。"走进中东欧"人才的缺乏,成为宁波民营企业对外直接投资首先面临的难题,已经"走进中东欧"的企业也因此无法全面掌握国际市场信息,从而反应迟缓、贻误商机,影响了企业"走进中东欧"的收益。

三、宁波民营企业"走进中东欧"的风险防范与保障 措施

风险防范是企业开展境外投资的基本前提和重要保障,为了让宁波民企

"走进中东欧"能够走得更稳和更远,相关政府部门及民营企业必须增强风险意识并提高防范水平,加强案例分析和经验总结,强化风险防控能力,为有效应对与规避风险提供保障措施与战略支撑。

(一)加强政府服务和监督职能,提供便利化服务和科学监督

一是政府要为民营企业"走进中东欧"提供便利条件。2014 年商务部通过的《境外投资管理办法》要求相关部门进一步简政放权,实行"备案为主、核准为辅"的管理模式,提高投资便利化水平。宁波可以通过结合新办法、新环境出台民营企业"走进中东欧"的相应配套措施,为宁波市民营企业"走进中东欧"提供更加便利化的政府服务。二是进一步完善对外投资的监管体系。可以借鉴先进国家和地区通行的做法,逐步制定相关的地方性法规,包括具体的实施细则和相关的配套法规,以便依法规范地执行部门政策,强化依法行政。

(二)完善财政政策支持体系,加大对"走进中东欧"企业的扶持力度

一是促进财政补贴政策落实。按照"平等准入、公平待遇、加强支持、改善服务、积极引导"的方针,切实落实与中东欧国家合作已有的优惠政策。二是增强政府财政补贴针对性和有效性。对民营企业在对外投资过程中聘请的专业律师、资信调查等中介服务给予必要的财政补贴。整合财政、科技、贸易等部门的相关扶持资金,使其形成合力,重点扶持传统优势产业以及资源类、高科技及拥有知名品牌的民营企业投资项目。在增强政府财政补贴针对性和有效性的基础上,兼顾操作简便性。

(三)构建全方位金融支持体系,提供良好投融资环境

一是加快金融体系国际化步伐。提高宁波市金融服务业尤其是银行业在国际上的竞争力,使其为各类企业提供融资便利。二是构建合理的境外投资保险制度。境外投资保险可为民营企业跨国投资提供重要的风险分担机制。三是加强政策性金融体系建立。充分发挥国开行、进出口银行以及亚投行等既有金融机构的作用,为民营企业海外扩张提供风险分担和资金支持。可设立对中东欧国家投资专项基金,使其重点支持中小民营企业对中东欧国家投

资。四是推进金融创新。探索运用股权、境外资产等方式作为抵(质)押进行融资；灵活运用中小企业板上市、海外上市、借壳上市等多种渠道，引导和鼓励宁波民营企业通过资本市场直接融资。

(四)建立"走进中东欧"国家数据库，提供有深度、针对性强的信息支持

一是建立中东欧国家政策、法规信息数据库。为民营企业投资提供相关国家相关税收、法律法规、优惠政策等信息。二是为民营企业对中东欧国家投资提供精准、专业化的行业信息数据库。针对民营企业"走进中东欧"的主要区域，提供相关产业、基础设施和国际经贸合作等方面的信息。三是为企业发展提供有深度、针对性强的综合信息分析和具备专业水平的行业分析报告数据库。

(五)加强中介服务机构建设，提高"走进中东欧"成功率

大力引进国际性的财务、法律、信誉调查等专业机构，通过引进国际知名中介服务机构带动境外投资专业中介的发展。大力吸引在国外获得法律、会计、金融等相关学位的留学人员回国，组建重点开拓和发展中东欧国家市场的境外中介服务机构，向"走进中东欧"的投资企业提供投资所在国的政治、经济、社会环境、产业政策、市场信息等方面的咨询服务，帮助企业进行可行性研究与评估，帮助企业批选项目，代办有关中东欧国家投资手续和提供涉外法律服务等。

(六)加快行业商会及中介服务组织协调机制，引导"产业链"走进中东欧

发挥相关商会协会组织协调、自律、服务等重要作用，支持贸促会和行业组织尝试建立宁波民营企业"走进中东欧"的服务网络，在中东欧重点地区搭建贸易促进机构、商会之间经常联系机制，通过设立分支或办事机构，为宁波民营企业"走进中东欧"提供服务。政府需要加大对不公平竞争行为的惩处力度，为企业"走进中东欧"创造良好外部条件，尤其是资产管理部门，应强化民

营企业资本监管并规范竞争约束机制,避免宁波民营企业在"走进中东欧"过程中恶意竞争,影响资产保值增值。相关行业协会应建立健全针对企业国际化经营不规范竞争问题的行业内部协调解决机制,引导行业企业在"走进中东欧"的过程中加强合作。

(七)建立"走出去"与"引进来"联动发展机制,拓展民营企业更大发展空间

宁波民营企业既可通过"走出去"的方式,有效利用中东欧国家当地资源,融入当地市场,把发展触角向全球延伸,同时也可通过"引进来"的方式引入中东欧国家先进的技术、人才、管理等,在与外资嫁接、融合中,增强自己的实力。一系列的"引进来""走出去"活动可把宁波民营企业技术搞活、人才搞活、市场搞活,使宁波民营企业在全球范围内利用境内境外两个市场两种资源的能力得到提升,促进宁波民营企业在更大范围、更广地域和更高档次中参与国际经济合作与竞争。

(八)畅通渠道,建立高层次的国际化人才引进和培养机制

一是建立宁波民营企业国际化人才培养支持体系,鼓励高校培养面向中东欧的国际化经营管理与高技能人才。二是完善人才引进机制,设立"走进中东欧"专项人才基金,着重引进高端、复合型国际化经营管理人才及相关技能人才,为民营企业更好地用好留学和"海归"人才创造条件。三是积极培养、储备能够承接跨境并购业务的律师、会计师和咨询师等专业人才。出台有利于涉外律师队伍和涉外注册会计师队伍建设的优惠政策。四是建立"走进中东欧"企业家公共培训平台,提升宁波民营企业家的学习能力、整合能力和创新能力,使得民营企业能够对中东欧国家的环境进行快速适应,并及时做出决策响应。

(九)总结宁波民营企业"走进中东欧"经验教训,推广典型经验

"走进中东欧"的方式合适与否直接关系到宁波民营企业在海外投资能否取得成功。无论是在资金实力还是经验积累上,宁波大多数民营企业难以和大型跨国公司相提并论。政府对已有的"走进中东欧"的企业案例进行梳理,总结宁波民营企业"走进中东欧"常规路径是非常必要的。在总结梳理宁波民

营企业"走进中东欧"经验和教训的基础上,建立宁波民营企业"走进中东欧"数据库和案例库,一方面为打算"走进中东欧"的民营企业提供经验和指导,另一方面可搭建"走进中东欧"民营企业交流渠道,使得投资同一区域的民营企业能够共享信息。

参考文献

[1] 孙琪,王钰祥.宁波市企业投资中东欧国家的对策研究[J].经济研究导刊,2016(23): 153—156.

[2] 付鑫.新疆民营企业"走出去"现状、问题及对策[J].新疆农垦经济,2016(1):52—55.

[3] 冀春贤,王凤山.进一步深化宁波与中东欧国家的经贸合作[J].宁波经济(三江论坛), 2016(6):9—12.

[4] 吴光伟,王欣.民营企业"走出去"必须警惕的各种问题[J].经济界,2011(1):25—27.

[5] 周俭司.民营企业"走出去"更要"走上去"——对民营企业"走出去"的相关思考与对策建议[J].统计科学与实践,2015(10):30—32.

[6] 付鑫."一带一路"背景下新疆民营企业发展现状及"走出去"对策[J].新疆职业大学学报,2015(6):23—26.

[7] 郝新蓉.宁波民营企业境外投资的外部风险及其防范[J].宁波经济(三江论坛),2015 (12):19—21.

[8] 裴志林,张志文.中国民营企业"走出去"的态势与思考[J].北京社会科学,2013(3): 110—114.

中捷（中东欧）国际产业合作园建设发展对策研究

殷军杰　高　聪　杨青青[*]

近年来，在"一带一路"国家倡议，浙江以及宁波全面加强与捷克等中东欧国家合作的历史机遇下，慈溪与捷克等中东欧国家的合作不断升级。2015 年 6 月中东欧（宁波）工业园正式挂牌落户慈溪滨海经济开发区。2016 年年初启动创建中捷（宁波）国际产业合作园。2016 年 6 月 19 日中捷（宁波）国际产业合作园（以下简称合作园）纳入浙江省政府与捷克工贸部签订的经贸合作备忘录中。合作园作为慈溪对外开放、国际交流合作的重要载体，将会吸引捷克等中东欧国家的资金、先进技术以及先进管理经验的输入，推动慈溪产业结构调整和产业升级，提升慈溪开放型经济发展格局和竞争优势。为更好推动合作园高水平、高标准的建设发展，我们为此进行了专题调研分析，并提出了相关对策建议。

一、现实基础和发展机遇

国家、省、市一系列的战略措施，为合作园发展提供了重要契机。自 2012 年中国—中东欧领导人首次会晤以来，中国—中东欧合作机制日益成熟，中国与捷克等 16 个中东欧国家的合作驶上了"快车道"。而中国"一带一路"倡议的全面实施，又为双方全方位、宽领域、多层次的互利合作注入了新动能，并开辟了更为广阔的发展前景。浙江省高度重视国际产业合作园的发展，从

　＊　杨青青，女，宁波海上丝绸之路研究院办公室科员，研究方向："16＋1"产业政策等。

2014 年开始致力于培育一批国际产业合作园,浙江省 2015 年政府工作目标将"打造国际产业合作园"列为一类目标。宁波市政府通过举办中国—中东欧国家经贸促进部长级会议、中国—中东欧国家投资贸易博览会、中东欧国家特色产品展和出台《关于加强与中东欧国家全面合作的若干意见》《宁波市中东欧经贸合作补助资金管理办法》,建设"中国—中东欧贸易便利化国检试验区"等系列战略举措,努力把宁波打造成为中国与中东欧国家双向投资合作的首选之地、中东欧商品进入中国市场的首选之地、中国与中东欧国家人文交流的首选之地。

两地产业优势互补,为合作园发展开辟了广阔的发展空间。捷克是工业基础最好的中东欧国家之一,在汽车及零部件、机械设备、电气、新材料、生物技术等产业领域拥有雄厚实力。慈溪是我国民营经济最发达地区之一,家电、化纤、轴承、汽车零部件等传统产业优势明显,通用基础件、五金工具、传动设备、自动化产品等生产企业数量众多、配套能力强。两地产业匹配度和互补性较高,拥有广阔合作发展空间。

经贸投资合作关系密切,为合作园奠定了良好的发展基础。无论是宁波还是慈溪,都与捷克等中东欧国家长期保持着较为密切的经贸合作关系。2016 年,宁波对中东欧 16 国进出口总额为 23.65 亿美元,同比增长 5.9%,进出口总额约占全国 1/25。截至 2016 年年底,捷克在宁波累计批准的外商投资项目 12 个,合同外资额 962 万美元,实际投资额 161 万美元,双边投资总量位居全国同类城市前列,"引进来"和"走出去"优势明显。慈溪有 1000 多家企业与中东欧有业务往来,其中超过三成企业与捷克有业务往来。慈溪滨海经济开发区自身也具有较好的合作基础,中东欧艺术馆已在慈溪正式建成开馆,与 3 家中东欧企业已正式签订合作协议,中东欧(宁波)工业园于 2016 年 6 月在慈溪挂牌落户,宁波(中东欧)邮政跨境电子商务创新园于 2017 年 6 月在慈溪开园。

配套服务日益完善,为合作园创造了良好的发展环境。慈溪滨海开发区具有宁波同城优势,可承接、共享宁波市区星级酒店、购物广场、高端写字楼、会展中心、20 余所双语学校(其中 4 所主要面向外商子女)、26 家综合高等级医院等丰富的配套资源。慈溪滨海经济开发区山水资源丰富、人文底蕴深厚,拥有国家 4A 级旅游景区——达蓬山风景区,全国文物保护单位、国家 3A 级旅游景区——虞氏旧宅,全国山地自行车及滑翔伞训练比赛基地,国家 3A 级旅游景区、宁波市美丽乡村——河头古村等特色旅游资源。慈溪滨海新区所在的龙山镇是省级中心镇,建成面积达 10.7 平方千米;规划面积 15 平方千米的滨海新城加快成型,学校、医院、公交枢纽、城市综合体等功能项目建成投用,区域配套环境日益完善。

二、制约因素

全球经济趋于好转,但总体仍显动力不足,特别是欧美发达国家加速实施"再工业化"和"工业 4.0"战略,全球投资贸易规则的主导权争夺加剧,合作园外需拉动和外向经济发展都面临着较大的不确定性。捷克以及中东欧国家自身体量较小,产业较为单一,这也将制约合作园的招商引资进度。

国内各类产业园区竞争激烈,截至 2016 年 6 月,浙江省已建成 21 个国家级经济技术开发区和 46 个省级经济开发区,22 个国际合作产业园启动创建,而宁波已有 6 个国家级园区、9 个省级园区。国内已有 2 个中捷合作园区(中捷产业园、中捷先进环境技术产业园),这些园区将使合作园的招商引资面临一定的压力。此外,慈溪滨海经济开发区长期从事内资的引进,在对外招商引资方面缺乏经验。在招商引资队伍建设方面较为滞后,缺乏中东欧语言方面的人才以及通晓国际规则、了解中东欧国情和产业政策的人才。政策支持力度有待进一步加强,对于人才引进以及招商引资的激励制度需要进一步完善,外资企业落户合作园的优惠政策也需要加强。

三、产业发展定位

未来合作园构建将以高新材料产业、高新机电产业为主导,生产性服务业、生活性服务业为支撑,制药和生物技术、环保技术和设备制造等特色产业为重点的"2+2+N"产业体系,即两大主导产业、两大支撑产业、N 个特色产业。两大主导产业主要为高新材料产业、高新机电产业。高新材料产业主要包括石墨烯、木纤维材料、特种金属材料、功能高分子材料、化工新材料。高新机电产业主要包括通用航空制造、智能家用产品、新能源汽车产业、智能制造装备。两大支撑产业为生产性服务业、生活性服务业。生产性服务业包括金融服务业、电子商务、现代物流、国际贸易、商务会展。生活性服务业主要包括运动休闲、文化交流、教育医疗、生态旅游等。N 个特色产业主要包括制药和生物技术、环保技术和设备制造等,以及引进其他中东欧国家的特色产业。

四、发展目标和功能定位

(一)发展目标

力争将合作园建设成为具有重要影响力和独特竞争力的,以捷克等中东欧国家为重要元素的,集聚国际优质产业资源的开放型国际产业合作园,使合作园成为产业先进、服务完善、绿色生态、地域特色、便捷高效的集产能合作、经贸往来、人文交流、科技创新等多功能于一体的国家"一带一路"国际区域合作的示范平台。

(二)功能定位

合作园的功能定位是发展形成四大功能平台——产能合作平台、经贸往来平台、人文交流平台、科技创新平台。

(1)产能合作平台。通过招商引资、技术引进、合作研发、成果转化、专利购买等多种形式与中东欧国家的相关企业开展合作,引进优势产业项目、技术、人才等资源,同时鼓励本地有实力的企业到捷克等中东欧国家投资项目、开拓市场。(2)经贸往来平台。重点培育面向中东欧及周边国家的跨境商贸业,联动发展展示展销、产品体验、广告营销、物流配送、信息咨询,以及保税仓储、报关商检、财会法务等配套服务产业链,通过贸易先行带动产业投资。(3)人文交流平台。依托宁波机场开通至捷克、匈牙利包机航线的有利条件,通过跨境旅游合作、艺术文化交流、国际合作办学等多种渠道,双方增进人文交流。(4)科技创新平台。着力营造创新环境,集聚创新资源,提供创新手段和条件,大力保护知识产权,建设研发、检测等公共技术服务平台,推进企业研发、产学研一体化和新技术的产业化。

五、对策建议

(一)注重顶层设计,高标准规划建设国际产业合作园

第一,要注重顶层设计,提升合作园行政管理规格和能级,建议成立由浙江省、宁波市政府牵头,上级相关部门和慈溪市委市政府共同组建的工作领导小组。该小组应定期召开会议,进行重大事项的决策、重大问题的协调和重大项目的推进。

第二,要争取更高层面的支持力度,包括体制机制创新、财政资金、人才引进、项目落地等方面的支持,确保合作园建设顺利推进。同时,要高起点、高标准进行合作园规划,引入产城融合设计理念,采用规划与建设协同化管理模式,切实保障规划不走样。

第三,在工作领导小组的框架下,慈溪滨海经济开发区管委会进行实体运作,组建中东欧国际联合投资管理有限公司,采用一套班子两块牌子的形式。开发区管委会、相关市场运营机构、相关专业投资公司出资,进行市场化、公司化运营管理,并由其负责中捷(中东欧)国际产业合作园的运营管理。公司下设招商中心(国际招商、产业招商、驻点招商等部门)、办公室[综合协调服务中心、中捷(中东欧)产品展示交易中心]、中国—中东欧技术合作中心(包括技术标准互认中心、技术成果转化中心、工业设计研发中心、知识产权信息与交易中心、创新创业孵化中心等)、合作园的网络信息中心(国际产能对接合作平台、制造业国际创新合作平台、国际智慧物流信息服务平台、跨境电子商务信息服务平台、国际互联网金融服务平台、国际人文交流与合作服务平台),并组建宁波中东欧国家合作研究院(慈溪分院),其下设政策研究中心、产能合作研究中心、国别研究中心(见图 1)。

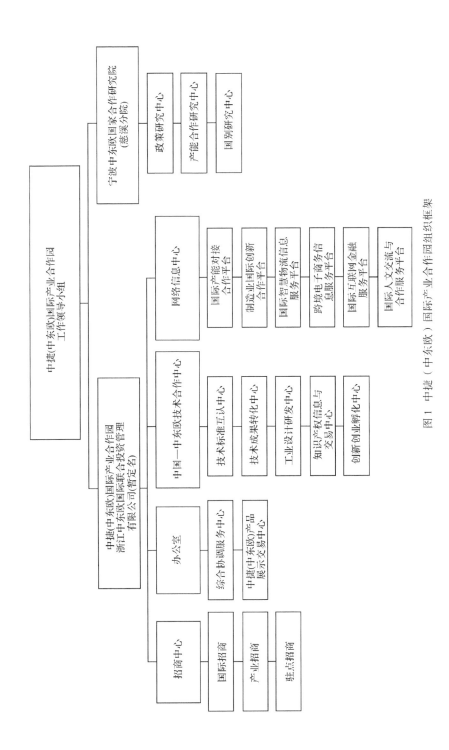

图 1 中捷（中东欧）国际产业合作园组织框架

中捷（中东欧）国际产业合作园工作领导小组

宁波中东欧国家合作研究院（慈溪分院）
- 政策研究中心
- 产能合作研究中心
- 国别研究中心

中捷（中东欧）国际产业合作园浙江中东欧国际联合投资管理有限公司（暂定名）

网络信息中心
- 国际产能对接合作平台
- 制造业国际创新合作平台
- 国际智慧物流信息服务平台
- 跨境电子商务信息服务平台
- 国际互联网金融服务平台
- 国际人文交流与合作服务平台

中国—中东欧技术合作中心
- 技术标准互认中心
- 技术成果转化中心
- 工业设计研发中心
- 知识产权信息与交易中心
- 创新创业孵化中心

办公室
- 综合协调服务中心
- 中捷（中东欧）产品展示交易中心

招商中心
- 国际招商
- 产业招商
- 驻点招商

（二）增强配套功能，提升园区软硬件服务

第一，要根据捷克（中东欧国家）对外投资的特点，特点是企业往往采用轻资产化、集约式经营等方式进行对外投资，因此宁波要高度重视合作园软硬件设施的建设，以满足投资需求。要加快200亩标准化厂房建设，供应多样化、集约式的厂房，以满足不同投资方的需求。同时，要转变政府职能，提供园区"一站式"服务，并对各部门参与和服务园区建设的工作进行绩效考核。

第二，要不断完善生产服务体系。合作园要加快发展研发设计、技术转移、创业孵化、知识产权、科技咨询等科技服务业，进一步壮大电子商务、智慧物流、服务外包、金融服务、人力资源服务等生产性服务业，提高对合作园制造业加快发展的支撑能力。

第三，要不断完善生活服务体系。结合合作园的商业开发，加快建设面向大众兼具中东欧特色的商业综合体，引进国际化高端酒店，为合作园开展国际化高端会议论坛、国际客商住宿等提供商业配套。要加快建设集文化、体育、卫生、教育于一体的区域性生活服务配套。同时，还要结合合作园区的人才引进政策，加快建设有中东欧元素的职工公寓、人才公寓、专家楼，吸引各层次人才进驻合作园。

（三）拓展招商引资渠道，突出市场化招商

第一，要创新招商引资方式。在新的招商引资环境下，必须创新招商引资的方式方法，政府主导变为政府引导，形成政府助力、企业主力以及市场化运作的新招商机制。

重视产业链招商。随着开放型经济呈现投资基地化、产业链条化趋势，行业领军企业、国内外500强企业的投资方式由过去单体投产逐步向优势产业集聚、整合，要积极适应和调整投资主体的产业布局方式的转变，开展产业链条的招商和产业的引导培育，将产品、产业生产的前道、后序企业都吸引过来，增强合作园产业聚集效应，形成完整的产业链。

设立境外招商办事处。在已设立的捷克招商办事处的基础上，积极拓展中东欧其他国家及欧美等外资主要来源地设立驻点进行招商，收集一手企业投资信息,有针对性地洽谈,实现"一对一""点对点"的实质性对接。

聘用境外招商代理。聘请专业招商顾问,负责及时向合作园提供当地产业和企业的对外投资动态,分析重点客商的投资需求,组织有意向的客户的对接洽谈工作,并在波兰、匈牙利、捷克等已有的境外招商代理的基础上,积极拓展其他国家和地区的招商代理机构,方便招商引资工作的开展,并将此举常态化、制度化。

开展"以企引企"招商。通过收集和梳理本地、全省乃至华东地区的企业与捷克和中东欧国家经贸合作的相关企业信息,有针对性地进行招商引资,从而实现与外企合作。同时,还要通过资本合作、技术嫁接或兼并收购等多种方式,鼓励引导企业做好对接合作等相关事宜。

第二,要营造全员招商的氛围。一是要加强领导重视。合作园应把招商引资作为"第一号"工程,通过主要领导亲自抓,参与项目洽谈、协调项目落户,尤其对于重大项目,要灵活组建项目领导小组等方式,解决项目落户准别及落户过程中遇到的问题。二是要明确任务。招商工作不仅仅涉及招商部门,还要动员整个开发区的每一位员工,使他们明确目标任务,明晰责任主体,确保招商工作顺利完成。三是要建立全程跟踪服务机制。做到每个项目有人跟踪,重大项目有分管领导亲自跟踪的工作责任制,每周每月定期召开部门协调会议,切实解决招商引资工作当中的具体问题。四是要打造"学习型"招商队伍。要加强对开发区、合作园的基本信息和当地人文环境的培训和了解,通过高校科研机构,定期组织对捷克语等语言的培训,对项目评估分析、商务礼仪、商务谈判、外事外贸函电等业务知识的培训,对相关国家的各类投资政策等进行经常性的培训,提高一线招商人员业务水平和综合素养。五是要定期举行"招商大比拼"等各类活动,增强招商队伍的团队协作能力。

第三,要打造专业化的招商团队。要引进或联合专业招商团队,采用市场化运作模式,积极寻求双方的需求结合点并进行招商的效益分析,以提高招商工作的成效。

第四,要建立科学合理的晋升机制。引进现代企业管理制度,采用职业经理人制度,打破行政编制束缚,尤其是合作园招商部门的主要负责人可以面向社会进行公开招聘和内部人员公开竞聘方式聘任,由中捷(中东欧)国际合作产业园工作领导小组办公室负责考评,建议采用积分制管理,充分发挥优秀的招商人员的积极性。

第五,要统一薪酬体系和标准。招商部门的员工由行政编制、事业编制和临聘人员组成,在薪资方面采用国家有关规定发放,但员工的工作奖金可以根据对部门、团队、员工的考核后确定招商激励,尤其对行政编制和事业编制以外的外聘人员真正做到同工同酬。

(四)设立产业引导基金,引进多家投资主体提供金融支持

第一,要紧紧抓住宁波"中国制造2025"试点城市这一重大机遇,围绕宁波市"十三五"规划的五大主导产业和合作园发展"两高一大"的产业规划,引进一批与之相匹配的重点企业和项目,特别是要聚焦高新材料产业、高新机电产业和大健康产业,设立相关产业引导基金、产业龙头企业引进基金、创业投资引导基金和天使投资引导基金,注重各基金协调联动,不断完善基金参股方式、收益分配、退出机制等。

第二,要探索创新多元化、多形式的财政资金支持方式,以因素法、竞争法、项目法等方式,通过投入补助、业绩奖励、政府采购、产业基金投资和强化政府服务等形式予以扶持,优化财政资金运作方式。

第三,要设立产业海外并购基金,结合当地民营经济发达和资本雄厚的优势,通过合作园引导、市场运作、产业化等方式对中东欧乃至欧洲的企业和先进技术进行收购,加快产业的落地和培育,在国际市场并购优质的技术、设备、人才等资源。

第四,要引进专业投融资管理企业,加快推进合作园投资资金的实质性运作,依托市场化运作吸引社会资本参与公共服务、产业发展等公益性项目的投资建设。

(五)引进各层次人才,提高整体人才水平

第一,合作园要根据发展需求,制定各层次人才发展新政策。在引进各类高端人才的同时,也要注重中层人才、创业人才、技术职工等各层次人才的引进,优化合作园人才结构。

第二，要聘请中国社会科学院欧洲研究所、浙江大学西部发展研究院、北京外国语大学、上海对外经贸大学、宁波中东欧国家合作研究院等专业机构的知名专家学者，请他们定期组织开展跨文化的培训，包括投资国的商务礼仪、风俗习惯等培训。

第三，要引进中东欧优质的教育资源，通过与当地学校合作办学的形式在合作园建设教学实践基地，注重培训通晓国际经济社会、产业发展、政策法律等各类情况的跨国人才。同时，也要注重引进国内外优质的职业教育学校，培养技工人才。在此基础上，还要定期组织合作园企业高层到国内外组织开展商务合作考察和企业对接活动，拓展园区企业家国际视野，提升跨国经营管理水平。

(六)加强宣传推广，营造"引进来"和"走出去"氛围

第一，要定期更新合作园 CIS 形象建设，以园区各大道路口为关键节点，委托专业设计机构进行设计，及时制作、安装相关标识、标记、指示牌、广告牌，营造国际产业合作园的视觉效果。

第二，以每年 6 月宁波市举办的中国—中东欧投资贸易博览会为契机，通过慈溪市委市政府向浙江省委省政府、宁波市委市政府的争取，申请其作为博览会分论坛的主承办方，举办中东欧国家企业合作、项目对接为主题的滨海新区专场洽谈会，并邀请省、宁波市领导出席，中东欧驻华(或上海)使领馆官员、商务部、商务厅、外办、侨办等有关部门领导参加，园区龙头企业高层、在谈及意向目标企业高管参与，扩大媒体宣传力度，提升园区知名度。

第三，在中东欧国家建立一些友好城市，通过当地政府和商会组织，定期举办中捷(中东欧)国际产业园的推介会和企业对接会。

第四，进一步通过新闻、网站建设等进行宣传，抓住重大活动、重大项目引进、签约或落地开工、省政府正式发文命名等契机，利用各种媒体形式和宣传手段，加大力度，扩大影响，提高合作园的知名度。

参考文献

[1] 唐秀鑫.中国—马来西亚钦州产业园区行政管理体制创新研究[D].南宁:广西大学,2016.

[2] 叶中坚.中国·印尼经贸合作区发展对策研究[D].南宁:广西大学,2013.

[3] 李景欣.中国高新技术产业园区产业集聚发展研究[D].武汉:武汉大学,2011.

文化篇

宁波市"一带一路"文化发展初探

闫国庆　　徐侠民

"一带一路"不仅彰显了古老中华文化的风采,还兼具着现代文化交流的时代特征;"一带一路"不仅是一条互利共赢之路、睦邻友好之路,还是一条文化交流之路;"一带一路"的提出不仅是当前我国进一步融入全球化进程的重要战略选择,还为我国发展"一带一路"文化奠定了基础。国家各省市积极行动落实《文化部"一带一路"文化发展行动计划(2016—2020 年)》,使"一带一路"沿线各地区民心得到有效夯实,为宁波市"一带一路"文化发展提供民心相通的良好基础。

一、存在的问题

在宁波市文化发展取得成效的同时,必须清醒地认识到,宁波文化发展仍存在一些亟待解决的问题:

第一,文化产品和服务与人民群众日益增长的文化需求不适应。广受欢迎的精品力作还不多,文化产品的数量、质量有待提高。但是精品数量仍旧不多,质量也需要不断提升。

第二,文化人才与文化快速发展不适应。宁波市文化拔尖艺术人才匮乏,经营管理人才紧缺,文化人才队伍建设有待进一步加强。文化发展的关键因素在于"人",人的文化活动、人的文化创造、人的文化交流等,一支强大的文化人才队伍是一个国家或地区文化发展的重要力量。

第三,文化产业竞争力不强。在对外文化交流中,与发达国家和地区相比,宁波市文化产业发展起步较晚,国际竞争力不强。主要表现在产业规模化和集约化程度较低,出口产品和服务档次不高,缺乏具有国际影响力的文化品牌。

第四,文化创新能力相对薄弱。宁波市文化企业整体规模偏小,实力雄厚、竞争力强的大型骨干文化企业较为稀缺,文化产业缺少具有世界级影响力的精品力作和知名文化品牌;产业结构也不够合理,文化与制造业、旅游、科技、金融等融合发展的格局未能形成,规模化、特色化、集约化的文化产业集群园区仍需完善,文化创新能力与宁波市实力和外贸地位很不相称。

第五,对外文化交流主体比较单一。人文交流的推力来自于政府和民间两个层面。从对外文化交流形式来看,政府仍然是对外文化交流的主要推动者和参与者,负责对文化艺术机构、民间组织统一安排参与国际文化交流活动。由于信息反馈渠道和机制不够健全,作为主体的企业和社会组织参与高质量文化交流活动的数量仍然相对较少,无论在规模数量还是组织结构上,宁波市对外文化交流水平都远远落后于欧美等发达国家的基本水平。

第六,对外文化交流的渠道有待进一步开拓。目前宁波市对外文化交流的常规渠道,一是借助国家对外开展公共外交的平台。二是中国在海外的常驻文化机构,如驻外使馆的文化处和文化中心,浙江省与柏林中国文化中心、西班牙文化中心开展对口合作。三是国内经纪公司,如宁波演艺集团《十里红妆》就是通过中国演艺集团的推介进入美国市场的。但是,通过国外经纪机构走入主流演出场所,吸引主流观众的渠道仍旧不够畅通。

第七,对外文化交流缺乏持续的影响力。宁波市很多的文化交流活动在国外举办时,能在当地引起一定的轰动效应,成为人们一时谈论的重要话题。但是,活动结束后,影响力较难持续。

第八,文化系统性、整体性、规范性有待提升。宁波市文化元素总体较为零散、不成体系,没有贯穿宁波市文化的主线;同时,宁波文化作为江浙具有代表性的典型文化之一,具有包容性和多元性,但同时,在与外来文化融合时,其文化的规范性有待完善。

二、宁波市"一带一路"文化发展建议

(一)健全参与"一带一路"文化交流合作机制

积极与"一带一路"沿线国家和地区签署政府间文件,深化人文合作委员会、文化联委会等合作机制,为"一带一路"文化发展提供有效保障。推动与沿线国家和地区建立非物质文化遗产交流与合作机制。与沿线国家和地区建立文化遗产保护和世界遗产申报等方面的长效合作机制。发挥宁波市海外侨胞的独特优势,积极搭建与"一带一路"沿线国家和地区进行文化交流的平台。充分考虑以浙江海洋文化为主的 21 世纪海上丝绸之路文化纽带,引导和扶持社会力量参与"一带一路"文化交流与合作。

(二)完善"一带一路"文化交流合作平台

优先推动"一带一路"沿线国家和地区的宁波文化中心建设,完善沿线国家和地区的中心布局。着力打造以"一带一路"为主题的国际艺术节、博览会、艺术公园等国际交流合作平台。鼓励和支持各类综合性国际论坛、交易会等设立"一带一路"文化交流板块。逐步建立"丝绸之路"文化数据库,打造公共数字文化支撑平台。

(三)打造"一带一路"文化交流品牌

在"一带一路"沿线国家和地区打造"欢乐春节""丝绸之路文化之旅"等重点交流品牌以及互办文化节(年、季、周、日)等活动,扩大文化交流规模。与"一带一路"沿线国家和地区共同遴选"丝绸之路文化使者",通过智库学者、汉学家、翻译家交流对话和青年人才的培养等活动,促进双方思想文化交流。推动中外文化经典作品互译和推广工作。积极探索与"一带一路"沿线国家和地区开展同源共享的非物质文化遗产的联合保护、研究、人员培训、项目交流和联合申报。加大"一带一路"文化遗产保护力度,促进与沿线国家和地区在考古研究、文物修复、文物展览、人员培训、博物馆交流、世界遗产申报与管理等方面开展国际合作。鼓励地方和社会力量参与文化遗产领域的对外交流与合作中。繁荣"一带一路"主题文化艺术生产,倡导与沿线国家和地区的艺术人才和文化机构联合创作、共同推介,搭建展示平台,提升艺术人才的专业水准和综合素质,为丝路主题艺术创作储备人才资源。

(四)推动"一带一路"文化产业繁荣发展

建立和完善文化产业国际合作机制,加快国内"丝绸之路文化产业带"建设。以文化旅游、演艺娱乐、工艺美术、创意设计、数字文化为重点领域,支持"一带一路"沿线地区根据地域特色和民族特点实施特色文化产业项目,加强与"一带一路"国家在文化资源数字化保护与开发中的合作,积极利用"一带一路"文化交流合作平台推介文化创意产品,推动动漫游戏产业面向"一带一路"国家发展。顺应"互联网＋"发展趋势,推进互联网与文化产业融合发展,鼓励和引导社会资本投入"丝绸之路文化产业带"建设。

(五)促进"一带一路"文化贸易合作

围绕演艺、电影、电视、广播、音乐、动漫、游戏、游艺、数字文化、创意设计、文化科技装备、艺术品及授权产品等领域,开拓完善国际合作渠道。推广民族文化品牌,鼓励文化企业在"一带一路"沿线国家和地区的投资。鼓励企业及社会资本参与"一带一路"文化贸易,依托对外文化贸易基地,推动骨干和中小文化企业的联动整合、融合创新,带动文化生产与消费的良性互动。

参考文献

[1] 王树成.开辟"一带一路"文化共荣新未来[N].人民日报海外版,2017-09-20(001).

[2] 梁兴印."一带一路"战略背景下宁波文化产业发展对策[J].宁波经济(三江论坛),2017(8):34—35.

[3] 汪名立."一带一路"文化贸易正当时[N].中国文化报,2017-02-25(001).

[4] 冯晓霞."一带一路"背景下的宁波对外文化交流[J].宁波通讯,2017(3):64—65.

[5] 李凤亮,宇文曼倩."一带一路"对文化产业发展的影响及对策[J].同济大学学报(社会科学版),2016(5):48—54.

宁波在海上丝绸之路地位演变研究

霍　杰

　　19 世纪后期,德国地理学家李希霍芬首次提出"丝绸之路"的概念,系指公元前 114 年至公元 127 年中国通往西域的商道,因为在这条商道上,丝绸是最主要的贸易货物之一,故被称为"丝绸之路"。19 世纪之后,学者们对古丝绸之路进行研究,认为东西方经济文化交流主要有三条路线,其中一条路线就是海上丝绸之路,通过这条海上交通线,中国向海外出口丝绸、瓷器和茶叶等货物,从海外进口香料、象牙和药材等货物。古代海上丝绸之路产生于特定的历史背景中,涉及交通、贸易、文化、技术和宗教等多个方面,有力促进了古代中国和其他国家的经济文化交流以及社会进步。2013 年国家主席习近平提出 21世纪海上丝绸之路的构想,必将会使海上丝绸之路再次焕发出惊人的活力。

　　自西汉开辟"海上丝绸之路"以来,我国沿海先后出现了 10 多个与"海上丝绸之路"有密切联系的港口城市,这些港口城市在 2000 多年时间内经历了兴衰更替,而位于东南沿海的宁波无论是在古代还是现代都是"海上丝绸之路"的一个重要的港口城市。宁波位于亚热带季风气候区,北赤道暖流与北太平洋寒流的背向回流,致使每年五六月至 10 月经常刮东南风、东风和南风,10月至 12 月经常刮西北风、西风和北风,这一自然规律为建设宁波港口提供了有利的气候条件。另外,宁波位于我国东海之滨,长江三角洲的东南角,有漫长的海岸线、深水港湾和广阔的经济腹地,具有建设港口的有利地理条件。正是依赖于这些得天独厚的天文地理条件,宁波从唐朝以来一直是"海上丝绸之路"的重要港口城市。随着"海上丝绸之路"的兴衰,宁波及其他港口城市的地位也不断发生变化。在这里,笔者将基于国内外比较视角考察宁波海上丝绸之路地位的演变,厘清宁波在丝绸之路的历史地位变化原因,从而为当前宁波在 21 世纪海上丝绸之路的定位以及提升宁波在 21 世纪海上丝绸之路的地位提供参考价值。大体来说,海上丝绸之路的演变可以划分五个阶段,在不同的阶段,宁波海上丝绸之路的地位可能会由于自身社会经济状况、外部竞争和政府政策的改变而发生巨大变化。

一、海上丝绸之路的形成发展阶段宁波的地位

据相关研究发现,秦汉之际,从我国山东半岛通往朝鲜、日本的东海丝绸之路就可能已经开辟,但是,汉代以前我国对外贸易活动只是偶然性的,尚无明确记载。到了汉代,我国航海技术和造船技术有了一定程度的提高,海上活动进入一个新的时期。汉武帝在攻占朝鲜半岛之后,为了扩大汉王朝的政治影响,派出船队开往印度洋,开辟了南海丝绸之路——印度洋航线。汉代远洋航行的出航地点是雷州半岛的徐闻(今广东徐闻县)、合浦(今广西合浦县),然后航船沿着我国海岸线驶过南海,进入泰国湾,最后到达印度半岛的东南端。中印海上航路的畅通沟通了太平洋和印度洋,这条海上通道的畅通可以看作是海上丝绸之路形成的标志。东汉末年中原战乱,大批北人南迁,给江南地区带来了先进的技术,到了魏晋南北朝时期江南地区的丝织业、造船业和航海业发展起来,海上丝绸之路有了进一步发展。在这一时期,从我国通往朝鲜和日本的东海丝绸之路航线有了新的发展,开辟了建康(今南京)—朝鲜—日本的航线,此航线大大缩短了中日之间的航程,便利了中日的交流。伴随着东海丝绸之路航线新的发展,南海丝绸之路航线也发生了新的变化。在三国时期珠江流域经济发展迅速,广州以特有的区位优势取代徐闻和合浦成为海外贸易中心,从 3 世纪开始,广州一直是我国海上丝绸之路最重要的起航港之一。

据考古发现,在浙江宁波余姚河姆渡遗址发掘出了距今约 7000 年的木浆和陶舟,说明宁波先民在那时已经从事水上活动,从而自然对停靠船舶的港口存在需求。随着生产力的发展,春秋战国时期宁波境内的第一个港口——句章港出现。在秦汉至魏晋南北朝时期,句章港作为海上交通和军事行动的港口屡见史册,但关于句章港的对外经济贸易活动很少有史书记载。句章港的建立为人们从陆地走向海洋奠定了基础,间接推动了古代宁波的对外交流活动。

从总体来说,在唐朝之前,海上丝绸之路已经形成并有所发展,这一时期我国主要输出的商品是丝绸。在不同朝代我国通过海上通道从事对外交流的主要港口或地区分别是:秦朝的山东半岛,两汉时期的徐闻和合浦,三国之后的广州。宁波虽然出现了港口,但是很少从事对外经贸活动。因此,可以判断在唐朝之前,宁波只是位于海上丝绸之路延伸线上的城市,其海外贸易还处于孕育时期,在海上丝绸之路的地位远远不能与广州相比。

二、海上丝绸之路的繁荣鼎盛阶段宁波的地位

(一)唐朝

到了唐朝,由于造船业、航海业和丝织业的进步,加之唐朝政府实行比较开明的对外政策,海外贸易迅速发展,一些对外贸易的港口和城市日趋昌盛。在长期的经济文化交流中,唐朝逐渐形成了著名的四大港口城市:广州、明州(今宁波)、扬州和交州(今越南中北部和我国广东广西部分地区)。

在唐朝之前,虽然海上丝绸之路已经开辟,但只是陆上丝绸之路的一个补充。到了唐代中后期,由于战争不断,陆上丝绸之路被阻断,海上丝绸之路乘势而起,逐渐取代陆上丝绸之路成为我国对外经济文化交流的主要通道。唐朝仍承前朝,在继承原来的东向和西向(含南向)航线的基础上,进一步将远洋航行向西拓展。唐朝东向航线连接了朝鲜半岛和日本列岛的诸国。在唐朝,广州是西向海上丝绸之路的出发点。在广州起航的商船,经印度支那半岛、马来半岛、马来群岛,再经印度半岛,西抵波斯湾,再南航至阿拉伯半岛和东非。在唐朝,与广州进行海外交流的国家很多,主要来自印度半岛古国、波斯、今阿拉伯和非洲的一些古国等,仅同广州来往的南海国家就有二三十个之多,远超前朝。这一时期,我国对外出口的主要货物是丝绸、瓷器和茶叶等。为适应广州海路贸易的发展,唐代在中国古代贸易史上首次设置了管理贸易的官吏——市舶使,开了市舶制度的先河。在唐朝,广州成为我国第一大港、海上丝绸之路著名的港口城市。扬州大运河南连江海,北接淮汴二水,是南北水路交通枢纽和南北货物的集散地,也是各国使节从东南沿海北上长安(今西安)

的必经之地。在唐代,扬州成为闻名海内外的国际港口,吸引来自朝鲜、日本、波斯、阿拉伯以及南亚诸国的商人。自唐开成年间之后,因长江江口逐渐东移,扬州离海越来越远,宋元时期,江口逐渐移到江阴和华亭(今上海市松江区),扬州在海上丝绸之路的地位逐渐衰落。

唐开元二十六年(738),浙东鄮县港口从越州划出,单独成立明州,由县级建制提升为州级建制,经过半个多世纪的发展到唐长庆元年(821)明州港正式在"三江口"建州城,这标志明州已经正式成为海上丝绸之路的港口城市。唐代政府指定明州与东方的日本列岛、东南亚的朝鲜半岛进行直接的通商贸易和文化交流。唐朝中期以后,由于我国北方发生战乱,农业受到破坏,人口锐减。而与此相反,江南地区的经济得到快速发展,明州和杭州兴起,唐朝的经济中心逐渐由北向南转移。特别是安史之乱以后,江浙一带成为全国经济最发达的地区,宁波作为海上丝绸之路的港口地位重要性越加凸显。在唐朝中后期,明州港成为日本遣唐使入口登陆和起航归国的主要港口,这在很大程度上促进了宁波海外贸易的发展。在唐朝,明州港是一个主要输出港口,在货物输出方面主要体现在海上丝绸之路的始发港,在文化输出方面主要体现在向日本和高丽等国输出宗教。

从总体来说,在唐朝,随着生产力的发展和政府实施比较开放的外贸政策,我国东南沿海的港口城市对外经济文化交流比较频繁,海上丝绸之路渐现繁荣的气象。这一时期,我国参与海外交流的港口较多,广州依赖于其优越的地理位置和历史沉淀依然是我国海上丝绸之路的第一大港口城市,而扬州则依赖于京杭大运河的交通便利成为我国海上丝绸之路的第二大港口城市,明州由于经济的空前繁荣则迅速崛起为我国海上丝绸之路的第三大港口城市。

(二)宋朝

两宋时期,海外贸易较之唐朝又有了进一步的发展,这主要得益于农业手工业的飞速发展、造船航海技术的高度发展以及政府推行比唐朝更加开放的贸易政策。宋朝时期,对外贸易的商品种类日益繁多,主要出口商品有丝绸、瓷器、钱币、书籍和茶叶等,主要进口商品有香料、象牙和刀剑等。宋朝海外贸易的港口较唐朝大为增加,主要有三大海外贸易港口:广州、明州和泉州。

宋朝虽然在中原地区实现了相对的统一,但北部地区先后为辽、西夏和金所占领,陆上丝绸之路仍然受阻,因此海上丝绸之路得到了进一步蓬勃发展,呈现高度繁荣之态势。为适应海外贸易的蓬勃发展,宋朝海外贸易管理制度在唐朝的基础上出现更进一步的增进和充实,设置市舶机构的港口增多,市舶结构的职能也增强,这些措施进一步促进海外贸易的发展。宋朝与西亚的大食(今阿拉伯)和东南亚的三佛齐以及高丽、日本经济文化交流比较密切。在两宋时期,广州是同东南亚、南亚和西亚进行海外经济文化交流的主要门户,聚集为数众多的外国商人,在城市周边形成许多市镇。这些市镇成为广州港的外港。北宋中期之后,由于官吏的贪赃、少数民族的入侵等原因阻止了广州港海外贸易的发展,许多海外商人由广州转移至泉州经商,泉州海上丝绸之路繁荣起来。泉州地处福建东南海边,扼晋江的下游,是江海交汇之处,具有成为优良海港的先天地理条件。不仅西亚、南亚、东南亚的商船多在泉州登陆或起航,就连东亚高丽的商船也多往返于泉州,泉州成为东海航线和南海航线的交汇点。为适应对外贸易的蓬勃发展,宋哲宗元祐二年(1087)朝廷在泉州设置市舶司。从北宋末年,泉州港的地位已同广州港并驾齐驱。到了南宋后期,随着福建商品经济的快速发展以及宋金交战导致了南宋皇室南迁,泉州港的对外贸易已经超过广州,一跃成为我国海上丝绸之路的前三大港口之一。

在两宋时期,明州的丝绸、瓷器和造船等行业得到进一步发展。宋代的明州海外贸易繁荣程度位列两浙海路各港之首,宋真宗咸平二年(999),朝廷在明州设置市舶司管理海外贸易,其后,明州市舶司多次被罢,但都很快被重设。两宋时期市舶司的存在凸显了明州港的重要性,影响了其海外贸易的范围和规模。自唐朝以来,明州就是我国同朝鲜和日本进行经济文化交流的重要门户,宋朝政府规定明州专门负责对朝鲜和日本的贸易活动。除了与朝鲜和日本的交流之外,明州向西、向南的航线得到拓展,同占城(今越南中南部)、三佛齐(今印度尼西亚苏门答腊岛)、麻逸(今菲律宾)、印度和阿拉伯等国家进行贸易往来。

从总体来说,到了两宋时代,由于商品经济的发展以及政府实施更加开放的贸易政策,海上丝绸之路进入了全面繁荣阶段,我国东南沿海地区兴起了更多的对外贸易港口城市。北宋初期,明州成为仅次于广州的海上丝绸之路第二大海港,到了北宋中期,明州被泉州超越,下降为第三大海港。一直到南宋末年,广州一直保持着海上丝绸之路的第一大港口城市,但到了南宋末年被泉州超越。

(三)元朝

元朝在灭掉南宋之后,在承袭宋朝外贸政策的基础上,推行比南宋更加开放的外贸政策。元帝国政治和军事的强大实力和驿站制度的实施,为丝路贸易的开展提供了有利的政治军事条件。另外,农业和手工业得到较大进步,城市建设、商业贸易、科学技术、交通等都得到迅速发展,尤其是在江淮以南的地区最为显著,这为丝路贸易的发展提供了充分的物质基础。元朝的海上贸易在社会经济发展和开放政策的推动下,得到了空前发展,无论贸易商品之多和贸易地区之广都是空前的。元朝主要出口到海外的商品包括谷米、纺织品、陶瓷器、金属器皿、文化用品等,主要进口的商品包括珍宝、香料、药材、木材和漆等。在元朝,参与海上丝绸之路的国家和地区大为增加,除亚洲和非洲外,还涌入欧洲的一些国家,主要有三大海外贸易港口:泉州、广州和庆元(今宁波)。

元朝统治者十分重视海上贸易,将之视为国家税赋和宫廷财货的来源。海路贸易管理制度在宋朝的基础上更趋严密和完善,元朝制定了我国古代第一部完整和系统的海路贸易管理条例,将海路贸易管理水平推向一个新的高度。自元朝建立以来,在泉州、庆元、上海、澉浦、杭州、温州、广州设立市舶司,各市舶司由于种种原因兴废不常,但泉州、广州和庆元三个市舶司一直保持到元末,这一现象凸显这三个海港的重要性。泉州港在南宋末年已经跃居海上丝绸之路各港口的首位,在元朝继续发展,达到极盛,是当时世界第一大海港。泉州市舶司是元朝设立的第一个市舶司,虽历经多次罢废、重置,但仍是最重要的一个市舶机构。泉州进出口商品种类繁多,数量庞大,同海外近 100 个国家和地区进行贸易。许多中外使节、教士和旅行家多由泉州登陆或起航,泉州是当时政治交往和文化交流的枢纽。元末之后,泉州由于灾荒战乱以及明朝海禁逐步衰落,在海上丝绸之路的地位下降。在宋元交替之际,广州由于战乱,社会经济遭到严重破坏,许多船只毁于战火,这对海上贸易产生巨大的负面影响,因此从南宋末年开始,广州在海上丝绸之路的地位就已经被泉州超越,但由于其历史悠久,仍然是元朝的重要海港之一。

元至元十三年(1276),元军占领明州城后,在宁波地区设置庆元路,明州港也随之更名为庆元港。元至元十四年(1277)元朝在庆元设置市舶司,随后又将温州、上海和澉浦市舶司并入庆元市舶司,庆元港市舶司地位之高前所未有。庆元港的海外贸易非常繁荣,同东南亚、西亚、地中海和非洲等国家进行海外经贸交流。由于地理原因,元朝庆元港对外贸易最重要的国家仍然是日本和高丽,日本商船至庆元港的贸易往来极为频繁,从庆元港经高丽输往日本的贸易也规模庞大。

总体来说,到了元朝,随着社会经济的进一步发展和实施更加开放的对外贸易政策,海上丝绸之路进入了鼎盛时期,进行海外贸易的港口以及贸易的国家和地区数目也远超前期。这一时期,庆元港受到朝廷的特别重视,对外贸易空前繁荣,超过广州港成为海上丝绸之路的第二大海港。而广州由于战乱原因,先后被泉州和庆元超过,从唐宋时期的第一大海港沦为第三大海港,而泉州成为当时世界第一大海港。

三、海上丝绸之路禁限没落阶段宁波的地位

(一)明朝

在明朝统治年间,我国社会生产力得到进一步的发展,江南地区的商品经济日趋活跃,出现稀疏的资本主义萌芽,为海外贸易奠定了坚实的物质基础。明朝前期为了削弱海外反明实力和消弭日本倭寇的骚扰,巩固封建王朝统治,极力切断中外民间贸易关系,施行严格的海禁政策,对外国来船只允许以朝贡的形式进行贸易,实行勘合贸易。前期朝贡贸易的政治外交色彩重于经济色彩,给明朝带来了沉重的财政负担。中期嘉靖海禁政策的实施导致沿海社会矛盾的激化,倭寇横行。平息倭乱之后,明朝后期为了解除倭寇之患、巩固统治,宣布开放海禁,朝贡贸易的独占地位丧失,民间贸易合法化。纵观明朝一代,伴随着政府轮番采用"通"和"禁"的政策,海外贸易曲折发展,海上丝绸之路呈现萎缩之态。

明朝的朝贡贸易又叫贡舶交易,海外贸易由市舶司掌管。明洪武初,在太

仓黄渡(今江苏太仓镇)设市舶司,但很快被废除,不久又在宁波、泉州和广州设立市舶司,并对每一市舶司负责掌管的海外朝贡的国家具体进行规定:宁波通日本,泉州通琉球,广州通占城、暹罗、西洋诸国,后因倭寇干扰,洪武七年(1374)废止此三市舶司。明成祖时期,出于政治经济的需要,派遣郑和七次率领船队下西洋,扩大和加强与海外诸国的关系。永乐元年(1403)明朝又恢复泉州、宁波和广州三个市舶司。嘉靖二年(1523)日本使者入贡,因市舶司官员处理不当,日本使者竟大肆劫掠宁波,于是明朝罢除宁波和泉州两市舶司,只保留广州市舶司。神宗万历二十七年(1599)又恢复宁波和泉州市舶司。明朝市舶司的设置与罢除变化之多之快是其对外贸易政策变化频繁的一个重要体现。

总体来说,明代由于海禁政策的实施,虽然开放了一些港口从事朝贡贸易,但海上丝绸之路呈现衰落态势。由于市舶司的设置和罢除如此频繁,对港口海外贸易的负面影响比较大,宁波和泉州也不能例外。明朝初期规定泉州只同琉球一国贸易,后又将市舶司由泉州迁往福州,泉州再不复前朝的繁荣,到了明朝中后期,泉州仅仅是个地方性的港口。在明朝只有广州市舶司一直没有被罢除,故广州又上升为海上丝绸之路第一大港口。虽然宁波同样受到海禁政策的影响,但与泉州相比小了很多。在明朝,宁波成为仅次于广州的海上丝绸之路的第二大海港,但繁荣程度远远不如前朝。

(二)鸦片战争之前的清朝

清朝初期,为防止郑成功、张煌言领导的东南沿海的抗清斗争,清朝实行森严的海禁政策。在平定三藩和攻取台湾之后,清朝在康熙二十三年(1684)颁布展海令,解除海禁,放宽对我国海船出海和对外贸易的限制,并于次年宣布江苏的松江(今上海)、浙江的宁波、福建的厦门、广东广州为对外贸易港口,设立江海关、浙海关、闽海关和粤海关,用海关制度取代唐宋以来的市舶司制度,严格管理海外贸易。乾隆年间,因英国人抵制清朝的行商制度并执意在宁波定海县深入建立贸易据点,清朝撤销了宁波、厦门和松江三港的海关,只允许海外船只在广州停泊交易。在鸦片战争之前,清朝实行的是一种有限的开放贸易政策,远远不能与宋元时期相比。

与明朝相比,鸦片战争前期的清朝由于社会经济的发展以及有限的开放贸易政策的实施,无论是在贸易港口、贸易国家、往来船只,还是在进出口商品种类等方面都有一定的增加。自开放海禁以来,清朝除了开放四大通商口岸以外,在东南沿海还有大大小小的近百个商船出入口。在清朝之前,同我国贸易往来的主要是亚洲和非洲的一些国家,同欧美诸国的贸易多为间接形式。鸦片战争前的清朝,除了保持与亚洲各国的贸易关系之外,还扩增至美洲和欧洲的许多国家,同他们建立了直接的贸易关系。这一时期,输出的主要商品有茶叶、丝、丝织物、瓷器和食品等,输入的主要商品有金、银、黄铜、米、棉布、棉纱和棉花等。

乾隆年间,清朝宣布广州为唯一的对外贸易港口,外国船只只能在广州贸易,不能驶往厦门和宁波。由于一口通商的原因,广州继续保持海上丝绸之路的第一大海港的宝座。而厦门在乾隆年间被撤销海关之后,虽然不允许外国船只驶往厦门,但仍然允许厦门船只前往南洋贸易,故对外贸易还保持一定程度的繁荣。宁波在清朝开海之后的一段时间对外贸易有一定发展,但乾隆年间浙海关的撤销极大限制了海外贸易的发展,但由于民间贸易繁荣,宁波仍然保持为海上丝绸之路大港。

四、海上丝绸之路强迫衰落阶段宁波的地位

第一次鸦片战争之后,清政府战败,被迫与英国签订《南京条约》,开放广州、厦门、福州、宁波和上海五个对外通商口岸,从此我国在很长一段时间之内受到西方列强的强迫控制,导致贸易衰落,国家主权受到侵犯,可以说海上丝绸之路进入了强迫衰落阶段。宁波作为五口通商之一,在开埠之后并未达到外国侵略者的扩大贸易的目的,反而对外贸易额迅速下降,主要原因有两个:第一,宁波自给自足的自然经济对商品经济的本能抵制。第二,上海港的逐渐兴起边缘化了宁波港。上海港位于中国海岸线中部,地处长江东西运输通道和海上南北运输通道的交汇点,广阔的经济腹地是宁波无法比拟的。因此,宁波从开埠之初就摆脱不了被上海边缘化的命运,只能成为上海港的辅助港。一直到中华人民共和国成立前夕,宁波一直是上海港的中转港,主要从事转口

贸易，直接对外贸易额远远无法与同期的上海和广州相比。到1949年，由于战争等原因，宁波港的吞吐量只有四万余吨，对外贸易完全停止。

从鸦片战争之后到中华人民共和国成立前夕，我国丧失海权沦为半殖民地，沿海口岸被迫开放，海上丝绸之路一蹶不振，进入衰落期。宁波的对外贸易由于西方列强的侵略不可避免地被烙上殖民地的印记，沦为西方国家的原料供应地和商品倾销地。在开埠一百多年的时间内，随着上海港的崛起，宁波在海上丝绸之路的地位一落千丈，成为一个主要从事转口贸易的港口。

五、海上丝绸之路恢复复兴阶段宁波的地位

1949年新中国成立之后，我国废除了一切中外不平等条约，收回被西方列强剥夺的包括对外贸易领域在内的所有国家主权，结束了半殖民地对外贸易的历史，揭开了对外贸易新篇章。在改革开放之前，由于西方国家对我国经济的封锁，再加上政府过度强调独立自主，导致这一时期对外贸易政策具有明显的封闭性，贸易活动受到抑制，对外贸易在缓慢的恢复之中。新中国成立之初，我国规定对外贸易统一由广州、上海、大连、青岛和天津五大口岸出口。这一时期，宁波没有独立自主出口的权力，只是充当上海港的中转港，直到改革开放初期，基本上还只是东南沿海的一个无足轻重的商埠小城。

1978年党的十一届三中全会确定对外开放为我国的基本国策。1980年设立深圳、珠海、汕头和厦门四个经济特区，1984年开放大连、秦皇岛、天津、烟台、青岛、连云港、南通、上海、宁波、温州、福州、广州、湛江和北海14个沿海港口城市，1985年将长江三角洲、珠江三角洲和闽南三角区划为沿海经济开放区，1988年决定将辽东半岛和山东半岛全部对外开放，进入20世纪90年代以后对外开放的步伐逐步由沿海向沿江及内陆和沿边城市延伸。2001年我国在加入世界贸易组织之后，由试点性的政策性开放转变为在法律框架下的制度下开放。2013年，习近平主席提出21世纪海上丝绸之路的战略构想，古老的海上丝绸之路将再次复兴。20世纪80年代以来，随着对外开放政策的实施，我国进出口总额和外商直接投资额迅速增长，分别从1983年的436亿美元和9.2亿美元增长到2014年的43015亿美元和1196亿美元，年均增长率分别为

16％和17％,远远高于同期的经济增长速度。

改革开放40多年来,宁波港凭借独特的港口资源和政府的政策支持,逐渐重新发展起来并再次取得了辉煌的成就。1979年国务院批复宁波对外开放,宁波港的对外开放和建设开始拓展;1984年宁波成为14个沿海开放城市并设立小港经济技术开发区;1985年宁波港货物吞吐量首次超过1000万吨,挤入大型港口之列;1995年国务院批准宁波为区港联动试点城市;2006年,宁波港和舟山港合并成立宁波—舟山港,加速了宁波经济发展;2015年宁波—舟山港货物吞吐量达到8.89亿吨,连续7年居世界港口第一位,集装箱吞吐量突破2000万TEU,排名世界港口第四位。目前宁波—舟山港已与100多个国家和地区的600多个港口架起贸易通道,开辟航线235条,其中远洋干线130条。

宁波作为我国海上丝绸之路的一个重要港口城市,持续繁荣千年而不衰,这在中国历史上并不多见。其原因是多方面的,得天独厚的自然条件和优越的地理位置是宁波持续繁荣的前提条件,四通八达的交通运输网是宁波持续繁荣的命脉所在,富庶广阔的经济腹地是宁波持续繁荣的保障,而政府的政策支持可能是宁波持续繁荣最为重要的因素。在漫长的千年中,宁波的兴衰与海上丝绸之路的兴衰息息相关。

六、提升宁波海上丝绸之路地位的对策建议

改革开放以来,宁波发展很快,在海上丝绸之路的地位稳步上升。但也应该看到,宁波与世界一流的港口城市依然存在一定的差距。提升宁波海上丝绸之路的地位,建议从以下几个方面着手:

第一,努力发展宁波经济。经济的发展是宁波提升海上丝绸之路地位的根本。从历史来看,没有宁波经济的发展,就没有宁波港口的发展和繁荣,就没有宁波在海上丝绸之路的显赫地位。高起点编制宁波都市圈规划,加快都市圈内的基础设施建设,为宁波—舟山港的发展提供更为广阔的经济腹地。

第二,大力发展港口物流。随着21世纪海上丝绸之路战略的实施,沿线的货物运输量必将进一步增长,随之挂靠的航线数量必将进一步增长,这就会

对港口货物运输能力提出更高的要求,港口需不断发展以满足这种要求。因此,一方面需要加快基础设施建设,提升宁波—舟山港在海上丝绸之路的档次和地位;另一方面,从高起点完善宁波—舟山港的物流规划,建立健全相关的配套政策体系,鼓励民间资金和外资参与港口的建设。

第三,进一步优化整合宁波—舟山港的资源。合并后的宁波—舟山港需要进一步整合原来两个港口遗留的优势资源,提高资源的利用效率,降低港口成本,提升港口国际竞争力。

第四,有机对接国家发展战略。历史已经证明,除了本身的地理资源优势之外,港口城市的兴衰和国家发展战略以及政策密切相关。没有国家政策的支持,港口城市就很难发展兴盛。在当下,宁波应该充分发掘自身的港口优势,抓住 21 世纪海上丝绸之路战略这个重大历史机遇,实现全面建成现代化国际港口城市的重大目标。

参考文献

[1] 龚缨晏."海上丝绸之路与世界文明进程"国际学术论坛综述[J].中国史研究动态,2012(2):78—82.

[2] 龚缨晏,陆臻杰.关于宁波古代海上丝绸之路的几个问题[J].宁波大学学报(人文科学版),2016(3):1—6.

[3] 江鲁.关于积极参与 21 世纪海上丝绸之路建设推进宁波城市国际化的几点思考[J].宁波通讯,2014(17):40—41.

[4] 李栋辉.晚清出版业变革述略[J].编辑之友,2011(2):115—118.

[5] 李军.宋元"海上丝绸之路"繁荣时期广州、明州(宁波)、泉州三大港口发展之比较研究[J].南方文物,2005(1):76—82.

[6] 李银,张增强.论明朝勘合(朝贡)贸易的性质[J].河北经贸大学学报(综合版),2009(1):58—61.

[7] 戚畅.海禁与朝贡:明朝官方海外贸易研究(1368—1567)[D].广州:暨南大学,2012.

[8] 王永涛.经济全球化视角下的中国历史[J].理论界,2003(6):47—48.

"一带一路"倡议下宁波高等教育国际化发展的现状与对策研究

高　聪　范美斯

据 2016 年年末统计数据显示,宁波市共有各级各类学校 2058 所,在校学生总数 130.5 万人。其中,高校 16 所,在校学生 20.1 万人;普通高中 85 所,在校学生 8.6 万人;中职学校 42 所,在校学生 6.6 万人;初中 208 所,在校学生 19.2 万人;小学 444 所,在校学生 47.7 万人。民办中小学(幼儿园)1056 所,在校(园)生 30.1 万人。

据 2017 年 6 月浙江大学高等教育研究所发布的《2016 年浙江省高等教育国际化发展年度报告》显示,宁波有 7 所高校进入三类高校国际化排名前 10 位,宁波教育国际化总体水平在全国名列前茅。

一、宁波教育国际化现状

(一)学生国际化情况

1. 来华留学生情况。2016 年度,宁波有来自 20 多个国家的 800 多名国际学生在宁波市中小学就读或留学。共有来自 112 个国家的 4500 多名来华留学生在宁波高校留学,是 5 年前的 4 倍之多,其中学历生占 60%,其中中东欧来华留学生共计 55 人。宁波打造了宁波国际大学生节等中外文化交流品牌项目,建成了红牡丹书画社、太极馆、阳明学堂等一批中国文化体验基地,每年吸引 3000 多名国际学生体验与交流。

2. 学生赴国(境)外交流学习情况。设立了宁波学生赴国(境)外交流专项补助经费，6000 多名学生赴世界各国院校学习与交流。宁波与新南威尔士州教育部、悉尼大学连续 11 年合作开展赴澳汉语志愿者项目，选派了 10 批 82 人赴澳开展汉语教学。

(二)教师队伍国际化情况

1.专任教师留(访)学 3 个月以上情况。截至 2016 年年底，浙江医药高等专科学校、宁波大红鹰学院、宁波职业技术学院、浙江万里学院、宁波工程学院、宁波大学 6 所高校各派专人交流留(访)学 3 个月以上人数共计 1029 人。

2.聘请外籍教师情况。截至 2016 年年底，宁波城市职业技术学院、浙江工商职业技术学院、宁波大红鹰学院、浙江纺织服装职业技术学院、浙江大学宁波理工学院等 11 所高校聘请外籍教师(语言外教和专业外教)共计 712 人次。

3.因公出国(境)情况。截至 2016 年年底，浙江工商职业技术学院、宁波广播电视大学、浙江万里学院、宁波工程学院、宁波大学等 7 所高校项目洽谈及考察共计 209 次，公派出国境留学为 42 人，教师出国境培训、进修、学术交流等人数共计 234 人。

4.聘请专家情况。累计引进了"千人计划"学者、高端项目外国专家等 50 余人，为宁波区域经济和产业转型发展注入了新的活力。

(三)课程与教学国际化情况

截至 2016 年年底，浙江工商职业技术学院、浙江纺织服装职业技术学院、浙江万里学院、宁波工程学院等 5 所高校全外语授课专业数为 172 个。宁波通过联合举办宁波 TAFE 学院，通过全套引进澳大利亚职业教育课程体系，开设金融管理与实务、市场营销、报关与国际货运 3 个专业。开设 20 多个全英文授课专业。建立了宁诺附中、赫德学校等具有国际特色的学校，引进国外 STEAM 教育、创新创业教育等优质资源，扎实推进国际理解教育，培养中小学生国际视野和素养。同时引进了 A-Level、IB(宁波效实中学)、AP(宁波外国语学校)等 7 个普通高中国际课程项目，开设了德语班项目、中澳高中英语特色项目(宁波李惠利中学、宁波第四中学)，引进了 1 项英国学徒制项目。宁波外事学校以国际化为特色,构建了以英语、德语、法语、西班牙语、俄语等 7 种语言教学来支撑学校国际化的办学模式。

(四)国际合作情况

1.合作协议情况。2017 年宁波大学新签订了与斯洛伐克博拉斯蒂拉瓦经济大学、捷克查理大学等高校合作的 11 项教育合作协议。甬台教育合作交流会已在两地联合举办四届活动,签署了 20 余项合作协议,

2.中外合作办学。2016 年,在浙江工商职业技术学院、浙江万里学院、浙江大学宁波理工学院、宁波工程学院等 10 所高校中,经教育部批准或备案的机构和项目共计 23 个,学分互认项目共计 60 个。斯洛伐克教育科研中心、捷克语言文化中心、罗马尼亚中国艺术合作中心、教育交流中心进行了揭牌仪式。

3.国(境)外合作院校情况。2016 年,浙江医药高等专科学校、宁波大红鹰学院、宁波职业技术学院、浙江万里学院等 7 所高校中,国(境)外合作院校港澳台地区院校共计 116 所,国(境)外合作院校国外院校共计 488 所。

4.国(境)外高端培训机构和证书情况。2016 年,浙江工商职业技术学院、宁波职业技术学院、浙江万里学院等 5 所高校中,国际高端培训机构共计 7 个,国际资格证书共计 16 个。

5.科研国际合作情况。2016 年,浙江医药高等专科学校、宁波诺丁汉大学、宁波大学、浙江大学宁波理工学院等 6 所高校中,科研国际合作项目数共计 19 个,科研国际合作共建实验室共计 2 个,科研国际合作研究院/中心共计 6 个。建成了宁波诺丁汉大学国际海洋经济技术研究院、中国—中东欧国家技术转移中心、中英纺织服装设计中心、中东欧国家引智工作站、宁波中星中东欧新材料研究院等,获批了国家外专局的宁波大学海洋生物医药 111 创新引智基地,教育部的宁波大学海洋信息感知与传输国际合作联合实验室等。

6.举办国际学术会议/论坛研讨会情况。2016 年,宁波城市职业技术学院、宁波职业技术学院、浙江万里学院、浙江大学宁波理工学院等 8 所学校举办国际学术会/论坛研讨会共计 29 次,参会总数人共计 1475 人。

（五）教育"走出去"情况

2016年10月，宁波外事学校与罗马尼亚的德瓦艺术中学合作，在罗马尼亚德瓦市开办了宁波外事学校海外分校（中罗国际艺术学校），设置了音乐、艺术设计、舞蹈3个专业，这是我国中职教育在海外建分校的首次尝试。宁波职业技术学院与贝宁CERCO学院联合举办中非（贝宁）职业技术教育学院，率先开启浙江高职院校海外办学先河，至今已为印度尼西亚、斯里兰卡、坦桑尼亚等100多个"一带一路"沿线发展中国家培训官员1200多人，提升了中国职业教育的国际影响力。2017年，宁波职业技术学院在境外培训方面也有所突破：首次走出国门"送培训"，如格林纳达汽车维修技术培训、斯里兰卡职教培训。

二、美、英、日、新高等教育国际化经验借鉴

随着"一带一路"建设的深度推进，中国开放的大门会越开越大，与"一带一路"沿线国家开展教育交流与合作将成为我国教育国际化的新方向、新阶段，这将加快促进我国教育走向国际化舞台的中央。为此，我们需要学习借鉴美国、英国、日本、新加坡等高等教育国际化的先进经验。

（一）美国高等教育国际化经验

1.建立了完整科学的高等教育国际化管理体系。由联邦政府部门、大量的非政府机构和种类繁多的支持项目所形成的三位一体的保障体系，该体系在处理有关高等教育国际化的相关事务中发挥着不可或缺和至关重要的作用。该体系主要有美国国际开发署（USAID）、美国教育部（USDE）、美国教育信息网络（USNEI）等政府部门，美国教育协会（AECT）、美国国际教育交流协会（CIEE）、国际研究与交流理事会（IREX）、美国外国学生事务协会（NAFSA）、美国—中东教育与服务组织（AMIDEAST）等非政府部门，以及出台和强化了一系列推进高等教育国际化进程的项目，包括肯尼迪—卢格国际青年交换研习项目、青年领袖计划、全球联系与交流项目、未来领袖交换项目、

本杰明·弗兰克跨大西洋青年暑期学院等众多项目。

2.建立了完善的高等教育国际化资助体系。对于推动高等教育国际化的进程,政策的支持至关重要,而在政策指导下国家通过设置奖学金或项目基金的方式直接进行资助则更加有效和实际;无论是美国政府部门,还是民间企业或机构都为高等教育国际化提供了多元化和多层级的资助类型,这有助于构建稳定的高等教育国际化保障体系。一是设置出国学习项目和奖学金。国际教育学会目前管理着超过 250 个资助项目,并以每年提供超过 2 万个名额的规模帮助本国学生开展国际学术和专业交流活动。最著名的是受到美国国务院直接领导的 3 个资助项目,即富布赖特美国学生交流项目、吉尔曼奖学金、国家安全语言计划。二是设置留学美国项目和奖学金。美国为留学生设置多种资助项目,其中最主要的有 4 种,包括校方资助——各院校基于学习成绩(奖学金)和学生的经济需要(助学金)提供的资助;基金会与国际组织资助——一些著名的组织根据特定国家的发展优先项目,挑选一些受资助者;企业或机构赞助——来自美国或外国的私人赞助可以表现为学生与赞助人之间的某种安排,也可以通过在一些候选人之间的公开竞争取得;美国政府资助——由美国大使馆的公共事务处以及美国国际开发署根据双边协议进行管理。

3.全面推进校园的国际化。美国教育委员会极力倡导全面的国际化,即通过广泛、深入和一体化的方法使校园成为"完全国际化"的环境。定期召开高等教育国际化高峰论坛,构建高等教育国际化领袖网络;总结和发布高等教育国际化的管理经验。

4.注重国际化高校师资的培养。教师是教学理念的具体实行者,美国在提高高校师资国际化程度方面有许多值得借鉴的经验。一是招聘和奖励具有国际理念的教师,这是提高师资国际化水平的一种非常有效的方法;二是强化教师的专业国际化成长。

(二)英国高等教育国际化经验

1.制订了一系列促进教育国际化的政策。为保持英国在招收国际学生中领先地位,英国政府制订一系列促进高等教育国际化的政策:1963 年《罗宾斯报告》、1992 年《留学生高级学位管理》、1997 年《迪尔英报告》、1999 年《首相行动计划 I》以及 2006 年《首相行动计划 II》等。

2.注重高校课程的国际化建设,积极推进远程网络教学。一是课程的国际化。英国各大学注重培养学生在国际化社会的生存能力,提供多层次、多形式的课程,重视国际化课程的开发与设置,在现有的课程中加入国际元素,如国际教育课程、国别研究的相关课程、国际网络课程等。二是推进远程网络教学。英国在推进高校课程国际化建设的同时,还积极推进远程网络教学;如英国高等教育基金理事会颁布了一个名为"E-University"的网络教育计划。三是实施高技术移民项目,一方面鼓励本国教职员工跨国流动,另一方面吸引其他国家高素质的教职员工来英工作;四是建立国际性虚拟大学,通过网络提供学位课程,以保持和提升英国高等教育的国际竞争力。

3.实施优惠政策和奖学金制度,大力拓展留学生市场。一是设立各种奖学金。为了吸引更多的优质生源,英国政府出台了一系列国际学生的资助政策,增加了奖学金的资助力度;1980 年《海外研究生奖励计划》、1983 年《志奋奖学金计划》、1987《英国本科生奖学金计划》、1987 年《中英友谊奖学金计划》等。二是简化留学手续。为方便国际学生来英留学,英国增设了签证申请中心,简化了签证办理程序,缩短了办理签证的时间,还对国际学生的入学程序、学习事务、福利和投诉等方面做出了具体详细的规定,如 1995 年《教育机构与留学生工作规范》、1992 年《留学生高级学位管理》、1997 年《迪尔英报告》等。三是重视教育宣传。英国文化委员会在世界各地设立了 110 多个分支机构,协助英国高校招收国际学生,开展留学教育咨询服务,举办教育展览,宣传面向留学生的服务项目。

4.积极参与欧盟的高等教育计划,推进教育的国际交流与合作。一是积极参与欧盟项目,英国政府和各大学积极参与欧盟的高等教育交流与合作项目,努力开拓国际教育市场,主要包括 1987 年的"伊拉斯谟计划"、1995 年的"学分互换制"、1995 年的"苏格拉底项目"、1999 年的"博洛尼亚宣言"等。二是推动境外办学。开展境外办学是英国高等教育国际化的重要形式;英国积极与国外大学共建大学或分校,向国际学生提供远程高等教育课程。三是重视国际教育交流。英国各大学通过国际学术会议的平台进行学术交流,经常邀请国外学者来访问、讲学或派英国学者出国访问、留学；统计显示，英国大学建立的针对欧盟以外国家的高等教育交流和合作项目达到了1万个以上。

5.积极开展跨国高等教育，推行境外学分和学历的互认。英国政府和高校在大力开拓留学生市场的同时，还积极发展跨国高等教育，与国外教育机构合作在境外办学。主要有两种办学模式：一种是英国某大学与国外同行共同新建一所大学，合作开展教学和科研工作；另一种是英国某高校在境外与当地大学联合培养大学生。例如，英国诺丁汉大学在中国宁波和马来西亚分别建立了校园，其还设立了当代中国问题研究中心；英国牛津大学与普林斯顿大学建立了深远的国际合作关系，包括交换学生、合作开展项目研究、联合培养博士生等。

(三)日本高等教育国际化经验

1.教育国际化的管理机构。一是日本从内阁到地方当局都有推动教育国际化的专门管理机构。内阁总理府下设日本学术会议，文部科学省设有学术国际局和留学生科。1967年设立的特殊法人"日本学术振兴会"、1972年设立的"国际交流基金"，都是由政府出资以促进国际学术和教育交流的机构，还有专门服务于留学生的留学生中心、日本学生支援机构等。二是为外国留学生及研究者提供高质量的居住环境、学习与知识交流的场所。三是日本还积极参与国际组织的教育事业。在联合国教科文组织中，日本首倡了"持续发展教育"（ESD）。日本还参与教科文组织的"全民教育"（EFA）事业，还大力支持联合国大学的教育，联合国大学总部就设在东京，日本为其提供场地、设备，提供资金作为联合国大学的基金，每年还提供事业费。

2.学校教育的国际化。一是提供留学信息。日本学生支援机构设立了留学信息中心，与日本的大学在海外共同举办"日本留学节""日本留学研讨会"等。二是实施海外留学考试。从2002年开始在海外实施"日本留学考试"，使欲留学者在赴日前取得入学许可成为可能。三是提供奖学金和减免学费。四是确保宿舍安全，建设了专门面向留学生的国际交流会馆。五是丰富留学生教育项目。留学生到日本后，先被安排到指定学校接受半年至一年的日语培训，还有部分大学为便利留学生而实行英语授课。六是提供后续支援。为外国留学生在日本就业提供便利,学校、企业单独或联合举办"外国人留学生就业指导说明会""外国人留学生就职活动准备研讨会"。还有对于学成回国的留学生,招聘他们返日做短期研究或者派遣指导教员赴该国支援其研究等。

3. 教师的外派与招聘。1968 年文部省就制定措施,把教育和科研人员分批分期派往国外的大学及研究机构,从事教学、研究或进修。其他部门如日本学术振兴会、外务省等也每年从日本的大学及研究机构中选派人员到国外进修或从事研究工作。向海外派遣日本教师,在很长时期内侧重于学习、吸收海外先进知识和技术,从 20 世纪 80 年代开始日本积极参加发达国家对发展中国家的教育援助。1987 年开始实施由文部省与外务省合作的"语学指导等外国青年招聘事业",由地方公共团体招聘外国青年充实到本地外语教育中,把他们作为特别职地方公务员配置。一些大学外籍教师的比例非常高,如宫崎国际大学 81.8%、国际教养大学 51.6%、神田外语大学 46.4%、关西外国语大学 42.6%、立命馆亚洲太平洋大学 41.6%。为了改善日本同东亚国家的关系,文部科学省东亚交流工作组近年正在实施教职员招聘项目,从中国和韩国招聘小学、初中教职员赴日本,为他们提供理解日本教育制度、教育情况,以及日本生活、文化的机会,通过与日本教职员的交流、家庭访问等活动,达到相互理解与增进友好关系的目的。

(四)新加坡高等教育国际化经验

1. 学生评估标准国际化。新加坡学生从小学开始就跟国际接轨,英语是其主要的教学媒介语,所有学生都必须掌握至少两种外语。每个小学生在六年小学学习毕业后都要接受剑桥水准考试,考试结果最初是将试卷送到欧洲评判。新加坡国内高校的博士的毕业决定权也在外部,博士的毕业论文需要接受至少两名行业内国际知名专家学者的盲审,盲审通以后才能够进行毕业答辩。

2. 教师聘任国际化。政府对教育的投资力度也非常大,2011 年教育预算占到了政府财政支出的 23%。新加坡在全球公开招聘包括校长在内的大学教师,大力吸引行业内顶尖人才来新加坡任职,比如南洋理工大学的校长安博迪教授(诺贝尔基金会成员,前诺贝尔化学奖遴选委员会主席),包括杨振宁、丁肇中在内的十余名诺贝尔奖得主都曾在南洋理工大学高等研究所担任顾问。新加坡大学教师的晋升与考核也与国际接轨,新加坡的大学教授薪酬在世界排名前列。

3.加强与国际知名高校的交流。新加坡有 4 所政府资助的大学,分别是新加坡国立大学、新加坡管理大学、南洋理工大学、新加坡科技设计大学。这 4 所大学都与国际交流频繁,新加坡国立大学有 7 个海外分校;新加坡管理大学与世界 202 所大学建立互派学生交流计划;新加坡科技设计大学也与浙江大学和麻省理工合作招收本外籍学生。这些学校的国际交流是深层次、多方面的。以南洋理工大学为例:该校教师 6600 余名,来自全球 70 多个国家,学生 33000 人,来自 83 个国家,其校友遍布世界 121 个国家(地区)。加强与中国紧密联系的新丝绸之路计划,等等;为学生提供重在开阔视野的"海外浸濡计划",学生在中国、印度、美国、法国、瑞士、德国等国家学习,时间长达一年。目前已有 50%的学生得到海外学习的经验。新加坡目前已经吸引和允许包括斯坦福大学、杜克大学,还有上海交通大学等 18 所世界知名大学入住新加坡。

三、宁波高等教育国际化发展的对策

(一)创新高等教育国际化体制机制

改革教育国际合作交流管理体制,创新便捷高效的合作交流准入制度、项目审批制度;围绕培育宁波国际化竞争合作新优势,通过完善"选、派、管、回、用"机制,规范留学服务市场,完善全链条留学人员管理社会化专业化服务体系;制订教育国际化质量标准体系,开展教育合作交流评估认证和内部诊断改进工作;鼓励创新校地、校企合作共赢的教育对外开放治理体制、多种所有制形式融合的合作共赢投入机制、公益性服务与市场化运营结合的利益实现机制、政策性扶持与以奖代补结合的激励机制。

(二)增强高等教育国际化综合实力

支持高校、社会组织建立民办非企业法人性质的教育对外开放智库,打造政府、高校、社会智库优势互补的教育对外开放研究研发、政策咨询、社会评价体系;通过项目招标和以奖代补的方式,鼓励院校与行业企业、社会组织、境外组织合作开展教育对外开放研究研发、涉外师资培训、国际化课程、国际化教学、国际学生管理、教学基础条件、信息化教学资源等基础能力项目建设。

(三)拓宽深化高等教育国际化领域

鼓励支持高校"走出去"参与到"一带一路"技术大学联盟、金砖国家教育合作中;争取与"一带一路"沿线国家合作举办应用技术大学、职业院校,培养输送应用技术技能型人才;与"走出去"企业共同建成技术技能人才援外培训基地,培养培训学员;扩大政府奖学金资助规模,设立"丝绸之路"政府奖学金,每年资助沿线国家新生来甬学习或研修;鼓励院校开展"一带一路"教育国际援助项目,实施优质教学仪器设备、整体教学方案、课程教材、教学资源、配套师资培训一体化援助项目。

(四)扩大优质特色国际教育资源

鼓励院校围绕"一带一路"建设优化来甬留学生源国别、专业布局,打造国际生优质特色专业;鼓励高校围绕宁波市重点产业方向,引进优质特色国际教育资源,与国际著名研究型大学合作共建个重点产业服务型学科和研究平台,与国际著名应用技术大学共同打造工程技术服务型一流产业技术学院,与国际优质职业院校共建技术技能服务型优质职业院校,培养一批研究型、工程技术型、技术技能型拔尖创新人才,以及非通用语种、国际组织、国别和区域研究人才;与国际特色学校合作共建创新智力开发型特色学校,提升中小学生创新智力水平。

(五)提升办学育人国际化质量水平

宁波市各级各类院校要不断完善,加大力度继续实施国际化办学提升行动计划。通过实施学科专业国际化项目,搭建国际合作交流平台,引进国际接轨的专业、课程管理制度;引进优秀原版外文教材,自编全英文教材;培育国际化教学团队,建设国际化专业、全英文品牌专业。实施人才培养国际化项目,国际化专业要建立开放式、国际化教学体系,实现专业与国际标准无缝对接;要通过学生互换、学分互认等方式,扩大双文凭、双硕士合作项目,拓展国际化人才培养平台。实施科学研究国际化项目,打造国际科研基地、研究中心和联合实验室,申报国际科研项目,通过项目协作、互访讲学、举办国际学术会议等形式,扩大学术交流,与国外专家联合申报国家及国际科技合作项目。实施国际化校区建设项目,建成梅山中美海洋生物医药研究中心、国际化宁波医学中心、宁波职业教育援外中心。

(六)培育教育国际化优势特色品牌

鼓励院校整合优化教育国际化综合改革试验区成果,打造"留学宁波"品牌、拔尖创新人才国际联合培养品牌、重大产业问题联合攻关品牌、国际合作实验室品牌、高校科技国际协同创新品牌、"一带一路"政策沟通品牌、人文交流品牌、援外合作办学品牌、援外职教培训品牌、国际化教学品牌;奖励表彰在宁波市教育对外开放工作中,做出突出贡献、产生重要影响的单位、团队、个人、国际人士和国际组织。

(七)提升服务经济社会发展能力

鼓励高水平大学要发挥学科优势,瞄准产业发展重点方向、社会建设核心领域,打造国际化学科研究平台;应用本科院校要发挥专业对接产业技术的优势,围绕"一带一路"政策沟通、设施联通、贸易畅通、资金融通、民心相通,打造国际化应用研究研发平台;职业院校要发挥技术技能积累优势,面向发展中国家开展国际化技术技能积累创新。

参考文献

[1] 陈小忆.澳大利亚教育国际开发署在高等教育国际化中的功能探究[J].经济研究导刊,2015(1):236—252.

[2] 周谷平,阚阅."一带一路"战略的人才支撑与教育路径[J].教育研究,2015(10):4—9.

[3] 赵帮华."一带一路"视域下职业教育开放性发展研究[J].教育探索,2017(3):35—39.

[4] 郑刚,刘金生."一带一路"战略中教育交流与合作的困境及对策[J].比较教育研究,

2016(2):20—26.

[5]朱文,张浒.我国高等教育国际化政策变迁述评[J].高校教育管理,2017(2):116—125.

[6]李金林,刘剑青,张乃心."一带一路"建设背景下中国教育对外开放的新发展[J]中国高
教研究,2017(8):45—49.

宁波与中东欧国家教育合作前景与路径研究

徐侠民　范美斯　朱　敏[*]

中东欧地区地处"一带一路"的重要区域,是连接亚欧的纽带,是中欧合作的桥头堡,更是中国企业进入欧洲市场的优质"门户"。自 2012 年开启了中国—中东欧国家"16＋1"合作的大幕以来,双方在"五通"领域取得了可喜进展和成绩。宁波依托港口优势,率先行动,以经贸合作为重点,以人文交流为桥梁,对接中东欧,打造三个"首选之地"。宁波市教育局借助"16＋1"合作的东风,通过搭建中国宁波—中东欧教育合作交流会、设立中东欧国家学生专项奖学金等一系列举措,率先与中东欧国家建立了教育交流与合作,经过近 4 年的互动发展,宁波已成为中国—中东欧国家教育交流与合作的国内"名城重镇",这也加速了宁波教育迈向国际化的步伐。在刚刚结束的第六次中国—中东欧国家领导人会晤及其成果《布达佩斯纲要》中提到:"2018 年在中国宁波举办第三次中国—中东欧国家经贸促进部长级会议。2018 年 6 月在中国宁波举办中国—中东欧国家投资贸易博览会。各方支持在宁波等中国城市设立'16＋1'经贸合作示范区,愿探讨建立经贸官员研讨交流机制的可能性。"这又将为宁波与中东欧国家教育交流与合作更进一步的发展带来新机遇,开启新征程。

一、宁波与中东欧国家教育合作的现状

2014 年,宁波举办了首届中国(宁波)—中东欧教育合作交流会,实现了两地教育合作零的突破。4 年来,经过两地院校的不懈努力,双方合作领域不断

---

* 朱敏,女,宁波海上丝绸之路研究院国际交流与合作办公室科员,研究方向:教育国际化。

拓展，合作层次不断提升，合作内容不断丰富，呈现了百花齐放的新格局。

1. 形成了多元的合作机制。宁波市政府依托对外合作大平台，主动与中东欧国家友好城市和驻华使领馆对接，积极促成和建立了多个长效合作机制，宁波市与保加利亚瓦尔纳市签订了市级教育合作协议，旨在推动全方位教育战略合作；与罗马尼亚胡内多阿拉省、斯洛伐克日利纳州等区域签订了人文合作机制；宁波市教育局与波兰驻华大使馆、匈牙利驻上海总领事馆、捷克驻华大使馆、斯洛伐克投资贸易局等建立了联络机制，推荐院校和教育机构建立合作关系，加强双方的交流与互访等。

2. 搭建了双向交流的合作平台。借助国家"一带一路"建设机遇，2015年，浙江大学宁波理工学院与波兰波兹南密茨凯维奇大学联合建立了"宁波市波兰语言文化中心"，该中心成为浙东地区的中波交流的重要基地。此外，在2017年第四届宁波—中东欧国家教育合作交流活动上，斯洛伐克教育科研中心、捷克语言文化中心、罗马尼亚中国艺术合作中心和教育交流中心正式揭牌，这将进一步促进宁波与中东欧国家语言和文化的互学互推，融合发展。此外，还签订了宁波大学与斯洛伐克博拉斯蒂拉瓦经济大学等在内的11项教育合作协议与备忘录。2017年11月，宁波在保加利亚首都索非亚建立了索非亚中国文化中心，进一步拓展了与保加利亚乃至中东欧在文化、教育等领域的合作，为中保之间的沟通交流做出了更大的贡献。

3. 推动了日益频繁的师生交流。为吸引更多中东欧国家的学生来宁波留学，2014年宁波市政府设立了中东欧国家学生专项奖学金，金额为6000元至3万元人民币不等。2017年，宁波累计有56名中东欧学生获奖，奖金总额80余万元。此外，还设立了宁波学生赴中东欧国家交流学习资助计划，鼓励宁波的师生赴中东欧国家考察、交流和访学。两地的交流日趋频繁，2017年来自中东欧的27个团组参访了宁波，宁波院校也派出了11个团组赴中东欧洽谈和交流，两地师生双向交流总数突破500人，还聘请了12位来自中东欧国家的外籍教师。

4. 取得了超预期的合作成果。随着宁波与中东欧国家教育合作的不断深化，两地院校在多领域开展了合作项目。宁波外事学校开创了中国中职学校境外办学的先河，在罗马尼亚设立了中罗（德瓦）国际艺术学校，目前开设了3

个专业,拥有 70 余名在校学生,选派近 10 位教师和管理人员赴罗马尼亚开展教学。浙江万里学院与捷克克拉洛韦大学合作开设捷克语特色班,首批招收 40 名学生,旨在为政府和企业订单式培养捷克语人才。截至 2017 年年底,两地院校建成了各类合作平台 8 个,联合申报科技合作项目 8 项,开展了伊拉斯姆斯师生交流项目 9 项,联合培养研究生和学分互认项目 5 项。

5. 稳固了双方的合作基础。教育合作交流会已连续成功举办了 3 届,3 年来共有来自 16 个中东欧国家的 300 余名政府、院校嘉宾参会,签订了 53 项教育合作项目及姐妹学校协议,邀请了 20 位两地嘉宾做主旨发言,举办中国(宁波)—中东欧国家教育合作交流会、中国(宁波)—中东欧国家地区教育研讨会、中国—中东欧商学院峰会暨"一带一路"商学院国际化人才培养论坛、"一带一路"产教协同国际论坛、中国—中东欧国家教育项目推介洽谈会暨教育展等一系列多边交流活动。目前全市各级各类院校已与 16 个中东欧国家的 66 所院校建立了合作关系或姐妹学校关系,两地的教育合作项目总数达 76 项,此举为两地推动深层次人文交流与教育合作奠定了坚实的基础。

6. 推动了宁波专业平台建设。一是依托专业优势,打造实践教学基地。宁波现代国际物流园区与浙江大学宁波理工学院合作共建了中国—中东欧国际物流与服务学院实践基地,暨全额奖学金硕士全球招生培养项目。该硕士培养课程被列入欧盟 Erasmus+交流项目,可与欧盟 150 个主流高校进行学分互认,课程学习合格者可获得波兰比亚韦斯托克技术大学硕士学位。此外,宁波工程学院外国语学院在龙山中学建立了"中东欧国家语言教学基地",依托开发区进行中东欧文化产业建设的优势,发展非英语类外语课程建设,进一步促进学生的多元发展,拓宽师生文化视野。二是依托宁波海丝古港优势,打造中东欧专业研究机构。宁波海上丝绸之路研究院和宁波中东欧国家合作研究院建设稳步推进,旨在加强中东欧国家的国别区域研究,这两个研究院已成为较有影响力的研究中东欧等"一带一路"沿线国家的地方智库。中国—中东欧物流与服务联合学院助力宁波—舟山港、大型物流园区建设,积极为宁波与中东欧国家的商贸流通服务。

二、宁波与中东欧国家教育合作的前景

(一)"16＋1"合作为宁波与中东欧国家教育合作奠定了坚实基础

追溯中国与中东欧国家合作的渊源,可谓历史悠久,虽经历近 40 年的低落期,但随着近年来中国—中东欧国家"16＋1"合作的启动与持续推进,尤其是在"一带一路"建设的带动下,双方在"五通"领域的合作取得了令人瞩目的成绩,这为宁波与中东欧国家开展教育交流与合作奠定了坚实基础。

1.政策沟通不断加强。2011 年至今,中国与中东欧国家领导人每年都举行高级别会晤,并发布了《十二项举措》《布达佩斯纲要》等一系列重要合作宣言;共同制定了《中国—中东欧国家合作中期规划》;与克罗地亚、黑山、波黑、阿尔巴尼亚、匈牙利、捷克等签署了"一带一路"相关合作备忘录。中国和中东欧国家之间已经建成了"16＋1"高校联合会、"16＋1"技术转移中心、"16＋1"智库交流与合作网络等一批卓有成效的合作机制和平台。

2.设施联通不断完善。基础设施互联互通是"一带一路"建设的优先领域。目前,以新亚欧大陆桥经济走廊为引领,以陆、海、空立体通道和信息高速路为骨架,以铁路、港口、公路、通信等重大工程为依托,中国与中东欧国家间日趋成熟的基础设施网络正在形成。如中欧陆海快线、匈塞铁路、三海港区等"三大工程"的建设,中欧班列的开通,使中国优势产能、技术和装备挺进中东欧等。

3.贸易合作稳中有升。目前,从贸易数据上看,中国与中东欧 16 国贸易总额从 2010 年的 438 亿美元增至 2016 年的 586.5 亿美元,占同期中欧贸易额的比重升至 9.8％(见表 1)。从投资数据上看,2013 年以来,中国对中东欧国家的直接投资大幅增加。截至 2015 年底,中国对中东欧 16 国的直接投资存量达 19.77 亿美元,比 2013 年增长了 27.4％。匈牙利中欧商贸物流合作园、匈牙利万华产业园等工业园区和商贸物流园区的合作也取得了新进展。

表 1　中国与中东欧 16 国贸易往来情况

单位:亿美元

年份	进出口总额	出口额	进口额
2010	438.80	345.90	92.90
2011	529.20	401.70	127.60
2012	520.60	388.10	132.60
2013	551.20	405.20	145.90
2014	602.30	437.10	165.20
2015	562.37	421.62	140.75
2016	586.5	455.40	131.14

数据来源:中国海关统计数据。

4.资金融通初具规模。目前,中国政府主要依托中国—中东欧投资合作基金(4.35 亿美元)和中国—中东欧"16＋1"金融控股公司等开发性金融平台(中国—中东欧基金,近 100 亿欧元),助力中国与中东欧的资金融通;中国工商银行在华沙设立分行、中国银行等中资商业银行在布达佩斯设立地区中心,并在捷克、塞尔维亚等国开设分公司等。

5.民心相通根基渐牢。2013 年以来,中国与中东欧各国在教育、文化、卫生、民间交往等各领域开展广泛合作,一批具有示范意义的文化、教育和旅游合作项目先后成功落地。据统计,目前中国高校在中东欧国家共建了 29 所孔子学院和 24 个孔子课堂(见表 2);建成启用了塞尔维亚贝尔格莱德中国文化中心、保加利亚索非亚中国文化中心。此外,中国积极加强与中东欧国家的科技合作,共建联合实验室(研究中心)、国际技术转移中心、海上合作中心等。

表 2　孔子学院和孔子课堂在中东欧国家的开设情况(截至 2016 年 12 月)

国家	孔子学院数(所)	孔子课堂数(个)
波兰	5	2
阿尔巴尼亚	1	0
爱沙尼亚	1	0
立陶宛	1	1

国家	孔子学院数（所）	孔子课堂数（个）
斯洛文尼亚	1	4
保加利亚	2	8
捷克	1	0
匈牙利	4	2
马其顿	1	0
塞尔维亚	2	2
罗马尼亚	4	10
斯洛伐克	2	1
克罗地亚	1	0
拉脱维亚	1	4
波黑	1	0
黑山	1	0
合计	29	34

数据来源：中国孔子学院官方网站。

(二)国家战略为宁波与中东欧国家教育合作创造了新机遇

从"16+1"合作，到"一带一路"倡议，再到十九大胜利召开，我国正逐步走向世界舞台的中央，中国将继续打开国门，快速推进国际化步伐，更加深入参与全球治理，这些新形势、新征程，为宁波与中东欧国家的教育合作创造了新机遇。

1. 十九大开启新时代、新征程，为宁波与中东欧国家教育合作赋予了新使命。十九大报告指出："中国开放的大门不会关闭，只会越开越大"，"坚持打开国门搞建设，积极促进'一带一路'国际合作，努力实现政策沟通、设施联通、贸易畅通、资金融通、民心相通，打造国际合作新平台，增添共同发展新动力"。十九大报告指明了中国在新时代的国际角色定位，阐释了国际发展背景和趋势，总结了我国对外交往的工作重心、使命与责任、行事原则和推进方略。中国建设现代化经济体系下的开放格局，将是"引进来"和"走出去"并重、全面开放的新格局。十九大报告坚持对外开放的基本国策,开放的中国将使得"一带一路"倡议更具有吸引力,将大力促进中国与中东欧国家的全方位合作。中国与中东欧国家没有任何地缘与利益冲突,随着"一带一路"的发展,中国—中东欧各国合作空间广泛,发展潜力巨大,双方合作开展跨境教育,将合力培养一批精通相关外语,熟悉国际规则,具有国际视野,善于在全球化竞争中把握机遇和争取主动权的国际化人才,这成为当前一项重要的需求。中国—中东欧国家人文交流和高等教育合作将会出现一个新的高峰。

2.宁波建立"16+1"经贸合作示范区,为宁波与中东欧国家教育合作搭上了"直通车"。2017年11月,国务院总理李克强在布达佩斯出席第六次中国—中东欧国家领导人(16+1)会晤,并在中国—中东欧国家第七届经贸论坛上宣布:"中方鼓励在宁波等中国城市建立'16+1'经贸合作示范区,为扩大贸易和投资合作搭建平台,特别是为中东欧商品对华出口提供绿色通道。"5年来,"16+1"合作力度不断加大,机制日趋成熟,各领域合作取得长足进展,这是多边开放合作中的重要成果。此次会晤取得的成果,将推动宁波与中东欧国家的经贸与投资关系进入新时期。"经济发展中最宝贵的是人力资源",贸易的繁荣和经济合作的深入,将催生国际化人才的巨大市场,为宁波与中东欧国家教育合作创造良好的经济环境。

(三)中东欧国家教育转型发展,为宁波与中东欧国家开展教育合作提供新契机

1.各国教育转向"欧洲化"。20世纪80年代以前,受苏联影响,中东欧国家高等教育的国际化程度较低,主要局限于这些国家之间的交流和合作。随着90年代中东欧国家政治经济转向"欧洲化",中东欧国家相继对WTO教育服务贸易做出了承诺,中东欧国家纷纷签署了"波洛尼亚宣言",参与到了"欧洲高等教育区"的建设之中,投身于欧盟高等教育一体化的进程,极大地增强了中东欧在国际教育竞争中的地位。

2.各国教育各具特色。波兰教育系统也深受法国的欧洲大陆教育模式的影响,强调大学前教育和基础职业技能培训,职业中学几乎占整个中等教育的65%,远高于欧盟平均水平(见表3)。近年来,波兰高等教育的增量主要体现

为两种形式:私立高等教育机构数量的飞速提高,公立高等教育机构中非全日制学生人数的剧增。目前,波兰高等教育机构主要分为以下 14 种类型(见表 4)。

表 3　波兰高等教育机构及招生人数(2001—2004)

年份	2001		2002		2003		2004	
	机构数(个)	招生数(万人)	机构数(个)	招生数(万人)	机构数(个)	招生数(万人)	机构数(个)	招生数(万人)
私立	195	47.14	221	52.88	252	54.43	274	52.46
公立	106	110.68	123	127.17	125	130.62	126	132.08
总数	301	157.82	344	180.05	377	185.05	400	184.54

资料来源:http://www.stat.gov.pl/english/dane_spol-gosp/prod_bud_inw/nauka_i_technologia/pocz/Human％20resources％20for％20science％20and％20technology％20(HRST).pdf,2005-08-14.

表 4　2003—2004 学年波兰高等教育机构类型分布(共 400 所)　　单位:个

机构类型	综合性大学	技术大学	农业院校	经济院校	教师教育机构	艺术院校	神学院	高等职业机构	医学院	商业航海院校	体育院校	国防部附属院校	内务和行政部附属院校	其他机构
公立	16	18	8	5	6	18	1	26	10	2	6	8	2	0
私立	1	4	1	88	11	4	13	125	0	0	0	0	0	27

资料来源:http://www.stat.gov.pl/english/dane_spol-gosp/prod_bud_inw/nauka_i_technologia/pocz/Human％20resources％20for％20science％20and％20technology％20(HRST).pdf,2005-08-14.

　　捷克教育具有优良的传统,从小学到大学全部实施免费教育(在捷克的大学,凡攻读第一学位的学生,均可享受免费待遇),全民受教育。在匈牙利,以年龄为界,18 岁之前的教育均为义务教育(读完高中,只要能考上大学,第一个学位也是免费的)。捷克和匈牙利教育经费支出占 GDP 的比重保持在 5.0％以上。捷、匈两国转型前基本上是单一的国立教育,直到现在公办学校在校生还是占到了 85％以上。目前基础教育由国立学校、宗教学校和私立学校这三种类型组成。捷、匈两国的公办学校按国家的统一教学计划、教学大纲设置课程,安排教学,但有很大的自主性,校本课程的开发和使用也有很大空间。每所学校,尤其是中学,都有自己的专长课程,这些专长课程也成为学校自己的特色。

拉脱维亚已建立起全国教育网,实行 5 年免费学前教育和 12 年免费初级和中级教育,教育系统发展完善,入学率为 90.2%,在教育和科研方面保持着开放的态度和可持续发展的核心理念。拉脱维亚允许私人办学。除公立大中小学之外,也有私立中小学和大学,拉脱维亚有 50 多所高等院校,其中 30 多所为公立高等院校和 10 多所私立高等院校,自 2004 年起,其入学考试为国家统一进行的普通中等教育考试,学校按照学生成绩择优录取。拉脱维亚是波罗的海地区最早开始汉语教学的国家,也是中东欧地区规模最大的汉语教育中心。拉脱维亚大学于 1991 年就开设了汉语专业,1993 年招本科生,1997 年招硕士生,是拉脱维亚汉语教学的摇篮,是目前拉脱维亚唯一开设汉语专业的大学,每年招生本硕学生 13～20 人。2005 年斯特拉金什大学孔子中心成立,2011 年拉脱维亚大学孔子学院成立。

3. 中东欧国家大学历史悠久、实力雄厚。中东欧国家有一批历史悠久、世界著名的综合性大学,产生了世界影响力的名人名家。具有"东欧顶尖高等学府"之称的华沙大学,是世界著名研究型大学,也是波兰规模最大的国立大学,2016 年英国泰晤士大学排名将华沙大学列入"欧洲最好的 100 所大学"中,并将其列为第 61 位;该所大学培养出了世界级杰出钢琴家肖邦、以色列国父戴维·本古里安和 7 任波兰总理、5 任总统以及 7 位诺贝尔奖获得者。克拉科夫雅盖隆大学世界闻名,1364 年建校,它是欧洲大学联盟、Utrecht 大学同盟和 Coimbra 团体成员之一,作为波兰最古老的大学,它的声誉吸引着众多的国际留学生、政府和国际组织成员。同时值得一提的是,克拉科夫雅盖隆大学是波兰唯一的、欧洲极少数中的已经被美国教育部完全认可的大学。还有坐落在捷克的首都布拉格的查理大学,其创建于 1348 年,是中欧最古老的大学之一。与清华、北大齐名的匈牙利罗兰大学,创建于 1635 年,是匈牙利历史悠久、规模最大的名牌学府,至今培养出了 5 名诺贝尔获得者以及众多世界著名科学家,在国内高校排名中位居第一位;世界排名前 300,堪称中国的清华、北大,是获得中国教育部认证的公立大学。罗马尼亚巴比什-波雅依大学是罗马尼亚乃至欧洲最古老的大学,至今已经有 400 多年历史;是目前罗马尼亚乃至欧洲规模最大的大学,拥有 45000 名学生和 1700 名教职员工,具备本硕博各层次的课程。

4.音乐艺术类院校特色突出、久负盛名。中东欧国家还是世界级艺术家、音乐家产生的地方,艺术及音乐类高校独具特色,久负盛名。波兰有肖邦音乐学院、克拉科夫音乐学院、罗兹音乐学院等;匈牙利有李斯特音乐学院;捷克有布拉格音乐学院、克利夫兰音乐学院、布拉格大学等;中东欧国家的篮球、足球等体育类院校在世界上也享有盛誉。

(四)发挥宁波优势与特色,为宁波与中东欧国家开展教育合作提供了基础

1.宁波区位优势和港口条件优越。宁波地处"长江经济带"与大陆沿海东部海岸线的交汇处,是连接国际国内"两种资源、两个市场"的重要节点,也是我国参与国际贸易合作的重要门户。同时,宁波—舟山港是我国国际远洋干线港和枢纽港,与世界上 100 多个国家和地区的 600 多个港口通航,形成了覆盖全球的集疏运网络。2016 年其货物吞吐量突破 9 亿吨,成为全球首个"9 亿吨"大港,集装箱吞吐量突破 2000 万 TEU,位列中国第 3 位、世界第 4 位。

2.宁波"走出去"企业积极有为。宁波企业在"一带一路"建设的热情鼓舞下,开始陆续通过直接投资、联合投资、兼并收购、工程建设等方式进入中东欧等海外市场,越来越多的宁波企业走出国门,且"走出去"企业数量已居副省级城市首位。至 2015 年年底,宁波已在"一带一路"沿线的 40 个国家和地区设立境外企业和机构 526 家。至 2016 年年底,宁波企业在中东欧国家投资设立企业 42 家。目前,宁波企业"走出去"的步伐更趋稳健从容,能力也在持续增强。

3.宁波与中东欧国家建立友城关系。在友好城市合作方面,宁波已与中东欧 16 国的 20 个城市缔结了友好城市关系(见表5),为宁波进一步扩大对外开放、促进对外交流合作和经济社会发展做出了积极的贡献。

表 5　宁波市与中东欧国家缔结友好城市一览

结好时间	友好城市
2003 年 7 月	匈牙利维斯普雷姆市（Veszprem）
2004 年 6 月	保加利亚瓦尔纳市（Varna）
2005 年 10 月	波兰比得哥什市（Bydgoszcz）
2011 年 4 月	爱沙尼亚塔尔图市（Tartu）
2011 年 6 月	克罗地亚里耶卡市（Rijeka）
2014 年 6 月	罗马尼亚克卢日-纳波卡市（Cluj-Napoca）
2014 年 6 月	阿尔巴尼亚都拉斯市（Durres）
2014 年 6 月	拉脱维亚文茨皮尔斯市（Ventspils）
2014 年 6 月	斯洛伐克马丁市（Martin）
2014 年 6 月	立陶宛阿利图斯市（Alytus）
2014 年 6 月	塞尔维亚克拉古耶瓦茨市（Kragujevac）
2014 年 9 月	斯洛文尼亚科佩尔市（Koper）
2015 年 1 月	波黑普利耶多尔市（Prijedor）
2015 年 6 月	马其顿比托拉市（Bitola）
2015 年 6 月	黑山巴尔市（Baal）
2015 年 6 月	捷克克拉德诺市（kladno）
2015 年 6 月	斯洛文尼亚马里博尔市（Maribor）
2015 年 6 月	克罗地亚斯普利特市（Split）
2015 年 6 月	克罗地亚普拉市（Pula）
2015 年 6 月	塞尔维亚诺维萨德市（Novi Sad）

数据来源：宁波市政府官网。

4.宁波华人华侨遍布中东欧。据 2014 年调查统计显示，浙江籍海外华人华侨有 202 万，遍及世界 180 多个国家和地区。目前，"一带一路"沿线是浙江籍华人华侨的主要聚居地，也是浙江省海外侨商实力最强的区域。宁波是全国重点侨乡之一，是享誉世界的"宁波帮"，是宁波改革开放和现代化建设的一支重要力量，素以爱国爱乡、热心报效桑梓著称于世。据统计，640 多万在省外投资创业的浙商中，有 200 万海外侨商在 142 个国家和地区投资，创造了世界华人近 20% 的财富。

5.宁波—中东欧国家合作平台日益壮大。一是宁波先后出台了《关于加强与中东欧国家全面合作的若干意见》《宁波市中东欧经贸合作补助资金管理办法》等政策,每年安排 8500 万元专项资金,推动贸易和投资"双轮驱动",以及人文、旅游交流合作。二是中国—中东欧国家经贸促进部长级会议、中国—中东欧国家投资贸易博览会继续在宁波举办。三是中国—中东欧国家贸易便利化国检试验区、"16＋1"经贸示范区等落户宁波。四是建有中东欧商品常年展销中心、中东欧贸易物流园、中东欧工业园(中捷产业园)、中东欧会务馆及宁波中东欧国家合作研究院等五大平台,全面对接中东欧。以上这些平台将吸引更多优质的中东欧教育资源走进宁波,为宁波—中东欧国家教育合作带来巨大的机遇。

三、宁波与中东欧国家教育合作的挑战

1.中东欧国家差异性大。中东欧 16 个国家差异性大,无论在地理分布跨度上,还是在国土面积和人口规模上,以及在"欧洲化"政治经济转型进程上都呈现出差异性、多样性。中东欧国家中有 11 个为欧盟成员、5 个加入欧元区、8 个为申根国家、12 个为北约成员,匈牙利、波兰、捷克、斯洛伐克等 4 国组建了维谢格拉德集团,波兰等 12 个国家组建了中欧自由贸易区等(见表 6)。目前,尚未入盟的国家有塞尔维亚、黑山、马其顿、波黑和阿尔巴尼亚,但这些国家均以加入欧盟为对外政策的优先目标。

表 6　中东欧国家加入区域性国际组织有关情况一栏

	国家	是否加入欧盟	是否加入欧元区	是否为申根国家	是否担任过欧盟轮值主席国	是否加入经合组织	是否加入北约
1	波兰	√		√	√	√	√
2	捷克	√		√	√	√	√
3	斯洛伐克	√	√	√	*	√	√
4	匈牙利	√		√	√		√
5	斯洛文尼亚	√	√	√	√		√

国家		是否加入欧盟	是否加入欧元区	是否为申根国家	是否担任过欧盟轮值主席国	是否加入经合组织	是否加入北约
6	克罗地亚	√					√
7	罗马尼亚	√					√
8	保加利亚	√					√
9	塞尔维亚	*					
10	黑山						
11	马其顿	*					*
12	波黑	*					
13	阿尔巴尼亚	*					√
14	爱沙尼亚	√	√	√	*	√	√
15	立陶宛	√	√	√	√		√
16	拉脱维亚	√	√	√			√

数据来源:本书课题组整理。＊表明即将加入或担任。

2.中东欧国家语言复杂。欧盟现拥有 28 个成员方,正式官方语言达 24 种,这 24 种官方语言大部分属于印欧语系,3 个主要分支为日耳曼语族、罗曼语族和斯拉夫语族。罗马尼亚语属于罗曼语族语;保加利亚语、捷克语、波兰语、斯洛伐克语和斯洛文尼亚语属于斯拉夫语族语;拉脱维亚语和立陶宛语属于波罗的语族;爱沙尼亚语、匈牙利语属于乌拉尔语系芬兰—乌戈尔语族。保加利亚语使用西里尔字母,其他语言皆使用拉丁字母。

3.传统人才培养模式难以适应。"一带一路"沿线国家政治、法律、社会和文化差异其大,中东欧国家更具有这样的特点,要实现"五通",必须培养出通晓国际规则,具有跨文化视野,了解国际政治、经济、宗教和文化,同时还具备某个领域较为专业的技能的人才,这对传统的人才培养模式无疑是一个巨大的挑战。近年来,宁波对外交流学生规模不断扩大,但由于语言能力有限与学分对换难等现实问题,优秀学生去往中东欧国家留学、游学的比例反而不高。

4.与中东欧教育合作经验不足。中东欧 16 国都拥有其独特的民族文化传统,其道德观念和价值观念有很大差异,教育理念和教学方法也存在差别。

目前,我们与中东欧国家开展教育合作尚处在起步阶段,还没有深入地对中东欧各国文化及教育状况做深入研究,这容易导致在教育合作过程中产生文化的冲突和矛盾。此外,与中东欧国家教育合作的体制机制以及支撑保障体系尚在构建中,管理人才队伍建设才刚刚起步。

5. 与中东欧教育合作资源投入有限。在行政管理层面,宁波缺乏具有开阔中东欧视野、了解中东欧规则、熟悉中东欧教育的管理团队;在教学科研层面,宁波拥有中东欧国家影响力的学科和学者有限,中东欧小语种人才培养师资队伍匮乏;此外,由于中东欧国家经济条件相对较差,校际合作协议数量虽在增加,但因经费可持续投入不足导致难以取得实质进展,如合作平台建设、留学生奖学金、教师交流支撑以及合作办学等较缺乏经费支持。

四、宁波与中东欧国家教育合作的路径

宁波与中东欧国家开展教育合作的基础扎实和优势明显,对接合作的主要内容有境内外联合办学、共建平台、人才培养、教师交流、合作研究等。

1. 开展教育国别研究,建立教育合作信息交流长效机制。宁波应依托宁波—中东欧国家合作研究院、波兰语言文化中心、捷克语言文化中心、斯洛伐克教育科研中心等合作平台,对 16 个中东欧国家启动教育国别研究,了解和掌握 16 个国家的文化、教育等相关情况,研究并遴选出适合宁波教育对接合作的内容和对象。同时,进一步打造好中国(宁波)—中东欧国家教育合作交流会、欧洲宁波周等大平台,建立教育信息交流合作的长效机制。

2. "请进来"与"走出去"相结合,推动双向联合办学。中东欧国家拥有历史悠久、世界知名的综合性大学和音乐艺术体育类特色学校,宁波可请这些学校在宁波合作共建分校或独立校区;同时,宁波借助"中国热"和自身优势,在罗马尼亚建中罗(德瓦)国际艺术学校的经验基础上,推进各类优质院校资源走进中东欧办学,挺进欧洲,提升办学水平。

3. 抢占中东欧小语种等人才培养高地,支撑宁波与中东欧国家合作。随着宁波与中东欧国家交流与合作的日益密切,各类人才需求缺口日益增大,宁波可优先在高校、外事学校布局建中东欧语言文化中心、语言教学基地等,开

设中东欧小语种特色班,培养小语种应用型人才,抢占国内中东欧语言人才培养的战略高地;同时面对宁波政府和企业"走进"中东欧的需要,推动面向政府和企业开展中东欧专题人才培训项目。

4.推进国际性联盟组织建设,打造多边交流合作机制。宁波努力组建丝绸之路商学院联盟、"一带一路"产教协同联盟、"16＋1"产教联盟等国际性组织,打造宁波高校与中东欧各国高校之间深度合作的多边交流合作机制。利用"一带一路"产教协同联盟等国际性组织的建设,推动职业教育走出去,为中东欧国家培养本土高技能商贸人才、企业人才和管理人才服务。依托丝路商学院联盟等国际性组织的建设,汇集国内优质的教育资源和丰富的企业资源,培养"一带一路"建设急需的中东欧本土化的国际化高端商务人才,支持中国企业走出去,支持沿线各国在各领域的合作与互动。

5.推进师生双向交流,促进宁波与中东欧国家互学互鉴。宁波设立教师交流专项基金,开展高层次国际化人才交流计划,每年派选一批优秀老师赴中东欧各国高校研修或访学,打造高素质师资队伍,聘请中东欧国家的外籍教师来宁波教学,并联合培养学生或参加学术交流等活动;加大宁波中东欧国家留学生专项奖学金及宁波学生赴中东欧国家交流学习资助计划,开设交换生、留学生、夏令营活动等各类项目,吸收中东欧国家留学生来宁波留学,鼓励宁波学生赴中东欧国家交流学习,从而加强双方文化交流及人文互通,增进相互了解。

6.举办高端论坛和高端培训,打造面向中东欧国家政商人士的汇聚地。联合宁波市商务委、中东欧办,打造高端智库,建立具有国际影响力的高等教育合作论坛,吸引中东欧各国高校领导、专家学者来华参会,推进教育外交。来华培训班将加强宁波与中东欧政府及工商企业届的往来、加强信息服务等方面的合作,将帮助他们进一步了解宁波,更好地与宁波开展教育合作,共同培养国家化人才。

7.支持共建孔子学院,搭建宁波教育对外宣传推介新窗口。推动宁波高校与中东欧国家的相关教育机构合作建立孔子学院或特色汉语志愿者项目,支持宁波高校积极参与在中东欧国家举办的国际教育展,开拓中东欧国家的教育留学市场,提升宁波的国际影响力和知名度,打造在中东欧国家具有重要影响的教育交流合作知名品牌。同时，积极支持宁波高校参与中东欧的中国文化中心建设，利用文化中心平台，为宁波教育走出去创造条件，比如组织学术讲座、研讨会、汉学家交流等活动，为两地高等教育机构进行深度项目合作搭建平台，展示宁波城市形象，宣传宁波教育，有效推动宁波教育进入中东欧国家，提升宁波软实力。

8.发挥宁波帮等海外华商华侨的桥梁作用，促进宁波与中东欧国家的友好关系。宁波籍华侨华人在中东欧地区有着较大的影响力，为充分发挥这一优势，宁波将立足高等教育优秀学科和特色，以华侨华人及其社团的影响力为桥梁，采取多种形式，向中东欧各国大力传播中国的教育形式、教育氛围、教学理念等，促使双方积极建立广泛的教育合作交流活动。

参考文献

[1] 齐艳杰,薛彦华.京津冀高等教育一体化进程对策研究[J].北京师范大学学报(社会科学版),2017(2):15—20.

[2] 赵会荣.中白教育合作的现状与前景[J].俄罗斯学刊,2017(5):54—60.

[3] 徐玉蓉,祝良荣."一带一路"倡议下职业教育发展的机遇、挑战与改革方向[J].教育与职业,2017(16):7—13.

[4] 纪洪江,徐绍华,王颖."一带一路"战略下的教育国际交流与合作研究述评[J].昆明理工大学学报(社会科学版),2017(1):10—17.

[5] 高郁.地缘文化背景下中俄高等教育合作新策略研究[J].教育教学论坛,2017(28):12—14.

[6] 郑圆皓,李金.中国与欧盟高等教育合作的现状、方法与策略[J].华南师范大学学报(社会科学版),2017(1):66—69.

匈牙利教育现状暨中匈"教育合作"准入刍议

张全义 *

一、引言

1949 年 10 月 6 日,中国与匈牙利正式建立外交关系,匈牙利成为最早承认中华人民共和国的国家之一。建交 60 多年来,中匈关系在相互尊重、平等相待、互利共赢的基础上取得了长足发展。两国关系经受住了国际风云变幻的考验,并在新时期迸发出蓬勃生机。

进入新世纪以来,两国高层交往频繁,政治互信不断加深,经贸合作持续发展,人文交流日益丰富,两国在国际事务中保持密切沟通与协调。2003 年,时任匈牙利总理麦杰希实现了建交 44 年来匈牙利总理首次访华,并取得丰硕成果。2004 年,时任国家主席胡锦涛对匈牙利进行国事访问,两国签署联合声明,并建立友好合作伙伴关系,这为双方日后关系的进一步发展奠定了基础。近年来,匈牙利政府为应对在全球政治经济领域发生的深刻变革以及全球化带来的机遇与挑战,不断致力于加强对华关系。

2010 年,匈牙利总理欧尔班上任伊始,匈牙利政府大力推行"向东开放"政策,该政策的重要支柱之一就是拓展和深化对华关系。与此同时,匈国家领导人在多个场合提出希望成为推动中国与中东欧国家合作的"引擎"。2011 年,首届中国—中东欧国家经贸论坛在匈牙利首都布达佩斯举行。在第一届经贸合作论坛上,时任国务院总理温家宝提出了推动双方经贸合作的系列建议,为

---

* 张全义,男,浙江万里学院教授,主要研究方向:全球治理和宗教政治。

日后的中国和中东欧经贸合作打下基础。2012年,中国与中东欧国家建立中国—中东欧国家领导人会晤机制,"16＋1"合作正式启动。至此,中国与中东欧合作实现了质的飞跃,中匈关系也在这一多边合作平台上获得了更大的施展空间。在2013年11月于罗马尼亚首都布加勒斯特召开的第二次中国—中东欧国家领导人会晤上,中国、匈牙利和塞尔维亚三国总理宣布合作改造升级匈牙利布达佩斯和塞尔维亚贝尔格莱德之间的铁路。2014年2月,匈牙利总理欧尔班对中国进行正式访问,进一步推动了两国关系发展。同年12月,在贝尔格莱德举行的第三次中国—中东欧国家领导人会晤中,中国、匈牙利、塞尔维亚三国正式签署合作建设匈塞铁路谅解备忘录。2015年6月,在中国外交部部长王毅访问匈牙利期间,"匈塞铁路"建设被纳入"一带一路"合作共建框架之中,匈塞铁路及中欧陆海快线将成为"一带一路"的旗舰项目,意义重大。根据《中国—中东欧国家合作贝尔格莱德纲要》的内容,中匈关系取得一系列进展:2015年1月,中国、匈牙利、塞尔维亚、马其顿、希腊5国海关促进中欧陆海快线建设通关便利化合作机制正式建立。同年3月,匈牙利布达佩斯举行中国—中东欧国家旅游合作促进年启动仪式。同年5月,中国国际航空公司开通北京—布达佩斯直航;当月,中国同匈牙利签署核能合作谅解备忘录。同时9月,匈牙利布达佩斯举行第十届中国—中东欧国家农业经贸合作论坛。此外,尤为值得一提的是,2015年6月,正在匈牙利进行正式访问的中国外交部长王毅在布达佩斯同匈牙利外交与对外经济部部长西亚尔托签署了《中华人民共和国政府和匈牙利政府关于共同推进丝绸之路经济带和21世纪海上丝绸之路建设的谅解备忘录》。匈牙利因此成为第一个与中国签署此类合作文件的欧洲国家,在共建"一带一路"方面发挥了引领和先行作用。2016年5月,在匈牙利布达佩斯举行首届中国—中东欧国家文学论坛。同年10月,在匈牙利布达佩斯举行中国—中东欧政党对话会。同时,在《中国—中东欧国家合作里加纲要》中,各方确认匈牙利承办2017年第六次中国—中东欧国家领导人会晤。2017年5月13日,中匈两国建立全面战略伙伴关系,使两国关系再次掀开辉煌的新篇章,它为中匈在人文、教育方面的合作提供了广阔的前景。

二、匈牙利教育发展现状与困境

2015 年,匈牙利在教育上的资金投入为 14800 亿福林,占 GDP 的 4.4％,这与实际需要还有一定差距。当前的教育体制也遇到众多挑战,不只涉及教育投入问题。随着人口的变化,匈牙利学生的数量也在不断减少。

根据官方资料显示,2016 年,24～64 岁的匈牙利人中 24％拥有大学文凭,32％拥有中学学历。匈牙利在这一方面具有极端性特点,即拥有中等学历的人群比例比欧盟平均值低 6.4％,拥有高等学历的人群比例也比欧盟平均值低 6.8％。2015 年,匈牙利辍学人群比例接近欧盟平均值的 11.6％,但之后有所降低,这与欧盟的总体状况正好相反。辍学人群多来自中等专科学校,且以吉卜赛族学生居多。

2016 年也是匈牙利教育体系发生重大变化的一年,国家对先前的管理体制进行了调整,原先唯一的管理机构(以 1922—1931 年担任匈牙利宗教与教育事务部部长克莱贝尔斯伯格名字命名的机构管理中心)被 58 个学区中心所取代。政府也宣布从 2017 年 1 月 1 日起,地方政府管辖的公立学校均收归国家管理。

2016 年,匈牙利全国 0～3 岁儿童中有 15％正式登记入托,这个比例落后于 28％的欧盟平均水平。2015—2016 学年起,儿童必须进入幼儿园的年龄由原先的 5 岁降低至 3 岁。2016 年,匈牙利有小学 3589 所,教育工作者人数为 7.8 万名,在校学生 74.1 万名。

中等教育体制在 2016 年也有所变化。特殊专业学校成为专业学校,专业学校成为专业中学,专业中学则成为专业高中。2016 年,中学在校生有 43.5 万名,比 2010 年减少 25％。小学毕业生中有 42％进入高中(注:匈牙利小学为 9 年制,小学之后为中学或高中)。上专业学校的是需要特殊教育的学生。进入专业中学的学生可以学习一门专业技能,他们需要先学三年专业课,再学一年文化课,然后才能毕业。专业高中必须进行分专业的毕业考试,高中的体制在 2016 年没有发生变化。2016—2017 学年起还实施了新的基本教学计划,按照新的教育理念增加了专业课的课时。

2016 年,匈牙利高校录取新生 5.3 万名,占报考人数的 67％,基本维持多年来的比例。高校中最受欢迎的专业仍为经济与管理,其次为技术专业。2016年,计算机信息和师范专业的受欢迎程度有所提高。2015—2016学年起,大学引入双专业教学,一些专业受到欢迎。2016年,匈牙利高校共有在校生25.1万名,外国留学生有2.5万人,其中留学生最多的来自德国,来自中国、斯洛伐克、塞尔维亚、伊朗、挪威和尼日利亚的留学生也相对较多,总人数约有1000至1400名。但是,由于前文所述的人口问题及政府政策的原因,与2010年相比,2016年大学生人数减少了21%。

2016年的成人教育方面,接受小学程度教育的有2410名,接受中学程度教育的有9.8万名。据匈牙利中央统计局的数据,2016年有8.1万人参加非全日制的高等教育。另外,该年有13317人参加高等教育培训。

诚然,匈牙利教育体系的改革调整举措激发了一些教师的反对情绪,新的措施也没有解决体系中存在的问题。2011年匈牙利增加了教师的授课课时,也限制了学校的自主性,但教师薪金在欧盟国家中一直处于较低水平。虽然教师职业受欢迎的程度在增长,但今后一段时期内匈牙利的教师资源仍然严重缺乏,特别是在自然科学领域。欧盟委员会在2017年的一个报告中对匈牙利的教育问题提出了批评。据经济合作与发展组织"国际学生评估项目"(PISA)2015年的调查报告的数据显示,匈牙利学生的成绩下滑明显。与2012年的成绩相比,匈牙利学生的数学能力比较稳定,但水平较低,而自然学科和阅读的能力严重下降。匈牙利教育体制长期以来是淘汰式的,学生的成绩首先受到社会和经济因素的影响。高中与专业中学的质量区别巨大,前者的学生成绩超过经济合作与发展组织成员国的平均水平,而后者的情形则远远落后。

本届政府任期内,执政党青民盟—基民党被大家诟病最多的是基础教育发展的滞后。2016年,因对现行教育政策及现状不满,部分基础教育工作者在米什科尔茨(Miskolc)一所中学递交了请愿书。在反对党的推波助澜之下,事态进一步扩大,逐渐发酵成为多地至全国范围的教师罢工和游行。教育工作者提出的要求包括:降低教师和学生的压力,取消固定工作时间,解放教科书自由选择权利,解决非教学编制工作者的工资问题,恢复学校独立性、学校领导人事权和财务权,重新启动政府与学校利益代表机构间的协商机制和平台。针对教育领域的要求,匈教育主管部门对其中3/4予以了积极回应。教育工作者的请愿行动,还得到了医疗卫生领域的维权人士的支持。在教师游行活动中,医疗维权知名人士山多尔·玛丽亚参与并讲话。她曾于2015年组织医疗工作者罢工并以"黑衣护士"形象走红。她在2016年上半年也组织过政治活动,发起名为"为拯救医疗体系"的运动,并向总理发出公开信,在布达佩斯和外地城市组织示威活动。最终矛盾得以缓和,一方面得益于政府更换了教育主管国务秘书,解决了工资问题,并对教育中央化管理进行了改革;另一方面教育和医疗领域除了提出具体要求以外,维权积极分子之间并不团结,支持阵营日渐萎缩,政治成果也极为有限,这也是一系列抗议活动逐渐偃旗息鼓的原因。即便如此,2016年下半年仍有公民组织跳出来向政府叫板,并在媒体上得到一定的支持,但都未能形成气候,既未能影响政府施政政策,也未对执政党的支持率产生实质性影响。以上这种挑战性因素也为中匈开展教育合作提供了很好的契机。

三、匈牙利教育准入机制与政策

匈牙利地处欧洲"心脏",是中东欧地区的重要国家,也是"一带一路"沿线国家。自2013年中国政府"一带一路"倡议提出以来,两国各领域交流合作不断拓展和深化,双边关系发展驶入快车道。由于高度重视对华关系,匈牙利在匈中关系上创造了多个"第一",在中东欧地区具有重要的引领作用和示范意义。就人文、教育领域而言,匈牙利是第一个同中国签署共同推进"一带一路"建设的政府间合作文件的欧洲国家,第一个开办母语和汉语双语国立学校的欧洲国家,第一个立法承认中医地位并设立中医特色孔子学院的欧洲国家。此外,匈牙利首都布达佩斯还设有中国—中东欧国家旅游促进机构和旅游企业联合会协调中心,以及中东欧地区16国本土汉语教师的培训中心等。同时,匈牙利也是中东欧地区中资机构、华商、华侨华人最集中的国家。这些都为双方在继续推进"一带一路"合作奠定了坚实基础。

"国之交在于民相亲,民相亲在于心相通。"中匈都有深厚的文化底蕴,也都有着传统友好的民意基础。中匈两国不仅重视发展外交与经贸关系,也尤为重视在文化、教育、科技、旅游以及民间等各方面的交往。两国在人文领域的交流承载了两国人民的深厚情谊,这一直是两国关系发展的坚实基础和重要力量源泉。

匈牙利是"一带一路"建设的支点国家,匈中全面战略伙伴关系的建立有助于"16+1"合作机制和"一带一路"倡议全面的对接。同时,两国关系的提升将极大地促进两国双边关系朝着更加全面、多领域、多层次的方向发展。匈中关系的务实发展,也将为两国人民带来更多实实在在的利益。文化教育合作也是中匈合作的一个重要内容,作为中方,有必要对匈牙利的教育机制、功能及准入机构与政策及管理部门有所熟悉,并做梳理说明。

2010年以前,社会党执政时期,教育与文化部是匈牙利政府最高的教育管理机构,它负责全方位管理公共教育和高等教育,其权力涵盖了公共教育法(*The Act on Public Education*)提及的与未涉及的所有问题和活动。2010年后,匈牙利新政府在教育管理体制上进行了很大的改革,匈牙利原教育部、文化部,之后的文化与教育部合并到人力资源部。现在具体负责教育的为人力资源部教育事务国务秘书,最高官员为人力资源部部长。但在教育管理功能与审批程序上还保留了过去的做法。

教育与文化部会同社会事务和劳工部、财政部和地方政府部门等就国民教育政策及海外办学进行评估与资格审核。

教育与文化部的主要行政职责由国家公共教育委员会实施。该机构是部长的专业咨询机构,依据公共教育法建立,其具体职责为:为制定决策做准备、发表意见和提出建议,协助部长为匈牙利国家教育及其他教育事务负责。该机构也有权对公共教育的问题和国家级别的政策表明立场,因此,该机构对于外国及欧盟国家在匈牙利申办学校起到"门槛"作用。

教育与文化部下还设有教育厅,该机构是在2006年合并了几个公共教育和高等教育机构的基础上成立的。它在具体事务管辖中起中枢作用;授权外国高等教育机构在匈牙利设立,记录课程的运行,在欧盟的指导方针下进行对在匈牙利的资格确认以及证书注册,抒予文凭和博士学位的高等教育机构。其下属机构匈牙利协调与信息中心(the Hungarian Equivalence and Information Center,简称HEIC)负责承认外国文凭、证书和学位。

教育厅还与独立考试委员会、国家注册专家和审查员一道进行合作,参加属于分支机构管理范围的与区域发展和资金相关的事务安排。它还负责高等教育机构的师资和课程设置的功能,确定个别被承认的高等教育机构学生录取人数,掌控合法的经营管理,对编制做出决定,明细预算,监督财务和技术职业类工作的有效性和合法运作。

市政教育局受教育与文化部垂直管辖;其行使相关教育日常处理事务,参与实际或一线教育控制和评估的教育组织和协调工作。它依据公共教育法接受指定的任务。

教育厅负责任命公共教育机构学校领导,行使雇主权利,职员的雇佣雇主的权力等,行政附属关系见图1。

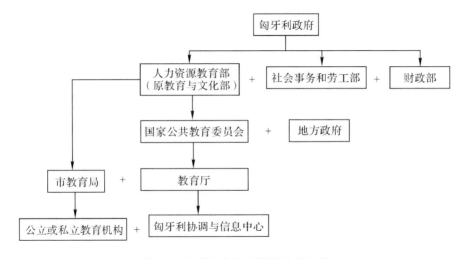

图1　匈牙利教育行政附属关系示意

四、结语

得益于20世纪五六十年代结下的传统友谊,匈牙利等中东欧国家及人民对中国文化在当地的宣传有着较高的接受度。在中匈两国文化交流合作中,除了双方保持各级各类文化艺术团组互访以外,4所孔子学院的成立,为中国文化在当地的推广提供平台。截至2016年,匈牙利孔子学院(课堂)累计学员2.3万余人,文化活动参与人数26.6万人,汉语考试考生2661人次。2013年,中匈双方利用孔子学院的平台,合作建设中东欧汉语教师培训中心。2016

年,孔子学院下设孔子课堂,所在的匈中双语学校成立高中部并于当年开始招生,匈牙利本土学生响应十分热烈。

除了以孔子学院为代表的教育交流外,两国在文化、体育、科技、旅游等领域的交流合作也取得一系列丰硕成果。作为庆祝中匈建交 65 周年系列活动的一部分,2014 年 10 月,首届中匈媒体论坛在匈牙利首都布达佩斯举行,两国第一次在政府框架下进行了高层次的媒体交流活动,双方代表借此开展了积极有效的对话,拓展了两国人文交流的合作渠道与途径。根据双方达成的合作意向,两国媒体文化界建立了常态活动机制,轮流在中国、匈牙利两国举行交流活动。2015 年 3 月 26 日,"中国—中东欧国家旅游合作促进年"启动仪式在布达佩斯举行,中国国务院总理李克强和匈牙利总理欧尔班均发来贺信。2015 年 9 月 14 日,由中国外文局、匈牙利国家媒体和信息通讯管理局共同主办的"艺术与传播——2015 中匈交流论坛"在北京举行。2016 年 6 月,由中国宋庆龄基金会和匈牙利驻华使馆、北京匈牙利文化中心共同举办的中匈文化交流活动于 6 月 13 日在北京宋庆龄故居正式启动,来自 30 多个外国驻华使馆、相关政府部门、文化机构、高校、企业等各界代表约 300 人出席了启动仪式。随着"一带一路"建设的推进,笔者深信,中匈在文化、教育领域的合作将迎来广阔的前景。

参考文献

[1] 张智勇.匈塞铁路——"一带一路"的旗舰项目[N].光明日报,2015-11-26(012).

[2] TH. B,Közel 16 ezren írtáák alá a miskolci gimnázium petícióját[EB/OL]. 2016-01-21 http://index. hu/belfold/2016/01/21/kozel_16_ezren_irtak_ala_a_miskolci_gimnazium_peticiojat/.

[3] Miskolc,Második levél a köznevelésben uralkodó állapotokról[EB/OL]. 2016-01-28 http://tanitanek. azurewebsites. net/Hir/Details/8bec3762-8cbb-4f48-89bf-beba6740609a.

[4] Tüntettek a tanárok a Kossuth téren[EB/OL]. 2016-02-13 http://mandiner. hu/cikk/20160213_megtelt_a_kossuth_ter_tunteto_tanarokkal.

[5] Szűcs Viktória, Pedagógus életpálya illetményváltozás 2016. szeptember 1-jétől! [EB/OL]. 2016-08-22 http://www. bddsz. hu/pedagogus-% C3% A9letp% C3% A1lya-illetmeny-valtozas_2016-szeptember.

[6] Hutter Marianna, Pukli kilép a Tanítanékból[EB/OL]. 2016-09-28 https://mno. hu/belfold/pukli-kilep-a-tanitanekbol-1363695.

"一带一路"智库的 VI 设计

——以宁波海上丝绸之路研究院等 VI 设计为例

王　萍[*]

一、背景

随着现代社会的不断发展,企业、学校、医院、政府等各领域都逐渐开始对视觉形象设计重视起来了,并且逐渐建立起各自的视觉识别(Visual Identity,简称 VI)系统,以便在各自的行业内取得更大的影响力。对于研究院来说,视觉识别系统的建立,可以对机构内部进行有效、统一、规范的管理,使员工获得认同感,增强员工的事业心;对外可有效地将研究院的理念和精髓进行传达,使其有别于同类单位,并在竞争中产生优势。而学校、医院等非商业性机构视觉识别系统的建立,更能凸显出学校、医院等机构的正规性,便于对内的统一管理和对外的视觉传达。

因此,如果没有视觉形象设计,没有视觉识别系统的建立,便会削弱机构在同行中的发展优势,减低其识别度。而进行了视觉形象设计的机构,会使其理念和目标更加清晰,更能促进机构的成长和发展。本次的研究课题是宁波中东欧国家合作研究院和宁波海上丝绸之路研究院共同组织的,这两个研究院都是刚成立不久的机构,急需一套视觉识别系统打开局面,而现今大多数机构缺乏视觉形象设计意识,从而很难凸现出自己的优势和特点。通过对这两个机构的调查分析了解到,研究院有明确的定位和目标,为其进行视觉形象系

───────────

＊　王萍,女,浙江万里学院教师,主要研究方向:视觉传达及新媒体设计。

统设计，能让他们在众多研究院中脱颖而出，扩大机构的影响力，其前途也会更加光明。宁波中东欧国家合作研究院和宁波海上丝绸之路研究院 VI 设计系统，主要分为基础要素设计系统部分和应用要素设计系统部分，并要设计出一套专属该研究院的 VI 手册，使得机构能按此进行标准统一化的管理。

二、VI 设计理论

(一) VI 设计基本概述

VI 是视觉识别（Visual Identity）的英文简称，在企业形象（Corporate Identity，简称 CI）中作为有力的传播者和表达者，同时也是最具有吸引力的，是企业形象识别系统中的重要组成部分，是作为提高企业知名度、传播企业文化与经营理念的有效渠道。VI 设计由标志、标准色、专用字体、应用图形等元素形成的基础系统以及广告物件、展示推广、企业环境、包装系统等元素共同构成，它在 CI 中起着不可替代的作用。VI 设计是将静态的元素通过平面立体等多样化的形式进行应用传播。优秀的 VI 设计能够清晰有效地将机构的理念和精神传播给外界，在推动被传播者对机构作为一个品牌所产生的信任感与认同感方面发挥着重要作用。VI 设计由"基础要素设计系统"部分和"应用要素设计系统"部分组成。基础要素包含了标志，标准字体，标准色、辅助色、标准制图及规范组合等。应用要素设计是将基础要素进行机构内外各领域的相关应用，如在办公用品、包装、广告、交通运输工具以及其他类型的媒体上进行应用设计。

(二) VI 设计的产生与发展

VI 设计经历了一个长期发展过程，并日趋走向成熟。它伴随着人类文明的进步，与政治、经济、文化、艺术等息息相关。关于视觉识别设计的渊源，有图腾识别说、宗教识别说、民族识别说、商标扩展说。最早视觉识别设计是以著名建筑设计家彼得·贝汉斯（Peter behrens）为 AEG 电器公司进行视觉形象设计为开端的，此后视觉识别系统遍及整个欧洲。

意大利工业设计师尼佐里（Macello Nizzoli）为意大利奥莉维蒂牌打字机进行产品设计时，为该产品进行了广告设计和建筑设计，随后该品牌形象赢得了国际市场。完整统一的公司形象，在公众的心中不再是单一的产品形象，而是重新树立起的一种新的、富有个性的企业形象。奥莉维蒂的设计对二战后VI的发展起到了推动作用。由于战后经济复苏，各个行业不断发展，许多经营者认为原有的企业形象已无法适应当今企业迅速发展的时代，必须建立一个规范统一且具有组织性的、人格化的识别系统，有助于塑造企业独特的经营理念，正确传达企业信息。

从20世纪50年代开始，VI进入了设计和运作阶段，欧美掀起了导入VI的高潮。一些国家的大型企业纷纷导入VI，将它作为企业营销的工具。如国际商业机器公司(IBM)1956年导入VI，艾略特·诺伊斯设计出了一套完整的VI系统。到目前为止，IBM都给人一个组织系统的印象，即是充满信心，始终走在计算机技术尖端的国际性公司。

此外，可口可乐公司，在1970年开始将世界各地的可口可乐标志，规范统一了新的视觉形象设计，保留了原有的设计风格之外，又做了全面的整体设计和修正，使视觉形象让人感到耳目一新，产生强烈的冲击力，从而带动了VI在美国的迅猛发展和普及。从20世纪70年代初至90年代，日本、韩国等国家和我国香港、台湾地区的企业界掀起了VI设计热潮。其中包括了食品业、服装业、房地产业、金融业、汽车业及至政府、城市形象等各行各业都进行了VI设计与传播，并且取得了显著的社会效应和经济收益。

20世纪80年代，中国经济迅猛发展。随着社会主义市场经济体制的建立，中国企业面临的国际市场环境发生了巨大的变化，加入世贸组织后，经济持续腾飞，企业基础得到了大幅度的提高，国内一些企业开始尝试一种新的管理和经营方式，VI的理念开始慢慢渗入中国企业。如中国银行、中国农业银行、中国建设银行、太阳神、北大方正等个性化的企业品牌在VI战略运作中获得成功，并为VI在中国的推广和普及开辟了新道路。

(三)VI设计的作用

一套完整的企业形象识别系统，可以反映出企业的价值观，可以将企业的信息通过人、事物、环境等展现出来,使其统一的形象呈现在公众面前。同时,企业的视觉识别系统能够帮助客户加强对企业、公司的信心,巩固其市场定位,得到社会的尊重和认可。在企业中,VI 设计以本身独特的视觉形象来吸引公众的注意,使消费者对企业的产品和服务产生信任,提高企业员工的识别和认同,从而提高企业的士气。各类企业 VI 设计,有成功的案例,也有失败的案例,成功的 VI 设计让企业形象得到了成功的展现,失败的 VI 设计,可能会影响企业的传播与扩大。

三、宁波海上丝绸之路研究院定位分析

(一)宁波海上丝绸之路研究院简介

宁波海上丝绸之路研究院(北京外国语大学丝绸之路研究院宁波分院)是根据宁波市人民政府与北京外国语大学战略合作框架协议,由北京外国语大学和浙江万里学院合作共建的。研究院依托北京外国语大学的学科专业和国际影响力优势,创新体制机制,整合国内外资源,面向宁波"一带一路"战略要求,开展相关经贸、文化、语言、法律、政策等问题研究,推动宁波与"一带一路"沿线国家和地区的交流与合作,扩大宁波经贸、文化、教育的国际影响力,提升宁波高等教育国际化水平和服务地方的能力。

为响应中国—中东欧国家"16＋1"合作战略,由宁波市委、市政府(市委组织部、市商务委、市教育局、中国—中东欧国家投资贸易博览会组委办)主导,研究院与中国社科院欧洲所、浙江大学中国西部发展研究院进行战略合作,在宁波海上丝绸之路研究院的基础上挂牌共建"宁波中东欧国家合作研究院",并在 2016 年 6 月 10 日第二届中国—中东欧国家投资贸易博览会上举行揭牌仪式。

(二)宁波海上丝绸之路研究院定位分析

研究院依托北京外国语大学的学科专业和国际影响力优势,创新体制机制,整合国内外资源,面向宁波"一带一路"战略要求,开展相关经贸、文化、语言、法律、政策等问题研究,推动宁波与"一带一路"沿线国家和地区的交流与合作,扩大宁波经贸、文化、教育的国际影响力,提升宁波高等教育的国际化水平和服务地方能力。宁波海上丝绸之路研究院有志于打造成国际知名、国内一流的学术性研究院,以三中心一智库为建设目标,一智库即服务企业"走出去"战略专业智库,三中心即为丝路学术研究中心、丝路人才培养中心、丝路文化传播与研究中心。

研究院设理事会和工作指导委员会、专家指导委员会和海丝企业联盟。实行院长负责制,下设民营企业走出去研究中心、中国(浙江)中东欧国家合作研究中心、港口经济圈与海丝指数研究中心、海丝文化研究中心、网络数据中心、办公室、培训中心等。

工作领导小组由宁波市人民政府、北京外国语大学、浙江万里学院及宁波赛尔集团等相关人员组成。工作指导委员会由宁波市人民政府领导及市发改委、市经信委、市教育局、市科技局、市财政局、市商务委、市文广局、市旅游局、市外办、市社科院、鄞州区政府、北仑区政府及浙江省万里教育集团等单位领导组成,组织协调宁波市有关部门在各自职能范围内支持和指导研究院开展相关工作。专家指导委员会,由中国社科院欧洲所、浙江大学中国西部发展研究院、北京大学国际关系学院等合作单位推荐的专家学者构成,作为研究院最高学术机构,负责指导研究院的学术研究工作的开展。海丝企业联盟由宁波"走出去"相关企业组成,该研究院具备研究、咨询、培养、论坛四大功能。

(三)宁波海上丝绸之路研究院设计方案分析

宁波海上丝绸之路研究院自 2015 年 6 月揭牌成立以来,围绕宁波发展战略,开展多项研究,举办高端培训,积极发挥智库作用。该研究院是个学术机构,严谨、专业、睿智是品牌系统体现的关键,蓝色系的选用不仅表达出机构的专业性,也呼应了海洋文化,对应了青色绫、青花瓷等曾经在丝路上出现过的重要运输物。综上考虑,设计了 6 种相关方案,具体如下:

方案 1:根据历史上海上丝绸之路的航行路线,勾勒出重要的线段。并以动态的方式呈现 logo 的各种形态,迎合设计行业中动态 logo 的设计趋势,例如 MIT 的实验室 logo,就具有类似的动态表现。德国汉诺威世博会的能源

logo也传递了标志的多形态特性。海上丝绸之路以运输绫和瓷器为主,丝绸之路的沙漠黄为辅,色系分析体现运输路线从陆地到海洋的漫长艰辛过程,从而得出logo的渐变色,见图1。

图1 方案1logo

方案2:基于方案1的创意思路,调研"一带一路"的路线图,得出似神鸟的视觉形象,寓意研究院的远大前程。蓝绿色的运用表达了研究院的专业性,并呼应海洋文化,见图2。

方案3:体现研究院的中国风的视觉形象,海上丝绸之路既是丝绸贸易之路也是瓷器运输之路,用绫的青色与海洋蓝的渐变,欲表达研究院的儒雅与睿智。中文用的是叶根友刀锋黑草体,见图3。

方案4:突出中文"丝",走新中式简约风,见图4。

图2 方案2logo

图3 方案3logo

图4 方案4logo

方案 5：是取丝绸之路的英文首字母 S 和 R
变形而来，组合成展翅的飞龙，寓意中国龙的腾
飞。造型严格遵照圆形规范标准切图制成。色
彩选取 Adobe color CC 中的关键词"丝绸之路"
色系，见图 5。

图 5　方案 5 logo

方案 6：是对宁波海上丝绸之路研究院原
有设计方案的优化。logo 的设计选取篆文丝
路二字，造型好似当年运输物资的帆船，给人
以丝绸之路的历史感。标志由中心图文、外围
文字以及红色标题字共同组成，他们可以一起
使用，也可以根据具体情况拆分使用，见图 6。

图 6　方案 6 logo 完整模式

(四)宁波海上丝绸之路研究院 VI 设计方法

建立宁波海上丝绸之路研究院 VI 形象系统，设计者应充分深入了解研究
院的理念与核心，正确找准机构定位，通过准确的定位，将视觉符号化进行更
深一步的标准化，并加以实施。

宁波海上丝绸之路研究院 VI 基本设计系统主要包括：标志组合（拆分模
式）、标准字、标准色、辅助色、辅助图形以及规范化和不规范使用等视觉信息。

宁波海上丝绸之路研究院的 VI 设计应用设计系统，主要包括胸章、办公
用品、对外宣传品等。

四、宁波海上丝绸之路研究院 VI 设计与实施

(一)基础识别系统设计

为了保证宁波海上丝绸之路研究院品牌形象的完整统一，在使用品牌前
须办理品牌管理批准登记和标志注册等相关手续，并在使用时遵守相关规定。
品牌会随时代的变迁而调整，之后的更新要与时俱进。宁波海上丝绸之路研

究院的标志是长期使用的,为了确保标志的形象完整统一,令标志深入人心,标志在使用时必须有所规范。

1.标志

该标志不可为了创作或其他需要而任意更改,不可以随意附加在任何已完成设计的作品之上。采用该标志时,应在设计之初就将标志作为整体设计的基本元素善加运用。该标志的使用规格具有相当的弹性,可供不同情况应用,如图7所示。基本系统包括以下5个部分:(1)标志:标志机构,阴阳稿,标准制图,最小范围,拆分模式;(2)标准字:标语,标题,标志字体;(3)标准色:主色调,辅助色系;(4)标志组合:标志与字体的组合方式,色系搭配方式;(5)辅助图形:修饰纹样。

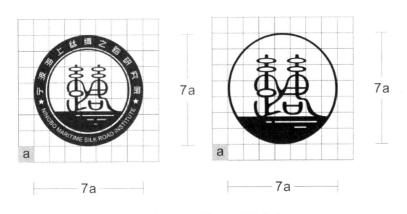

图7 标志完整模式与拆分模式

2.标准字

标准字体是指经过设计的专用以表现机构名称或品牌的字体。故标准字体设计,包括企业名称标准字和品牌标准字的设计。标准字是视觉形象识别系统中的基本要素之一,应用广泛,常与标志联系在一起,具有明确的说明性,可直接将机构或品牌传达给观众,通过视觉与听觉同步传递信息,强化机构形象与品牌的诉求力,其设计的重要性与标志具有同等重要性。"宁波海上丝绸之路研究院"是出自大师的手写体,将作为logo组合中的主要字体。研究院的宣传标语"德润丝路,智惠中西"选用方正艺黑简体作为常用字体,选取汉仪大宋简体为研究院分院的固定字体。如图8所示。

宁波海上丝绸之路研究院　　　　　　　　　　　大师手写体

Ningbo Maritime Silk Road Institute　　　　　　Futura BK BT

北京外国语大学丝绸之路研究院宁波分院　　　汉仪大宋简体

服务企业"走出去"战略专业智库　　　　　　　微软雅黑体

德润丝路 智惠中西　　　　　　　　　　　　　方正艺黑简体

图8　标准字

3.标准色

海上丝绸之路色系分析:海上丝绸之路是指古代中国与世界其他地区进行经济文化交流交往的海上通道。自中国出发的货物主要是丝绸、茶、瓷器、金、银、书籍等,货物出发的港口主要有广州、泉州、宁波三个主港。海上丝绸之路形成于秦汉,发展于魏晋,繁盛于隋唐,鼎盛于宋元,至明清由盛及衰。与路上商贸路线构成完美的中东欧交流交往的通道。

通过分析提炼出四种最具中国特色的颜色,以海洋蓝为主色调,墨黑、中国红、太阳金为辅助色。

4.标志组合

双语版是海丝院标志最完整的样式,标志组合模式以双语版和中文版为主,体现研究院立足国内,面向国际的定位。横排方式:标志在左,文字在右,水平排列。使用中文版时标志相应缩小。竖排方式:标志在上,文字在下,垂直排列。使用中文版时文字相应缩小。

标志的颜色规格:灰阶底色的变化引起的标志字体颜色的变化,底色是超过50%黑,黑色字体反白,红字不变。当背景色过于接近标志组合中任意一种颜色时,不宜使用。

标志的不规范使用:标志和文字不可随意调换位置,文字不可任意换行,或调换位置,不可将中文文本换成黑色,或英文文本换成红色,不可将标志换成渐变色,不可将中文文本换成轮廓线,不可将标志做勾线处理,不可将标志反白复制,不可在标志四周勾线,不可把标志放在方格内。

5.辅助图形

辅助图形有时也称为辅助图案或装饰花边,是 VI 系统中不可缺少的一部分,它可以增加 VI 设计中其他要素在实际应用中的应用面,尤其在传播媒介中可以丰富整体内容、强化机构视觉形象。该系统中设计了丝绸之路中沿线国家的标志性建筑剪影和轮廓线(如图 9 所示),以及海上丝路的标志性视觉形象——浪花(如图 10 所示)。

图 9　丝绸之路国家建筑纹样

图 10　浪花纹样

(二)应用识别系统设计

宁波海上丝绸之路研究院的应用识别系统有胸章设计、画册设计(另)、办公用品、服饰服装、接待品等。

(三)宁波海上丝绸之路研究院 VI 设计手册制作

VI 手册是宁波海上丝绸之路研究院视觉识别系统的指导性文件,内容包括"宁波海上丝绸之路研究院"标志的设计特色,颜色与尺寸资料,并详细列明怎样使用才合乎规范,怎样使用会不合乎规范。汇编设计指引的目的是协助研究院在应用设计作品时能正确引用"宁波海上丝绸之路研究院"标志。将

VI 手册可以进行合编装订精装，也可以采用活页式装订。

(四)宁波海上丝绸之路研究院宣传册的设计与制作

宣传册严格来说也属于 VI 系统的一部分，是体现机构整体形象的一个方面。宣传册包含的内涵非常广泛，对比一般的书籍来说，宣传册设计不但包括封面封底的设计，还包括环衬、扉页、内文版式等等，宣传册设计讲求一种整体感。宣传册设计需要注意几点：从宣传册的开本、字体选择到目录和版式的变化，从图片的排列到色彩的设定，从材质的挑选到印刷工艺的求新，都需要整体的考虑和规划，然后合理调动一切设计要素，将他们有机地融合在一起，服务于内涵。

两个研究院都有自己的宣传册，便于更好地宣传、介绍各自的建设定位以及相关成果。该项目中涉及部分宣传册的修改与调整的内容，以及在设计制作方面的视觉指导，还包括各自的宣传片拍摄指导，其将随着研究院发展的需要不断更新和完善。

五、宁波中东欧国家合作研究院定位分析

(一)宁波中东欧国家合作研究院简介

为服务中国—中东欧国家"16＋1"合作战略，宁波海上丝绸之路研究院与三大国家级智库——中国社科院欧洲所("16＋1"智库网络)、浙江大学中国西部发展研究院、北京外国语大学(丝绸之路研究院)于 2016 年 6 月合作建立了"宁波中东欧国家合作研究院"。

(二)宁波中东欧国家合作研究院定位分析

宁波中东欧国家合作研究院立志成为国际知名、国内一流的研究院，做服务企业"走进中东欧"的专业智库，成为中国—中东欧学术研究中心，中国—中东欧人才培养中心，中国—中东欧交流合作中心。

一是学术研究：面向本区域经济社会转型发展重大战略需求开展研究，面

向中东欧国家重大问题开展研究,立足国际国内学术前沿开展中国—中东欧国家合作研究。二是专业咨询:组建专业团队,为国内企业"走进中东欧"提供专业服务,建立中东欧 16 国经贸合作数据库,为企业走出去提供信息定制服务,整合国内外资源,为在中东欧国家项目投资及创建国际产业园的企业提供咨询服务。三是人才培养:中东欧国家高端管理人才非学历教育项目,中东欧国家来华留学生学历教育项目,国内涉外企业和政府有关部门的国际化人才培养项目。四是高端论坛:中国—中东欧国际高端论坛,中国—中东欧国际学术专题报告会,中东欧研究成果发布与交流会。五是发展思路:围绕一个中心,以深化中国(宁波)与中东欧国家合作为中心,发挥四大优势,相关政府资源优势,母体学院资源优势,合作院校资源优势,联盟企业资源优势。六是坚持五项原则:诚信研究,质量立院;以人为本,人才铸院;锐意创新,机制兴院;和谐发展,文化塑院;扩大交流,开放办院。构建四个一流:发展理念一流,团队素质一流,发展环境一流,产品服务一流。建好四大机制:协同机制,绩效机制,市场机制,平台机制。

(三)宁波中东欧国家合作研究院 VI 设计方案分析

研究院负责人决定体现研究院国际化、学术性、专业性的形象。

方案 1 从研究院的英文名称"Ningbo CEEC Cooperation Institute"出发提出首字母组合成"NCCI",构成简洁大方的视觉形象(见图 11)。6 条横线表示"一带一路"六大经济走廊。第一个"C"突出表示 CEEC 组织的重要性,红色代表中国。中英文的组合表达展示了国际化的形象。海蓝色的使用表达了研究院的专业性,以及学术人的包容与豁达。

方案 2 突出了 16 个国家的合作与团结之意,用具有强劲执行力的箭头围成一圈,表达聚焦与合作之意。内圈有 16 个小星星表达了 16 个国家。16 种色彩表达了每个国家各具特色,求同存异(见图 12)。

图 11　方案 1

方案 3 从方案 1 发展而来,想进一步突出该机构的国际化的形象,借鉴了国际化组织深入人心的视觉形象。该方案欲突出表达国际性研究院的发展定位(见图 13)。

研究院负责人最终选择方案 1。

图 12　方案 2

图 13　方案 3

(四)宁波中东欧国家合作研究院 VI 设计方法

建立宁波中东欧国家合作研究院 VI 系统,我们应充分深入了解研究院的理念与核心,正确找准机构定位,通过准确的定位,将视觉符号化进行更深一步的标准化,并加以实施。在同类机构之间,对他们的视觉形象进行调查分析,对机构文化、设计思路及设计风格予以分析。以查阅国内外优秀 VI 设计案例为基础,再对比实际调查分析得出的结果,最终取得最佳方案。

宁波中东欧国家合作研究院 VI 基本设计系统主要包括:标志、标准字、标准色、辅助色等视觉符号。我们可通过对成功案例进行分析与其他调查分析方式结合的方法,得到相对而言比较全面的资料,以此来分析视觉符号,把研究院的主张、定位、理念、文化等要素传递出来,让公众感受得到。

宁波中东欧国家合作研究院的 VI 设计应用设计系统主要包括办公系统、形象宣传和环境形象等,这些应用要有宣传研究院的功能,让机构形象得以提升,需通过参考国内国外大中型机构团体成功的 VI 设计案例,进行分析应用。

六、宁波中东欧国家合作研究院 VI 设计与实施

(一)基础识别系统设计

VI 设计的基础识别系统设计包括:标志规范、标准字体、标准色与辅助色以及组合规范等设计。

1. 标志(logo)

标志设计是视觉识别系统 VI 的核心元素,是视觉识别的首要元素,贯穿

于整个 VI 系统中。它不仅是主要的视觉设计元素,而且是中心的视觉元素。机构的标志,作为一个有意义的符号,它用自身独特的视觉艺术语言,向外界传递着大量的信息。宁波中东欧国家合作研究院 logo 在方案 1 的基础上进行优化,根据字母之间的空间大小设计间距,以达到视觉平衡的效果,C 与 C 的空间最大,间隙最小,C 与 I 的空间最小,间隙最大。如图 14 所示。

图 14　标志优化

2.标准字

机构的标准字体指研究院专用的字体,具有一定的规范性和严谨性。它一般与标志相配合使用,应用广泛,能够将研究院的基本信息直接传达给观众。宁波中东欧国家合作研究院的字体在设计之时,进行了多方位的考虑。根据研究院的定位与目标,字体应用不适合变换多样,应该设计成规范、严谨、坚实的字体形象,因而采用了方正正粗黑简体为原型,并进行了微调,对笔画的细节部分进行修改,在保留原有字体属性上,又做了新的变化,使字体设计符合学术性智库型研究院的属性特征。如图 15 所示。

宁波中东欧国家合作研究院　　方正正粗黑简体
Ningbo CEEC Cooperation Institute　　Candara Bold

图 15　主要标准字

在此基础上又选用了中文和英文各三款印刷字体,作为在应用系统中的专用字体,以期达到机构形象系统的视觉统一。如图 16、图 17 所示。

图 16　中文印刷字体　　　　图 17　备选英文印刷字体

3.标准色和辅助色

机构标准色,是指根据研究院的属性、定位、特征等多方位综合制定的颜色,是标志的专用色彩;在媒体宣传时结合实际情况也可使用专用色彩。机构通过标准色进行视知觉传达,反映出研究院的风格风貌、精神理念、组织机构、营运营销的特点。研究院的标准色应该是具有一定的科学性和差别性的,需根据不同的属性来确定标准色的设计。

标志的标准色彩分为主色和辅助色,主色是标志的主色彩,是机构视觉系统最常出现的色彩,辅助色是在特定的场合中出现的,起着辅助主色的作用。该机构的色彩体系来自16个中东欧国家的国旗色,取其最主要的色彩,以蓝色和红色为主,融合成海绿色和洋红色,色彩的应用在设计与使用环节中会受到许多因素的影响,为避免颜色的偏差而影响标志的视觉效果,机构标志的辅助色彩按国际最通用的屏幕色 RGB、四色印刷 CMYK 的色彩标准设定。

机构标志的辅助色是在特定的场合出现的,起着辅助主色的作用。该系统的辅助色取自中东欧 16 个国家国旗色系中的次要色——黄色系,各色黄和棕融合之后形成现在的橙色。色彩的应用在设计与使用环节中会受到许多因素的影响,为避免颜色的偏差而影响标志的视觉效果,机构标志的辅助色彩按国际最通用的屏幕色 RGB、四色印刷 CMYK 的色彩标准设定。

4.标志组合规范

标志的组合应该根据具体应用设置相应的组合规范,宁波中东欧国家合作研究院的标志与字体的组合通常分为:中轴式、横式、竖式等。在使用过程中按照正确的比例和大小进行应用。如图 18 所示。

5.辅助图形

该系统的辅助图形是以中东欧国家建筑图形为基本元素的,根据需要进行图案化的处理,或扩张或延伸以达到丰富的视觉形象及效果,如图 19 所示。

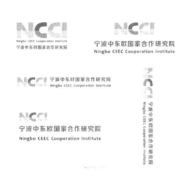

图 18　组合规模

图 19　辅助图形

在使用时应严格按照规范,不得随意变更辅助图形的颜色,组合规范及形式等。另外,根据需要可以在辅助图形上增加特殊工艺。

(二)应用识别系统设计

当 VI 设计的基础系统设计完成后,就要对研究院形象的具体应用部分进行展开设计,从办公系统到形象宣传,再到环境形象的展示,旨在增强机构的对内统一,对外的传达作用,当然,设计者应当把握标准化、统一性、适用性,并遵循修正补充时的程序化原则。

办公系统内容包括:名片、信纸、各类规格信封、传真纸、合同、文件袋、工作证、胸牌、光盘、纸杯、专用笔、办公文具、手提袋等。

其他应用系统比如环境形象部分和形象宣传部分日后将根据研究院发展的需要不断跟进。

(三)宁波中东欧国家合作研究院 VI 设计手册制作

VI 手册的编制是宁波中东欧国家合作研究院视觉识别系统的指导性文件,它将所有项目进行相应的规范并提供使用说明。VI 手册的编制分为基础设计和应用设计两大部分,应用部分列为办公系统、形象宣传、环境形象各部分的相应规范图例说明,在实际操作和应用过程中相关人员必须严格遵守此说明。将 VI 手册进行合编装订精装,也可以采用活页式装订。

(四)宁波中东欧国家合作研究院 VI 设计导入与实施

VI 设计的导入应以 VI 手册为标准,VI 手册将研究院内外的各项元素都以符号和图例的方式进行设计,简易而直观。在 VI 设计导入之初,应在宁波中东欧国家合作研究院内部先进行实践,让员工渐渐统一规范起来,学习企业精神、共建研究院建设目标,为创建国内外一流的学术型研究院而努力。实施过程中,若遇到困难,VI 实施监督管理部门应配合研究院领导的意愿进行推进并进行合理有效执行。

内部员工经过实践后,该 VI 设计得到了有效验证,便于宁波中东欧国家合作研究院实行全面对内对外的推行宣传时,研究院应将机构形象快速传达给每一位领域内的人，让新形象渐渐印入人们的脑海中。VI 实施的过程中应定期进行检查和反馈，查找实施过程中出现的问题，为宁波中东欧国家合作研究院 VI 设计的长效稳定实施提供强有力的保证。

七、总结

如今，各行各业都开始渐渐导入 VI 系统，它能够使企业、医院、学校等机构内部管理更加科学、有序，更具有条理并趋于符号化，使得机构根据行业属性及自身的特征，建立符合自身发展的 VI 系统。研究院作为学术性机构具有其特殊性，有效合理的系统导入能够对机构的发展起到推动作用，使机构各方面都得以迅速发展，也因此会带来更多的效益。

随着新技术和工艺的不断革新，VI 设计的导入、实施、推广等工作也越来越注重细节性、具体性和实效性。该项目是针对宁波海上丝绸之路研究院以及宁波中东欧国家合作研究院进行全面系统的 VI 设计，VI 设计的导入对两个研究院的发展起到了较大的推动作用，使其在国际国内的交流活动中很好地提升了知名度，扩大了研究院的影响力。

参考文献

[1] 严维国. VI 设计对企业品牌建立和发展的作用[J]. 艺术与设计，2015(5)：42—44.

[2] 侯蕾. VI 设计在企业品牌中的战略地位[J]. 合作经济与科技，2014(12)：79—80.

[3] 程德春，李宁. 把握企业 VI 设计中的"主动设计"——以潘虎的包装实验室 VI 设计为例[J]. 工业设计，2015(9)：65—66.

[4] 王欣铨. 论色彩在 VI 设计中的作用[J]. 辽宁工业大学学报（社会科学版），2010(8)：67—68.

[5] 李慧. 企业视觉形象识别系统设计研究[J]. 湖南城市学院学报（自然科学版），2015(12)：144—145.

[6] 涂径，吴思. 试析 VI 设计的质量影响企业形象传播效力[J]. 艺术科技，2017(6)：242—243.

[7] 吴漫. 宜春磊鑫矿业有限公司 VI 设计[D]. 南昌：南昌大学，2015.

通 道 篇

港口经济圈通道建设研究
——以宁波港口经济圈为例

袁道君[*]

一、引言

习近平总书记在浙江省工作期间,曾经多次到宁波视察并指导工作,对宁波市的对外开放和海洋经济发展寄予厚望。他明确指出,港口是宁波市最大的资源,开放是宁波最大的优势,把最大的资源和最大的优势发挥到极致,就能够实现效益的最大化。宁波要充分利用好海洋经济、大桥经济、港口经济的优势,加强交通、能源、物流等基础设施建设,打造辐射长三角区域、影响华东片区的"港口经济圈"。2014 年 7 月,宁波市委召开专题学习会,深入学习习近平总书记系列重要讲话精神和他在浙江省工作期间对宁波做出的重要指示。此时,宁波正式提出要打造"宁波港口经济圈"。2016 年 6 月,国家发布《长江经济带发展规划纲要》,其中也明确提出要发展"宁波港口经济圈"。经济圈建设是区域经济一体化和经济全球化发展的产物,也是我国城市化进程加速发展的未来趋势。港口作为国家对外开放的重要门户,越来越成为连接国际与国内、沿海与内地、生产与消费的重要纽带。我国沿海港口城市,在积极利用国际国内"两个市场""两种资源",加快融入经济全球化进程中,具有十分重要的地位和作用。这种地位和作用不仅体现在港口城市自身的发展上,还体现为通过港口构建腹地区域通往世界各国的桥梁和纽带,带动腹地区域大步向

---

* 袁道君,男,上海海洋大学硕士研究生,主要研究方向:港口经济和产业经济。

前走向国际经济舞台,加快我国融入全球化的进程。

2013 年以来,国家陆续提出"丝绸之路经济带""21 世纪海上丝绸之路""长江经济带"等倡议,其目的就是要建设一个以运输大通道为纽带、以互联互通为基础、以打造命运共同体为目标、以多元化合作为特征的新型区域合作模式。其模式的就是要依托大通道,支撑内外开放和产业转移。

通道建设在国家战略中发挥的是基础和先行作用,而港口经济圈建设作为当下新的发展趋势,关键也是要发挥圈层辐射和带动作用。这种圈层带动与国家提出的"一带一路"等倡议具有高度一致性,二者在空间布局上高度一致,在建设内容上也高度一致。打造港口经济圈、布局港口经济圈大通道的过程,就是沿海港口城市不断拓展陆向腹地和海向腹地的过程,同时也是积极融入"一带一路"战略的过程。

二、宁波港口经济圈通道建设现状与问题分析

(一)宁波港口经济圈通道建设的现实基础与条件

1. 区位优势

港口是宁波港口经济圈的优势资源和核心资源,也是宁波参与经济全球化和国际分工的重要门户。2006 年 1 月,宁波港和舟山港实行对外名称统一,合称"宁波—舟山港",2015 年 9 月,宁波—舟山港实现了以资产为纽带的实质性一体化,使得沿海港口物流、临港工业、战略物资储运等优势得到进一步发挥。合并后的海域岸线长度扩大至 4750 千米,其中港口深水岸线达到 384.9 千米,呈"一港、四核、十九区"的空间格局,"一港"就是指宁波—舟山港。随着杭州湾跨海大桥、甬台温铁路的建成以及杭甬运河设施的完善,宁波正逐步成为连接江苏、上海的重要枢纽城市。

宁波—舟山港海域处于中国东南沿海、长江入海处,紧挨"长江经济带"与我国南北海岸线运输通道的交叉口,紧靠亚太国际航道,水域向外直接面向东南亚、东盟、日、韩及环太平洋区域,与釜山、大阪、神户、香港、高雄等各大港口的国际航线均在 1000 海里之内,距大洋洲、美洲、东非等地港口 5000 海里之

内,是远洋航线的理想中转地;向内连接我国沿海各个港口,北面距离上海港130海里、青岛港433海里、秦皇岛683海里,南面距离厦门476海里、广州港824海里,货物通过江海联运直达重庆、武汉等内陆城市,并联接着京杭运河、长江,覆盖了整个华东地区及长江流域,是我国由沿海转向南美洲、大洋洲、美洲等远洋港口的理想集散地。因此,宁波—舟山港具有极佳的区域优势,处于"21世纪海上丝绸之路"重要的地理位置,为发展沿海、近洋与远洋运输等海上运输提供了得天独厚的优越条件。

2. 港口经营能力

打造港口经济圈需具备两个前提条件:一是国际深水枢纽港,只有深水枢纽港才有能力将国内外的支线港、喂给港纳入自身范围,喂给港、支线港只能接受深水枢纽港的辐射。二是国际远洋干线港,只有干线港才具备实现港口对外两个扇面辐射的能力,从而不断拓展港口的圈层结构。宁波—舟山港是我国沿海四大深水枢纽港之一,也是集装箱远洋干线港,岸线资源丰富,航运条件优越,常年不冻不淤,主要进出港航道的水深均达22.5米以上,30万吨级的船舶可随时进出,40万吨级船舶可待潮出入,是目前我国能够进出10万吨级以上巨轮最多的港口。宁波—舟山港现拥有生产性泊位624座,其中万吨级以上大型泊位160余座,5万吨级以上的大型深水泊位有近90座。

当前,宁波—舟山港已经进入第三代港口发展阶段,并朝着第四代港口发展。港口功能日益完善,正在积极打造以港口为核心的物流链,港口的柔性化组织、信息化进程加速,港航服务、金融保险、海事服务等高端产业基本形成,对区域经济的贡献度逐步提升。宁波—舟山港域目前拥有功能齐全的集装箱操作场站,可以提供拆集装箱堆存、修洗、中转等业务,满足客户多样化的需求。

宁波—舟山港还承担着长江经济带近一半的铁矿石和九成以上的油品中转量,约1/3的国际集装箱输运量,全国约2/5的油品、约1/3的铁矿石、约1/5的煤炭储备量,是我国最重要的大宗商品储运基地之一。宁波、舟山大宗商品交易中心的交易品种不断丰富,2015年交易总额超过2万亿元。

3. 经济外向度

宁波是我国最早开放的14个沿海城市之一,具有开放的经贸合作优势和浙江省最为齐全的对外开放功能区,出口导向型产业发达,2015年有进出口实绩企业15587家,与宁波有直接贸易往来的国家和地区218个,宁波的出口依存度超过70%。2015年,宁波口岸贸易总额达到1936.4亿美元,外贸自营进出口总额达到1004.7亿美元,在我国36个省、市、自治区、计划单列市中排位第十,其中与"一带一路"沿线国家的进出口总额实现251.4亿美元,并与45个"一带一路"沿线国家城市缔结为友好城市。宁波先后召开过中国—中东欧国家部长级会议、APEC高官会、中国—中东欧国家投资贸易博览会等重大国际性会议,同时还举办了国际港口文化节、海洽会、浙洽会、中东欧商品展,拥有亚洲太平洋经济合作组织港口服务网络为代表的港口合作平台,在教育、人才、科技、文化等领域与其他城市的交流合作不断深化。

在投资方面,2013年宁波全市实际利用外资首次突破30亿美元,2015年实际利用外资达42.34亿美元。在对外投资方面,宁波主动推行企业"走出去"战略,企业在境外营销网络建设、投资开发、跨国并购等领域中投资活跃。2015年,宁波市完成对外投资总额25.1亿美元。

4. 现代产业体系

(1)产业基础雄厚,临港工业发达

宁波是长江三角洲地区中心城市和先进制造业基地。根据《宁波市统计年鉴》,1991—2015年,宁波市生产总值的平均增长百分比为13.628%,宁波的第一、二、三产业增加值年均增长率分别为4.24%、14.39%和14.64%,均高于全国平均水平。2015年,宁波实现地区生产总值8003.61亿元,其中第二、三产业增加值为4098.22亿元和3620.71亿元,三次产业之比为3.6∶51.2∶45.2。目前,宁波已形成临港工业为基础、新兴产业和现代服务业为支撑的现代产业体系。

(2)物流产业发展迅速

近年来,宁波物流产业得到较快发展,目前是全国物流节点城市和长江三角洲地区物流中心城市,已经形成了以港口物流为主,航空物流、专业物流、制造业物流、城乡配送物流等为配套的发展格局,物流产业增加值占城市GDP的比重连年超过10%。目前宁波拥有超过4000家物流公司,分布在物流产业链中的报关、运输、储存、包装、装卸、搬运、分销、配送、结算、信息处理等环节。

(二)宁波港口经济圈通道建设现状

1.集装箱运输通道

2014 年,宁波港集装箱航线优化调整,同时开通了东盟、南亚、西亚等经济板块的"21 世纪海上丝绸之路"新集装箱航线,全年撤销航线 18 条、新开航线 11 条。截至 2016 年年初,宁波—舟山港已与全球 180 多个国家和地区,600 多个港口通航,全港航线达到 236 条,远洋干线达 130 条。2010—2014 年集装箱航线情况见表 1。

表 1   2010—2014 年集装箱航线数量

年份	国际航线(条)	内支线(条)	内贸线(条)	总航线(条)
2010	176	20	32	228
2011	184	20	32	236
2012	183	20	32	235
2013	183	20	32	235
2014	175	21	32	228

数据来源:宁波—舟山港集团官网。

2015 年,宁波—舟山港通往"古代丝绸之路"目的地之一的东南亚国家的航线也增加到 22 条,覆盖新加坡、马来西亚、越南、泰国、菲律宾、缅甸、印度尼西亚、柬埔寨等主要国家和地区;通往俄罗斯、巴西、印度、南非等金砖国家的航线增加到 19 条,通往欧美发达国家的航线增加到 56 条(见表 2)。

表 2   宁波主要国际航线及其目的港

航线	目的港
美加线	巴斯特尔、巴塞罗那、巴伯顿、巴尔的摩、巴尔博亚、奥斯汀、亚特兰大、阿森斯、阿波达卡、安提瓜、亚历山德里亚、安圭拉、阿克伦、阿马蒂特兰、阿尔塔米拉、阿卡普尔科、阿拉胡埃拉、阿尔伯克基、阿瓜斯卡连特斯
非洲线	卡萨布兰卡、开普敦、卡拉巴尔、卡宾达、布拉瓦约、布卡武、博马、博博迪乌拉索、布隆方丹、布兰太尔、比绍、贝拉、阿克拉、巴塔、班珠尔、安齐拉纳纳、安塔那那利佛、阿帕帕、安哥拉、阿加迪尔
中东印巴线	哥印拜陀、科钦、吉大港、清奈、加尔各答、布达佩斯、巴士拉、巴罗达、班加罗尔、阿巴斯港、巴林、奥兰加巴德、阿拉克、艾恩、阿治曼、阿瓦士、阿哈迈达巴德、阿格拉、亚丁、阿布扎比

航线	目的港
中南美线	科罗内尔、科林托、科金博、康塞普西翁、科恰班巴、钦博特、赛克西亚多索、卡塔马卡、贝伦、卡塔赫纳、卡诺阿斯、卡亚俄、伯利兹城、布宜诺斯艾利斯、布埃纳文图拉、巴兰基利亚、阿里卡、亚松森、安托法加斯塔、阿纳波利斯
欧地线	阿姆巴利、亚眠、阿尔梅里亚、阿利坎特、阿尔及尔、阿尔赫西拉斯、亚历山德里亚、奥尔德肖特、阿尔巴塞特、奥胡斯、阿格里真托、阿代比耶、阿伯丁郡、奥尔胡斯、奥勒松、奥尔堡、阿赫、亚琛
日韩线	伊予三岛、伊予、岩国、石狩、八户、仁川、滨田、伊万里、千叶、今治、细岛、日立市、广岛、姬路、涵馆、伯方、福冈、福山、釜山、秋田
澳洲线	戈尔、格拉德斯通、乔治镇、富纳富提、佛里曼特尔、达尼丁、德比、达尔文、科罗纳、克赖斯特彻奇、伯尼、布里斯班、布拉夫、布伦海姆、贝尔贝、奥克兰、阿皮亚、阿洛陶、亚历山德拉、艾图塔基
红海线	苏科纳、荷台达、苏伊士、阿达比亚、苏丹港、塞德港、木卡拉、阿什杜德、马萨瓦、约旦、吉达、吉布提、达米埃塔、达曼、开罗、伯贝拉、亚客巴、安曼、亚喀巴、艾因苏赫纳
近洋线	胡志明市、河内、巴淡岛、关岛、海防、乔治敦、帝力、岘港、达沃、赤色、宿务、卡加延德奥罗、加的斯、民都鲁、伯诺阿、八打雁、巴淡、马辰、曼谷、万隆

数据来源:宁波—舟山港集团官网。

2015 年,宁波—舟山港累计完成货物吞吐量 8.89 亿吨,连续四年排名世界货物吞吐量第一大港,集装箱吞吐量达 2063 万 TEU,成为全球年集装箱吞吐量超 2000 万 TEU 的第五个大港,世界排名跃居第四位。2016 年 12 月 27 日,宁波—舟山港官网发布新闻称,宁波—舟山港年货物吞吐量已于 12 月 19 日突破了 9 亿吨,成为全世界唯一的"9 亿吨"级的大港口(见表 3)。

表 3　2006—2016 年宁波—舟山港货物吞吐量和集装箱吞吐量

运输量	2006 年	2007 年	2008 年	2009 年	2010 年	2011 年	2012 年	2013 年	2014 年	2015 年	2016 年
货物吞吐量（亿吨）	4.24	4.73	5.20	5.77	6.33	6.94	7.44	8.10	8.73	8.89	9.00
集装箱吞吐量（万 TEU）	714	943	1093	1050	1315	1418	1617	1735	1945	2063	2330

数据来源:宁波—舟山港集团官网。

2.港口集疏运体系

港口经济圈虽然以所在城市为主要依托,但是物流中心的地位可以使其辐射范围超过所在的城市,便利的集疏运网络可以使其功能向周边区域辐射与扩张。同时,周围区域的经济发展和产业提升也会借助港口集疏运通道与港口经济圈城市紧密连接。港口集疏运网络是由铁路、公路、水路等方式的交通线路和水路等方式的交通线路和枢纽通过彼此协作、相互补充、紧密合作所组成的。宁波港是典型的腹地型港口,集疏运体系建设尤其重要。

近年来,宁波—舟山港集疏运体系逐步完善,高速铁路、铁路等多种运输方式可直达港区,现已形成以"一环六射"高速公路网为骨架,公路、铁路、水路、航空、管道等方式共同组成的海、陆、空立体式对外集疏运交通网络结构。往北,通过杭州湾跨海大桥等与上海、江苏南部等地便捷连接;往西,形成了杭甬高速、杭甬运河500吨级航道、萧甬铁路等连接国家铁路网、高速公路网以及长江、京杭大运河沿线地区;往南,通过甬台温铁路、沈海高速公路、甬台温沿海高速等连接台州、温州以及福建等地区;往西南,通过甬金高速连接沪昆高速等公路设施,连接金华、湖南、江西等内陆地区;往东,通过甬舟跨海大桥连接宁波与舟山,促进了宁波—舟山港一体化发展。

3. 铁路运输通道

宁波目前的对外铁路通道由甬金铁路、甬台温铁路、萧甬铁路和杭州湾跨海大桥铁路等组成。区域内的铁路通道在现有的北仑支线、洪镇支线、余慈支线基础上,规划华峙港区专用线、北仑支线复线、穿山北港区、大榭岛以及宁波市象山支线、化工区支线,预留梅山支线及舟山支线。宁波市区铁路环线形成之后,北环主要行驶货运列车,南环主要行驶客运列车。

2016年12月,一列35节车皮约70个集装箱的火车从西藏拉萨市西货运站驶出,一周以后,这列火车在宁波—舟山港卸车,通过船舶、高速公路等方式配送到各个需求点,这次业务标志着宁波—舟山港的铁路服务已经延伸至西藏自治区。

2014年8月,宁波铁路货运北站正式开通,是目前华东地区规模最大、设施最完善的一个铁路货运站。总占地面积近1200亩,拥有仓库7座、货物平台2座;笨重货物作业区总面积约5.66万平方米;集装箱堆场总面积5.66万平方米;各种装卸机械设备61台。海关监管场地达10000平方米,监管仓约1500平方米,能很好地满足出口货物仓储、通关、转关、装卸车等一体化作业服务。货运场站主要由庄桥货场、邱隘货场、郎隘货场三个综合性货运场以及大碶集装箱中心站组成。宁波货运北站的地理优势不言而喻：首先，它与宁波—舟山港对接，是港口通往内地的"海铁联运"重要载体；其次，机场高架北延连接着绕城高速公路，机场高架南侧可快速到达机场，实现了海、陆、空、铁四个方位的运输格局。同时，货运北站北侧的电商物流中心，是宁波市重要的货物集散枢纽。宁波市的货物可以通过铁路输送向全国各地，使宁波—舟山港的优势地位更加显现。

铁路宁波站始建于1959年，目前是杭甬客运专线、萧甬铁路的终点和甬台温铁路的起点。铁路宁波站是宁波史上最大、功能最全的交通综合枢纽。宁波站的投入使用使宁波成为全国50个铁路枢纽城市之一和国家级综合运输示范试点城市。

2015年，宁波实现铁路客运量14229万人次，铁路货运量42083万吨（见表4）。

表4   2006—2015年宁波铁路客运量、货运量

宁波市铁路运输能力	2006年	2007年	2008年	2009年	2010年	2011年	2012年	2013年	2014年	2015年
客运量（万人次）	29146	30693	32250	33791	33911	28745	28053	24793	16508	14229
货运量（万吨）	22238	24363	27508	29028	30553	34385	32616	35409	40407	42083

数据来源：《宁波市统计年鉴（2017）》。

4.公路运输通道

公路主要承担宁波—舟山港与直接腹地的集装箱和部分散杂货的集疏运服务，是港口陆路集疏运的主要方式。2015年，宁波市实现公路货运量22906万吨，公路客运量9430万人次。公路旅客周转量达到649976万人千米，公路货物周转量达到3677986万吨千米，公路货运经营业户超过5万家，营运性公路运输工具拥有量达到77773辆（见表5）。

表 5　宁波 1995—2015 年公路客运量、货运量、旅客周转量、货物周转量

年份	公路客运量 （万人次）	公路货运量 （万吨）	公路旅客周转量 （万人千米）	公路货物周转量 （万吨千米）
1995	18870	7843	685120	495929
1996	20432	8509	721653	523495
1997	21101	8642	740381	533382
1998	21199	8195	741848	491380
1999	21734	8154	764287	481555
2000	22255	8219	794858	482518
2001	22700	8300	818704	492170
2002	23160	8630	867830	521700
2003	24320	9070	919900	553005
2004	26510	9890	990870	608310
2005	27570	10480	1040410	644800
2006	28120	11725	1058100	719114
2007	29541	12889	1211162	812007
2008	30130	13550	1232691	856713
2009	31545	15594	1242710	1351300
2010	32340	16220	130600	2465250
2011	25960	15280	1382100	2815110
2012	26285	16570	1430930	3025860
2013	22850	17790	1242030	3254460
2014	12144	21918	779567	3355532
2015	9430	22906	649976	3677986

数据来源：《宁波市统计年鉴 2017》。

　　宁波市公路网络体系日趋完善，目前已形成以高速公路为主脉，国道省道为支撑，县乡公路为脉络的公路网络。截至 2015 年年底，宁波市公路总里程达到 11183 千米，高速公路通车里程近 500 千米，合计占规划里程的约 65％，密度达 510 千米/平方千米（见图 1）。除西藏外，宁波至全国所有地级市及以

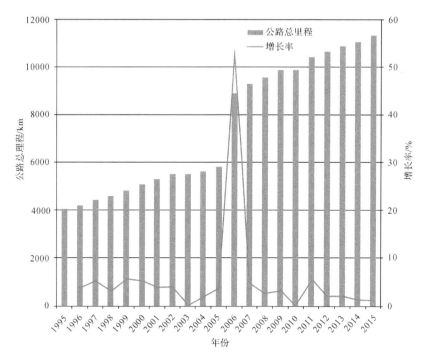

图1 1995—2015年宁波市公路总里程

上城市均已开通公路快运线路,仅长江经济带 11 省市公路干线运输线路达到 100 条。

宁波市域内公路网络布局为三个层次。第一层次:以宁波北仑港为起点, 以宁波市中心城区为中心形成了"一环六射"的高速公路骨架网络。"一环"即 指环城公路,"六射"是杭甬高速公路、甬金高速公路、同三国道主干线、甬台温 复线(云龙—象山)、宁波杭州湾跨海大桥及连接线、甬舟高速公路(北仑接 线)。同时还配置有高速公路支线、辅助线和连接线,包括杭州湾跨海大桥余 慈连接线、甬舟高速公路复线——镇海接线、甬杭复线、石浦连接线、大碶疏港 高速公路及穿山疏港高速公路等。第二层次:由沿海南线公路、沿海中线公 路、各县(市)与高速公路的连接线、陆岛交通工程以及现有国省道干线组成的 二级以上公路网。第三层次为县乡域公路。

5.多式联运通道

(1)海铁联运

宁波的海铁联运业务在国内起步相对较晚,开始于2009年,但发展很快,现已经成为我国南方海铁联运第一大港。宁波—舟山港具有发展海铁联运的优势,铁路直通宁波—舟山港主要港区,并通过甬台温铁路、萧甬与全国铁路网相连接。宁波—华东地区水铁联运是国家集装箱海铁联运物联网应用示范工程项目,宁波港已经列为全国6个集装箱海铁联运示范通道之一。近年来,宁波—舟山港以建设无水港为抓手,加快布局海铁联运集疏运网络,积极拓展以宁波—舟山港为核心,连接各国的物流通道,积极带动宁波与"一带一路"沿线地区的贸易发展,扩大了业务覆盖面,实现了箱量快速增长。

为加快对接"丝绸之路经济带",2014年年初开通了宁波—新疆海铁联运业务,基本保持1班/周以上的频率,2014年发往中亚、中欧班列集装箱共计4131车,全年完成运输量1.66万TEU。2015年1月,首批集装箱从宁波港起运后经营口转关至满洲里出境,成功拓展了东北方向的海铁联运出口通道。2015年1月,首班宁波—合肥的集装箱海铁联运班列开行,这使宁波—舟山港在对接"丝绸之路经济带"上拥有了合肥这个中转站,也让合肥拥有了对接"21世纪海上丝绸之路"的新通道。

截至2017年1月,宁波—舟山港的海铁联运系统已延伸到国内26个地级市。海铁联运通道布局主要包括北方、西北方向、西方、西南方向四条线路。在北方,宁波—辽宁营口港—满洲里口岸—俄罗斯等"一带一路"北翼沿线国,进出口货物自宁波—舟山港运往辽宁营口港,再从营口港换装铁路运输途经满洲里口岸至俄罗斯等国家;在西北方向,宁波—杭州—合肥通道,包括萧甬、宣杭、淮南铁路,承担宁波至杭州、安徽及以远地区海铁联运任务;在西方,宁波—杭州—南昌—九江—武汉,承担宁波与江西、湖北等华中及西南地区的海铁联运任务;在西南方向,甬金铁路2016年开工,承担宁波与温州、台州、金华、义乌等地的海铁联运任务。

2009年,宁波—舟山港首次开通海铁联运业务,当年累计完成1690TEU,至2016年已增长到25万TEU,年均增长率高达105%。海铁联运集装箱量占全港集装箱量的比重,由2009年的0.02%提高到了2016年的1.2%,增长约 60 倍。8 年间,宁波—舟山港集装箱海铁联运累计完成 79.7 万 TEU。

随着甬金铁路和穿山港区支线铁路的开建,宁波—舟山港海铁联运业务将会缓解运输通道和铁路进港"最后一公里"压力。按照海铁联运发展规划,截至 2020 年,宁波—舟山港计划年集装箱海铁联运量突破 50 万 TEU;到 2030 年,超过 200 万 TEU(见表 6)。

表 6　2009—2016 年宁波海铁联运运输量

运输量		2009 年	2010 年	2011 年	2012 年	2013 年	2014 年	2015 年	2016 年
集装箱海铁联运	箱量(万 TEU)	0.17	2.8	4.67	5.95	10.5	13.5	17.1	25
	同比增长率(%)	—	1547	65.9	27.5	77	28.3	26.2	46.6
班列线路(条)		0	1	2	3	5	7	13	—
开通海铁联运城市数量		—			14	17	20	20	26

数据来源:宁波—舟山港官网。

(2)江海联运及水水中转通道

江海联运,是指货物不经过其他运输工具的中转,直接由同一艘轮船完成江河与海洋运输的全程运输方式。江海联运打通了内河运输和海洋运输两个独立的体系,把港口的效应扩大到长江流域。同时,江海联运能够降低中转费用、减少货物损坏、缩短运营周期,对长江乃至全国经济贸易有着积极影响。

宁波—舟山港是长江经济带的重要出海通道。近年来,长江流域和沿海城市的江海联运的需求伴随着经济增长而不断增加。目前,长江累计完成的货物周转量已达到长江流域总量,货物对水路运输的依赖度不断增加。

2009 年,宁波—舟山港投资建设了苏州太仓武港码头,这是宁波—舟山港的第一个大型的专业化矿石中转码头。此后,在苏州、南京等城市先后建成了 20 万吨级散货码头,并与长江沿岸多地港口建立合作关系,宁波—舟山港"挺进长江"的进程不断推进。

目前,宁波—舟山港负责了很大部分沿海港口和长江沿线大宗货物"海进江"业务,主要包括金属矿石、煤炭、原油、液化气、液体化工以及集装箱等货物的水水中转、江海中转运输服务。2014 年,宁波港集装箱水水中转量达到

345.8 万 TEU,约占 18.5％;大宗散货水水中转量 5108.6 万吨,约占 1/5。2014 年沿海及长江沿线港口内支线、内贸线分别达到 21 条和 32 条,完成运输量 83.36 万 TEU 和 221.3 万 TEU。

2015 年,宁波—舟山港完成江海联运总量累计超过 2 亿吨,"海进江"货物吞吐量 1.7 亿吨。

6.管道运输

管道运输与其他运输方式对比,有一个最大的不同之处:管道既是运输通道,也是运输工具。管道具有安全、环保、高效和运价低等特点,作为城市交通运输的重要补充方式,已经发挥越来越重要的作用。

宁波—舟山港目前具备管道运输优势。管道已经形成了甬沪宁进口原油管道、甬绍金衢成品油管道、甬台温成品油管线、甬台温天然气输气管道、甬杭天然气管道为主体的管道网络。甬沪宁进口原油管道主要为镇海、南京扬子石化的原油及成品油和液化气等提供运输服务,2014 年运量达 1500 万吨。

三、宁波港口经济圈通道建设问题分析

(一)港口集疏运结构失调

以港口货物运输为例。2015 年,宁波年货运量为 42083.2 万吨,铁路运输 2395 万吨,仅占货物总量的 5.69％;公路运输 22906 万吨,约占货物总量的 54.43％;水水中转 16770.5 万吨,约占 39.85％。宁波铁路集疏运比例,远低于国际先进港口 10％～20％的比例。在 1.8 万 TEU 及以上超大型船舶加快投入使用后,以公路为主力军的传统集疏运方式将面临效率低(大进小出、快进慢出)、成本高、土地和资金保障困难、对城市干扰和环境污染等问题的严重制约,使其更加难以持续。

(二)多式联运效率低

宁波—舟山港的海铁、海公、公铁等多式联运尚未有效衔接。一方面,服务于海铁、海公、公铁等多式联运的专业化作业区及衍生的多式联运集散中心发展缓慢。另一方面,海铁联运涉及金融、法律、中介等服务业,而宁波在这些方面发展较为滞后,专门针对海铁联运的配套服务业也较为缺失。此外,宁波与铁路总公司之间尚未形成有效的联系,在铁路运输的运价定价方面缺乏支持,频繁的价格调整和较高的运费也是制约宁波港口经济圈海铁联运发展的因素之一。

(三)铁路通道布局有待进一步优化

在铁路方面,相比于国内其他港口城市,宁波的对外货运铁路线路只有萧甬铁路和甬台温铁路,对内仅有镇海、北仑支线,直接连接"长江经济带"中、上游以及中、西部地区的铁路货运大通道尚未形成,货物运输能力严重受限。萧甬铁路中萧山—浙赣—金华西段路途较长,速度较慢,海铁联运的便捷优势难以发挥。浙赣线也存在运能利用率饱和等问题;甬台温铁路目前以载客为主,货运能力尚未体现出来。此外,宁波铁路集装箱中心站尚未完成建设,辐射区域内少数铁路中心站尚不能办理铁路集装箱运输和中转手续,配套基础设施也较为落后。同时,宁波接驳陇海铁路干线的支线网络、城市铁路枢纽站与港区铁路和国家铁路网的对接均有待完善。

现阶段西向通过新疆往中亚并延伸到欧洲的交通通道,以及北向通过满洲里往俄罗斯至欧洲的交通通道基本实现常态化。而通往东盟地区的通道主要依赖于沪昆铁路。西向通道"甬新欧"的运行虽已常态化,基本保持每周一班,相对于"蓉欧快铁""渝新欧""郑新欧"而言班列数还存在差距,"甬新欧"班列单纯依赖宁波的集货能力出口欧洲的货源量有限,导致总体上"甬新欧"班列的频率不高,也直接影响了"甬新欧"通道的服务能力和水平。北向通道需要经海运至营口转关,运行时间长。一则营口距宁波路程远,二则海运所需时间较长,通过海运从宁波至营口需要 6 天,营口至满洲里需 24 小时。另外,宁波至东盟通道仍未开通。

(四)公路运输货运场站布局不合理

宁波现有货运场站布局存在散、小、乱的问题,对城区干扰大,多式联运和无缝隙衔接难以实现。物流服务功能简单,服务能力和服务效率低下,配套设施不完善,亟须进行布局优化和资源整合。此外,宁波尚未形成集各种运输方式于一体的综合枢纽货运场站,多式联运体系尚未构筑,致使物流成本高,物流效率低。公路方面,对接长江经济带龙头城市上海的综合立体交通走廊还需进一步加强,需要强化上海港、宁波—舟山港"两只龙眼"的互联互通。

(五)信息平台建设滞后

提高多式国际联运通道运输效率,不仅需要国内、外铁路间的信息互通,也需要与港口、海关、口岸以及其他物流企业的信息衔接和沟通。目前,国际联运通道中各国铁路部门和各段运输代理人分别提供相关信息,物联网基础设施建设与应用尚局限于部门、企业内部,缺乏信息共享机制。虽然中国铁路公司已建立调度指挥管理信息系统(DMIS)和铁路运输管理信息系统(TMIS)信息系统,但二者作为内部使用系统,没有为港口、检验检疫、海关等部门留有接口。国际港航企业广泛使用的电子数据交换(EDI)数据传输转换在我国多式联运中尚处于推广阶段,铁路信息尚不能接收 EDI 的操作。铁路货代企业通常要采用站站把守的方式跟踪运行信息。相比于物流业其他领域的信息化建设,多式联运信息化近乎空白,投入运行并产生效果的极少。此外,多式联运信息服务的标准、接口尚缺统一,综合信息服务平台功能难以充分发挥。此外,据统计,目前货物在海关(口岸)的平均滞留时间占全程运输时间的 1/3 左右,在口岸滞留的时间中,由于单证、海关查验等原因占六成,运力衔接等原因占四成。经济带沿线中心城市资源缺乏,区域物流运作通行化、便利化尚未实现。

四、港口通道建设与区域经济发展的动态关联机制分析

港口城市的通道布局是一种特殊形态下的综合物流体系,同时也是完成整个供应链中基本的物流服务和衍生的增值服务过程中不可替代的一个重要环节。港口通道水平和港口物流能力的提高能够产生区域经济增长效应、产业集聚效应、就业拉动效应和贸易竞争效应,从而形成新的增长极。

（一）研究假设

1.研究假设

港口物流通道能力（选取代表指标：港口集装箱量和城市公路总里程）的提高有利于促进区域经济的发展，即港口物流能力与经济发展正相关。

2.指标选取与模型设定

关于港口通道能力与社会经济发展之间的关系，目前国内外尚未形成系统的计量模型与方法体系，要探求二者之间的关系，需选取具有代表性的指标。

本文参考其他学者选取的指标，同时考虑数据的代表性和可得性，采用宁波港集装箱吞吐量（JZX）和宁波市公路总里程（GL）对港口经济圈通道水平进行衡量。本研究在分析时选取的城市经济发展指标为：

（1）城市 GDP。即城市生产总值，是反映城市发展与判断宏观经济运行状况的综合指标，其可比性和权威性已被广泛认可，本文选取宁波市 GDP 作为衡量宁波经济发展的量化指标之一。

（2）社会就业人数（SE）。就业促使劳动力与生产资料相结合，是国民经济发展的重要推动力。奥肯定律（Okun's law）指出了经济增长与自然失业率之间的关系，该定律同样可以证明，就业增加可以带来国民经济增长。本文选取宁波市社会就业人数作为衡量宁波经济发展的第二个量化指标。

（3）口岸进出口额（PIEV）。进出口贸易是"经济增长的发动机"，宁波是一个开放型经济占主导的城市，口岸进出口总额对衡量宁波港口经济圈经济发展水平具有重要的参考意义。本文选取宁波港口岸进出口总额作为衡量宁波经济发展的第三个量化指标。

2015 年 9 月，宁波—舟山港实现了以资产为纽带的实质性一体化，此后港口相关数据由宁波—舟山港联合统计。为方便研究，本文选取宁波市和宁波港以上指标的 1995—2015 年共计 21 年数据。数据来源于历年宁波市和宁波港统计年鉴、宁波—舟山港集团官网和宁波航运交易所官网等，数据处理采用 Eviews9.0 统计软件。

(二)实证分析

1.单位根检验

在对时间序列进行分析时,通常首先要进行单位根检验。单位根检验在金融和经济等领域的理论研究和实际运用中有广泛的应用,同时也是协整分析和模型建立的基础。对时间序列做单位根检验,可避免回归分析中存在变量间伪回归问题。目前最流行的单位根检验法主要有三种:DF 检验、PP 检验和 ADF 检验。本文采用 ADF 检验法对以上五组时间序列进行平稳性检验。由于城市 GDP 数量级较大,对 GDP 取自然对数 lnGDP,同时可削弱变量的序列的异方差性。

(1)首先对 lnGDP 序列进行 ADF 检验。

在用 ADF 进行单位根检验前,通过画出 lnGDP 的图形来判断是否含有常数项、时间趋势项,结果见图 2。

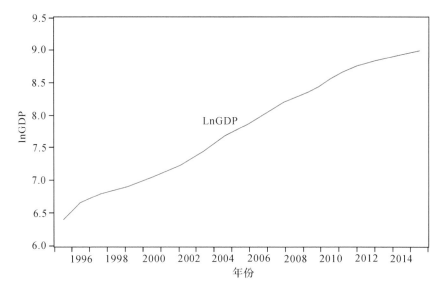

图 2　1995—2015 年宁波市 lnGDP 序列图

从图 2 可见,lnGDP 序列含有线性趋势,选择既有常数项也有趋势项的形式,滞后期的选择采用 SIC 标准,结果见表 7。

表 7 lnGDP 的 ADF 检验结果

		t 值	P 值
ADF 统计值		−1.349	0.582
临界值	1% level	−3.887	
	5% level	−3.052	
	10% level	−2.667	

检验结果均显示,lnGDP 序列在 10% 的显著性水平下仍然接受原假设,因此认为 lnGDP 序列是一个非平稳的时间序列。接着对 lnGDP 的一阶差分序列 D(lnGDP)进行单位根检验,选择包含常数项,不含趋势项的形式。ADF 检验结果见表 8。

表 8 D(lnGDP)序列的 ADF 检验结果

		t 值	P 值
ADF 统计值		−3.256	0.032
临界值	1% level	−3.832	
	5% level	−3.030	
	10% level	−2.655	

表 8 检验结果显示,一阶差分 D(lnGDP)序列在 5% 的显著性水平下拒绝原假设,接受 D(lnGDP)序列是平稳序列的结论。因此 lnGDP～I(1),即 lnGDP 是一阶单整时间序列。

(2)基于同样的方法,分别对 SE、PIEV、JZX、GL 序列进行单位根检验,结果如下。

表 9 SE、PIEV、JZX、GL 序列的 ADF 检验结果

序列	(C,T,K)	DF 统计量	DF 临界值	P 值	结论
SE	(1,1,4)	−3.629	−3.277*	0.054	平稳
PIEV	(1,1,4)	−2.243	−3.269*	0.443	不平稳
JZX	(1,1,4)	−2.216	−3.269*	0.456	不平稳
GL	(1,1,4)	−2.056	−3.269*	0.537	不平稳

序列	C,T,K)	DF 统计量	DF 临界值	P 值	结论
D(SE)	(1,0,4)	-3.207	-3.030^{**}	0.0355	平稳
D(PIEV)	(1,0,4)	-3.831	-3.030^{**}	0.010	平稳
D(JZX)	(1,1,4)	-4.224	-3.674^{**}	0.018	平稳
D(GL)	(1,0,4)	-4.085	-3.832^{***}	0.059	平稳

注：D(SE)表示 SE 序列的一阶差分；C＝1 代表包含常数项，C＝0 代表不包含；T＝1 代表包含趋势项，T＝0 代表不包含；K 代表滞后阶数，滞后期 K 的选择采用 SIC 标准；＊、＊＊、＊＊＊分别代表 10％、5％、1％的显著水平。

从表 9 可见，变量 PIEV、JZX、GL 的原数据均不能拒绝原假设，所以接受序列存在单位根的假设，表现出不平稳性。SE 序列不含单位根，为平稳序列。对原数据进行一阶差分后，四个序列都表现出平稳性。其中，D（SE）、D（PIEV）、D（JZX）在 5％显著水平下呈现平稳性，D（GL）在 1％显著水平下显现平稳性。

这样，五组时间序列都表现为平稳的一阶单整序列 I(1)，我们可以进行接下来检验。

2. E-G 两步协整检验法

恩格尔（Engel）和格兰杰（Granger）于 1987 年提出了著名的两步协整检验法，用来分析非平稳序列间的长期关系。该理论为宏观经济规律提供了有力的理论共建和数学模型，其基本思想是：如果两组时间序列是均是非平稳的，但是它们之间存在一种稳定的线性组合，则可以认为它们之间存在长期的稳定关系。协整关系可以检验几个时间序列在长远来看是否具有均衡关系，这是建立和检验模型的基本出发点。本文所选取的数据时间跨度为 21 年，如果短期内序列间因为存在随机干扰而产生偏离，最终也会随着时间的推进回到均衡状态。本文采用 E-G 两步协整检验法。

（1）首先检验 JZX 和 lnGDP 之间的协整关系。

建立回归方程：$lnGDP_t = \beta_0 + \beta_1 JZX_t = \mu_t$

估计后得到：

$lnGDP_t = 6.921 + 0.0012 JZX_t + \hat{\mu}_t$

由回归方程估计结果可得残差项为：

$$\hat{\mu}_t = \ln GDP_t - 0.0012 JZX_t - 6.921$$

对残差 $\hat{\mu}_t$ 进行单位根检验，不含常数项和趋势项，滞后期数由 AIC、SIC 准则确定，结果见表 10。

表 10　残差项的 ADF 检验结果

		t 值	P 值
ADF 统计值		-2.587	0.0126
临界值	1% level	-2.686	
	5% level	-1.959	
	10% level	-1.607	

从表 10 可见，在 5% level 下拒绝了残差 $\hat{\mu}_t$ 序列存在单位根的假设，认为残差 $\hat{\mu}_t$ 序列不存在单位根，所以 $\hat{\mu}_t \sim I(0)$，即 $\hat{\mu}_t$ 为平稳的时间序列。这个结果说明了，1995—2015 年间，lnGDP 和 JZX 之间存在协整关系。协整方程为：

$$\ln GDP_t = 0.0012 \times HWT_t + 6.921 \tag{1}$$

$t: 17.156 Prob. = 0.000$

$ADj. R^2 = 0.936 F = 294.322$

从 lnGDP 和 JZX 协整方程可以得出结论：港口集装箱吞吐量（JZX）与经济增长（lnGDP）之间存在一种长期的、稳定的、正向的均衡关系，即港口集装箱吞吐量的增加可以促进 lnGDP 的增长，这与现实中港口集装箱量对经济发展有积极的促进作用的先验判断是一致的。

（2）基于同样的方法，分别对 JZX 与 SE、JZX 与 PIEV、GL 与 lnGDP、GL 与 SE、GL 与 PIEV 之间进行协整检验，结果见表 11。

表 11　协整关系检验结果

序列	协整残差 $\hat{\mu}_t$ 的 ADF 统计值	ADF 临界值	P 值	结论
JZX 与 SE	-2.658	-1.964**	0.0114	残差平稳
JZX 与 PIEV	-4.360	-2.708***	0.0002	残差平稳
GL 与 lnGPD	-2.878	-2.686***	0.0063	残差平稳
GL 与 SE	-2.382	-1.959**	0.0201	残差平稳
GL 与 PIEV	-2.983	-2.686***	0.0049	残差平稳

注：*、**、***分别代表 10%、5%、1%的显著性水平。

根据残差平稳,得出以下协整方程:

$$SE_t = 0.074 \times JZX_t + 374.21 \tag{2}$$

$$PIEV_t = 1.163 \times JZX_t + 41.531 \tag{3}$$

$$\ln GDP_t = 0.0003 \times GL_t + 5.560 \tag{4}$$

$$SE_t = 0.0175 \times GL_t + 297.40 \tag{5}$$

$$PIEV_t = 0.286 \times GL_t - 1238.52 \tag{6}$$

由方程(2)—(6)结果可得,JZX 与 lnGDP、SE、PIEV 之间,GL 与 lnGDP、SE、PIEV 之间均存在一种长期的、稳定的、正向的协整关系,即港口集装箱吞吐量(JZX)和公路总里程(GL)的增加会带来城市 GDP、社会就业(SE)、口岸进出口总额(PIEV)的增长,并且这种关系是长期的。同时我们可以看到,港口集装箱量、公路总里程的增加,不仅会带来 GDP 的直接增加,同时会通过促进社会就业、增加口岸贸易,间接促进社会经济的增长。这就是港口集装箱量(JZX)、公路总里程(GL)的增加对经济增长的直接贡献和间接贡献。

通过协整检验说明,港口集装箱量(JZX)、公路总里程(GL)与城市 GDP、社会就业和口岸贸易之间存在稳定、长期的均衡关系,但这种长期均衡的关系是否含有因果关系,以及因果关系的方向如何,尚需要进一步验证。本文通过格兰杰因果性关系检验对上述变量进行验证。

3. 格兰杰因果性检验

因果性关系指的是,变量与变量间存在互相依赖的关系。结果变量由原因变量引起,被解释变量随着解释变量的变化而变化。因果关系不同于相关关系,从回归关系式中并不能得知序列间是否包含着因果关系。格兰杰因果性检验主要看当前的能够在多大程度上被以前的所解释。

如果时间序列间存在协整关系,那么至少会有一个方向上的格兰杰因果关系存在。因此,在确定变量间的协整关系存在后,我们进一步用格兰杰因果性检验来分析港口集装箱量(JZX)、公路总里程(GL)与 lnGDP、社会就业(SE)、口岸进出口总额(PIEV)之间的因果关系。

由以上结果可知,lnGDP、SE、PIEV、JZX、GL 序列均为 I(1)序列,且 JZX 与 lnGDP、PIEV、SE 之间,GL 与 lnGDP、PIEV、SE 之间均存在协整关系,故可以直接对原序列进行格兰杰因果性检验。

(1)首先检验 lnGDP 与 JZX 之间的格兰杰因果关系

最优滞后期的选择。格兰杰因果性检验的是两组时间序列之间是否具有因果性关系,因此 AIC、SIC 值都是针对两组时间序列单独组成的内生模型而言的。要确定两组时间序列的最佳滞后期,就需要建立内生模型,然后找出 AIC 值和 SIC 值在不同滞后期下的最小值。结果如图 3 所示。

Lag	LogL	LR	FPE	AIC	SC	HQ
0	-102.9193	NA	4080.117	13.98924	14.08365	13.98823
1	-44.79044	93.00617	3.025979	6.772058	7.055279	6.769042
2	-42.35347	3.249292	3.887124	6.980463	7.452496	6.975434
3	-34.57320	8.298952	2.604415	6.476427	7.137274	6.469387
4	-26.43525	6.510365	1.861782	5.924699	6.774360	5.915649
5	-14.14055	6.557172	0.954332	4.818740	5.857213	4.807678
6	39.53313	14.31298*	0.003452*	-1.804417*	-0.577130*	-1.817490*

图 3　lnGDP 和 JZX 的 VAR 滞后阶选择准则

由图 3 可知,根据 AIC 准则和 SIC 准则,最优滞后期为 6。

运用 Eviews 9.0 软件的格兰杰因果性关系检验,结果见表 12。

表 12　lnGDP 与 JZX 的格兰杰检验结果

零假设:	Obs	F-Statistic	Prob.
JZX does not Granger Cause LNGDP	15	22.4834	0.0432
LNGDP does not Granger Cause JZX		44.415	0.0222

表 12 的结果验证了港口集装箱量(JZX)与 lnGDP 之间存在双向的格兰杰因果关系,即港口集装箱量(JZX)的变化会引起 lnGDP 的变化。同时,lnGDP 的变化也会引起 JZX 的变化。

(2)基于同样的方法,进一步用格兰杰因果性检验分析港口集装箱量(JZX)与社会就业(SE)、口岸进出口总额(PIEV)之间,公路总里程(GL)与 lnGDP、社会就业(SE)、口岸进出口总额(PIEV)之间的因果性关系。结果见表 13。

表 13　格兰杰因果性检验结果

原假设 H0	最优滞后期	F 值	P 值	结论
JZX does not Granger Cause SE	5	6.96	0.026	拒绝 H0
SE does not Granger Cause JZX	5	1.97	0.237	接受 H0
JZX does not Granger Cause PIEV	6	29.69	0.033	拒绝 H0
PIEV does not Granger Cause JZX	6	8.47	0.109	接受 H0
GL does not Granger Cause lnGDP	6	5.211	0.169	接受 H0
lnGDP does not Granger Cause GL	6	1.180	0.526	接受 H0
GL does not Granger Cause SE	5	5.396	0.044	拒绝 H0
SE does not Granger Cause GL	5	2.070	0.222	接受 H0
GL does not Granger Cause PIEV	6	255.782	0.0039	拒绝 H0
PIEV does not Granger Cause GL	6	1.7197	0.412	接受 H0

表 13 结果表明,港口集装箱量(JZX)与社会就业(SE)、口岸进出口总额(PIEV)存在单项的格兰杰因果关系,即港口集装箱量(JZX)的变化会单向引起社会就业(SE)、口岸进出口总额(PIEV)的变化,而社会就业(SE)、口岸进出口总额(PIEV)的变化不会引起 JZX 的变化。检验拒绝了公路总里程(GL)是 lnGDP 格兰杰原因的假设,但 P 值并不高,说明 GL 的发展对 lnGDP 有一定的作用,根据结果显示,我们有 83.1% 的概率说明公路总里程(GL)对 lnGDP 存在单项因果关系。公路总里程(GL)与社会就业(SE)、口岸进出口总额(PIEV)之间存在单向格兰杰因果关系,即公路总里程(GL)的变化会单向引起社会就业(SE)、口岸进出口总额(PIEV)的变化,而社会就业(SE)、口岸进出口总额(PIEV)的变化不会引起 GL 的变化。

五、结论与建议

(一)研究结论

宁波经济是港口依托型经济,港口在社会经济发展中发挥了非常重要的作用,港口通道能力对宁波港口经济圈经济发展的带动效应比较明显。从方程结构上来看,港口集装箱量、公路总里程对经济增长、社会就业、口岸贸易等产业发展效果显著,一定程度上反映了通道建设在港口经济圈经济发展的各个方面都具有带动作用。

通过对 1995—2015 年宁波港口集装箱吞吐量、公路总里程数与城市 GDP、社会就业、口岸贸易的实证分析可以看出,港口通道的发展与港口城市经济发展之间存在很大的关联度。一方面,港口通道的发展与宁波城市 GDP 之间存在正相关性,即通道建设对城市经济发展起到积极的推动作用,这与现实基础是相符合的,其原因可能是,港口通道的发展不仅可以提高经济运行的效率,同时还能为经济发展提供强大的保障,是港口城市和腹地城市经济发展中不可缺少的组成部分。另一方面,长期来看,港口集装箱量、公路总里程与社会就业和口岸贸易存在正相关关系,通道的发展还可以通过促进社会就业和增加口岸贸易额,间接带来了经济增长红利。其原因可能是,港口物流通道是一个具有显著关联性效应的复合型产业,能够促进新的增长极的形成,改善港口城市的投资环境,增加城市就业,从而对城市经济的发展起到积极的推动作用。

同时,通过协整方程可以看出,港口集装箱量、公路总里程与经济增长、社会就业和口岸贸易存在长期均衡关系。JZX、GL 的系数为正,说明这种均衡是正向关系。从系数上看,港口集装箱量(JZX)、公路总里程(GL)对 PIEV 的影响更为显著,JZX、GL 增加 1 单位可分别带来约 1.163 单位和 0.286 单位的 PIEV 增量,这与现实也是相符合的,即通道的发展的正向影响最先传导到相关性最大的进出口贸易。这也从侧面反映要增加口岸贸易,首先需要解决货物输送的问题。格兰杰因果性关系检验验证了变量间存在因果关系,认为未出现伪回归现象。

基于本书前文对宁波港口经济圈通道建设的问题分析,笔者认为,应加速建设宁波港口经济圈通道体系布局,并对存在问题进行整改。

(二)推进通道布局落地的对策建议

1.加快完善港口经济圈基础设施建设

（1）加大港口投资力度

继续加强完善港口经济圈基础设施的建设，包括硬件基础设施建设和软件基础设施建设。提高港口基础设施能力，改善港口基础设施和集疏运网络，提高港口的智慧化水平，加强港口技术改造等。

（2）优化铁路、公路通道布局

在铁路方面，应开通、完善甬金铁路，打通杭州湾跨海铁路通道。甬金铁路建设是宁波联通义乌、金华，辐射金华地区的必要通道，也有助于打造宁波—义乌—株洲—昆明—东盟通道，提高宁波与义乌、金华、衢州、上饶等现有海铁联运效率和降低成本。杭州湾跨海铁路建设是宁波连接苏州，辐射江苏地区的重要通道，也是打造宁波—苏州—满洲里—俄罗斯的"甬满俄"通道，以及联合运作"甬新欧"与"苏新欧"通道的关键一步。

在公路方面，应提升宁波区域高速公路主枢纽的地位，推进杭甬高速复线宁波段、宁波—舟山港六横公路大桥及接线（宁波段）、象山湾疏港高速（昆亭至塘溪段）、宁波石浦高速连接线、杭州湾跨海大桥杭甬高速连接线、杭州湾跨海大桥余慈连接线等高速公路建设及加快连通北仑港区、穿山港区、梅山港区、象山港区等主要港区的高速路网。同时，强化宁波与上海、苏州等地的互联互通。

（3）拓展无水港建设

加快铁路无水港建设，扩大铁路无水港辐射范围，完善铁路无水港口岸功能。重点建设宁波—义乌—株洲—昆明—东盟、宁波—杭州—合肥—武汉—新疆—欧洲、宁波—苏州—满洲里—欧洲等国际通道的主要节点城市，形成双向海铁联运模式。

2.优化运输服务体系

（1）促进信息互联互通

促进信息的互联互通的目的是以优质、专业的服务提高港口经济物流圈通道平台的运营管理水平和临港产业的生产效率。当前，应加快港口经济圈信息资源的整合,包括物流信息、产能信息、金融服务信息等,努力搭建承载信息资源的载体,并通过信息技术等手段,实现信息资源的共享和互联互通。以宁波—舟山港集装箱海铁联运物联网应用示范工程为突破口,统筹规划各类信息平台的建设,推动宁波—舟山港从"数字化港口"向"智慧港口"的升级。

(2)完善多式联运服务标准

以网络化交通基础设施为依托,以货运需求为导向,按照国家试点示范要求,加快推进综合运输体制机制创新,加强跨区域合作和联动,加快构建、推广统一的多式联运标准,加快运输、仓储、装卸等环节的标准化作业,减少不同运输方式衔接时的拆装箱率,实现货运无缝衔接。同时,规范江海联运船型标准,明确长江航道江海联运船舶适航范围,推进经认证的江海联运船舶可在指定区域内自由运输航行。

3.创新管理体制

(1)改善制度环境

政府部门应该做好相关配套服务措施,以宁波建设港口经济圈为契机,加大政策扶持力度,改善制度环境,创新政策机制,扫清机制与制度障碍,出台能够促进就业水平、提升临港工业发展和口岸进出口增长的配套措施。以高效率、功能全的管理机制为支撑,以机动的制度环境为保障,把宁波—舟山港打造成为具有较强全球资源要素配置能力的综合性国际港口。

(2)促进铁路运价市场化

探索以宁波—舟山港和铁路公司共同组建合资公司的模式运营宁波—舟山港海铁联运业务。探索实施内陆腹地城市货物经由宁波海铁联运运出的"启运站退税"政策。探索试行多方联合让利政策,与铁路运输公司和船公司通力协作给予运价下浮优惠,在培育期内引导船货代企业保本经营做大市场,与内陆地方政府协商按箱量给予补贴,或对于大型货主企业给予直接补贴。减免或补贴码头装卸费和短驳费;允许海铁联运出口重箱提前进入港区,并在一定期限内给予免收堆存费等优惠措施。

参考文献

[1] 王玉梅,丁俊新,孙海燕,杨小瑞,刘良忠.渤海海峡跨海通道对辽东、山东半岛城市物流联系的影响[J].经济地理,2016(12):104—111.

[2] 余浏.北海市海洋经济发展研究[J].合作经济与科技,2017(3):8—10.

[3] 唐为峰.宁波舟山港发展现状和前景分析[J].农村经济与科技,2016(13):169—171.

[4] 李正锋.江苏沿海港口物流与经济发展关系的协整分析——以连云港为例[J].科技与管理,2009(6):4—7.

[5] 龙建辉,贺向阳.港口投资、物流能力与经济增长——来自宁波市1985—2010年的时间序列证据[J].经济师,2012(4):212—213.

[6] 沈秦伟,韩增林,郭建科.港口物流与城市经济增长的关系研究——以大连为例[J].地理与地理信息科学,2013(1):69—73.

[7] 徐莹,董文娟.港口发展与区域经济发展关系研究——以宁波—舟山港为例[J].中外企业家,2016(4):87—92.

[8] 魏宁.时间序列分析方法研究及其在陕西省GDP预测中的应用[D].杨凌:西北农林科技大学,2010.

[9] 刘洋.基于"奥肯定律"的经济增长和就业研究[D].北京:北京交通大学,2015.

[10] 孟静.安徽省进出口贸易与经济增长互动关系研究[D].合肥:安徽大学,2014.

[11] 陈双金.时间序列单位根检验方法比较[D].成都:电子科技大学,2013.

[12] 孙长青.基于VAR模型的城镇化、工业化与金融发展关系分析——以中原经济区为例[J].经济经纬,2012(6):17—21.

[13] 樊祜广,蒋惠园,田小勇,沈航.港口物流与核心腹地经济发展关系的协整分析[J].武汉理工大学学报(交通科学与工程版),2012(3):537—540.

[14] 孔凡文,才旭,于淼.格兰杰因果关系检验模型分析与应用[J].沈阳建筑大学学报(自然科学版),2010(2):405—408.

"一带一路"背景下宁波港转型发展对策研究

龙力见

一、引言

当前,随着我国"一带一路"建设的深入推进,经济全球化的持续深入发展,全球许多国家,特别是"一带一路"沿线国家都处于经济转型发展的关键阶段。我国国家主席习近平在 2013 年出访中亚和东南亚国家期间,先后提出共建"丝绸之路经济带"和"21 世纪海上丝绸之路"(以下简称"一带一路"倡议)。同时,党的十九大报告也提出了要推动我国形成全方位对外开放新格局。"一带一路"建设实际上就是统筹国内国外两个大局,实现更高层级对外开放的重要路径。"一带一路"沿线国家多数是经济欠发达的发展中国家,总人口约 44 亿,占全球总人口的 63%,经济总量约 21 万亿美元,占全球经济总量的 29%,是世界上发展潜力最大的区域。"一带一路"建设对我国沿海港口建设与发展将产生重大影响,是沿海港口转型发展和对外开放的重要历史机遇。我国沿海港口需要紧密结合"一带一路"建设的需求,创新对外开放发展的新思路,积极对接"一带一路"沿线国家转型发展的具体方向与内容,促进新兴经济体之间港口发展的战略合作,打造服务国际经贸、人文合作的战略平台。

宁波港是我国古代海上丝绸之路的重要始发港之一,享有"活化石"的美誉,处于亚太地区战略要冲,在我国"一带一路"建设中具有重要的地位。"一带一路"建设既是统筹国内国外两个大局,促进全方位对外开放的重要抓手,也是推动宁波更深层次对外开放,提升宁波政治、经济、文化等全面发展的重要契机。尤其是习近平主席在"一带一路"国际高峰论坛上提出宁波等古港是

"活化石"的概念,凸显了宁波港口地位的重要性。但是,宁波港也存在着转型发展的问题,港口大而不强。宁波正在努力创建国家级"一带一路"建设综合试验区,这是从战略层面深度参与国家"一带一路"建设。宁波港需要从国际视野、国家思维、地方模式三维角度积极参与"一带一路"建设综合试验区的建设,借力推动宁波港由国际大港向国际强港转型,全面提升宁波港口经济圈的辐射带动作用以及加强港口与城市深度融合,使得宁波成为"一带一路"战略枢纽城市。

二、宁波港发展的现状以及主要问题分析

(一)宁波港转型发展现状

1. 港口综合实力不断增强

宁波港围绕"以港兴市、以市促港"发展战略得到了快速发展,由从前的区域性内河小港发展成为了现代化国际大港,港口竞争力不断提升。一是港口基础设施不断完善。截至 2016 年年底,宁波—舟山港共有生产性泊位 624 个,其中万吨级以上大型生产性泊位 150 余个,拥有 3 座设备配置最先进的 30 万吨级及以上原油码头,宁波—舟山港的航道可供 30 万吨级巨轮自由进出,40 万吨级以上的超级巨轮可候潮进出。宁波—舟山港年原油吞吐能力达 5200 万吨,拥有停靠目前世界上最大吨位的船舶的能力,是我国拥有大型和特大型深水泊位最多的港口,同时也是我国大型船舶挂靠最多的港口。二是港口码头服务高效。宁波港在工艺流程、员工队伍、集装箱业务操作等方面都处于国内外同级别港口的领先水平,顺畅高效的装卸效率不仅可有效减少在港费用,而且能为提升后续挂靠港的准班率创造条件,截至 2017 年年底,宁波—舟山港集装箱吞吐量达 2460.7 万 TEU,在我国港口排名第 3 位,世界港口排名第 4 位。

2. 国际影响力持续提升

宁波港依托天然良港优势,有着独特的区位优势,国际影响不断增强。一是区位条件优越。宁波港位于中国大陆海岸线的中段,是长三角和大运河的出海口、长江经济带和大陆沿海东部海岸线的交汇处、"海上丝绸之路"的始发

港之一,处在"一带一路"交汇处,具有连接东西、辐射南北、通江达海的区位优势,在我国新时代全方位对外开放格局当中具有非常重要的地位。同时与舟山群岛新区相邻,是浙江义甬开放大通道的关键地区,承担着联结世界的重要任务。向西通过"长江经济带"连接"一带一路"建设,达到辐射我国的中西部地区效果。凭借海铁联运实现我国中西部地区"借船出海"的目的,同时处于亚太要冲、太平洋西海岸中心位置,是国际运输的主要航道,交通区位条件极其优越。向东与"21世纪海上丝绸之路"沿线地区和国家互联互通。内联全国甚至欧亚大陆,外达世界100多个国家和地区、600多个港口,正力争成为"一带一路"海铁联运枢纽。二是航线覆盖全球。世界排名前20的船公司都在宁波有为其服务的分公司,他们开辟航线236条,其中远洋干线114条,占总航线的48.3%,同时以开发东盟、南亚、西亚等经济板块的"21世纪海上丝绸之路"新航线为发展思路,进一步扩大了航线范畴。宁波—舟山港2017年货物吞吐量达到10.1亿吨,连续9年排名世界第一,成为世界上第一个年货物吞吐量突破10亿吨的港口,为上海港货物吞吐量的1.4倍,相当于安特卫普、鹿特丹、汉堡三大欧洲主要港口的吞吐量总和。表1和表2为2007—2016年世界部分港口相关数据。

表1   2007—2016年主要港口货物吞吐量   单位:亿吨

年份	上海港	新加坡港	深圳港	宁波—舟山港	香港港
2007	5.60	4.83	2.00	4.73	—
2008	5.82	—	2.10	5.20	2.59
2009	5.92	4.69	1.94	5.77	2.43
2010	6.53	5.27	1.77	6.33	2.68
2011	7.28	5.37	2.23	6.94	2.77
2012	7.36	5.38	2.28	7.44	2.60
2013	7.76	5.58	2.34	8.10	2.76
2014	7.55	5.76	2.23	8.73	2.97
2015	7.17	5.47	2.17	8.89	2.57
2016	7.01	5.93	2.14	9.18	2.57
2017	7.05	—	2.41	10.07	2.82

资料来源:根据中国交通运输部等网站收集。

表 2　2007—2016 年主要港口集装箱量　　　　单位:万 TEU

年份	上海港	新加坡港	深圳港	宁波—舟山港	香港港
2007	2615.00	2790.00	2110.38	935.00	2388.00
2008	2800.60	2990.00	2141.65	1084.60	2409.40
2009	2500.20	2587.00	1825.02	1042.30	2104.00
2010	2906.90	2843.00	2250.96	1300.40	2000.00
2011	3173.93	2994.00	2257.09	1451.20	2438.00
2012	3252.94	3160.00	2294.13	1567.10	2309.00
2013	3362.68	3260.00	2327.84	1677.40	2240.00
2014	3528.53	3390.00	2403.74	1870.00	2011.40
2015	3653.70	3090.00	2420.40	2063.00	2010.00
2016	3713.30	3653.70	2397.00	2156.00	1963.00
2017	4030.00	3370.00	2521.00	2597.00	2076.00

资料来源:根据中国交通运输部等网站收集。

3.外向型经济较为发达

宁波是我国改革开放的前沿阵地,对外开放的时间早、开放的相关领域广、开放的层级高。2000 年宁波市口岸进出口额和自营进出口额分别为137.3 亿美元、75.4 亿美元,2016 年全市口岸进出口总额 2186.1 亿美元,外贸自营进出口总额 1047.0 亿美元,年均增长率分别为 21.9% 和 20.7%,2000—2015 年宁波外贸进出口情况详见表 3。

表 3　2000—2015 年宁波外贸进出口情况

年份	GDP(亿元)	自营进出口(万美元)		口岸进出口(万美元)	
		进出口	出口	进出口	出口
2000	1144.57	754065	516781	1372547	703357
2001	1278.75	889202	624500	1613794	869768
2002	1453.34	1227343	816304	2145755	1232723
2003	1749.27	1880962	1207398	3394193	1888206
2004	2109.45	2611222	1668967	5157576	2664100

年份	GDP(亿元)	自营进出口(万美元)		口岸进出口(万美元)	
		进出口	出口	进出口	出口
2005	2447.32	3349427	2223256	6749471	3614462
2006	2874.42	4221188	2877052	8649306	4958297
2007	3418.57	5649909	3825509	11176033	6744103
2008	3946.52	6784036	4632638	14018503	8371436
2009	4329.30	6081252	3865068	11692277	7317493
2010	5163.00	8290424	5196745	16134445	10052342
2011	6059.24	9818682	6083159	20044269	12375307
2012	6582.21	9657269	6144526	19757789	12419370
2013	7128.87	10032895	6571020	21190173	13397419
2014	7602.15	10470000	7311000	21861000	13821600
2015	8011.5	10047000	7143000	19364000	—

资料来源:历年宁波市国民经济和社会发展统计公报及国家统计局国家数据网。

通过对宁波市自营进出口额与宁波GDP进行相关性分析,发现两者相关系数为0.9以上,呈高度相关,这说明宁波经济发展水平与宁波进出口方面息息相关。

宁波是全国第8个进出口总额超过千亿美元的城市,与218个国家和地区开展了贸易往来,其中欧盟、美国、东盟、拉丁美洲、日本、大洋洲、非洲等国家和地区是宁波主要的贸易伙伴。

4.港口物流业集群带发展迅速

宁波港口的快速发展带动了以港口物流产业为核心的相关工业以及服务业的集群式发展。一是港口物流业集聚区建设成绩凸出。宁波保税区依托宁波港口相关的资源优势,积极推进港航物流的健康发展,提升保税物流园区功能,建设为港口物流业的重要门户窗口,为我国全方位对外开放新格局提供有力的平台支持。截至2016年年底,宁波保税区实现工业总产值164亿元,同比增长3%。自2008年2月宁波梅山保税港区经国务院批准设立以来,梅山产业聚集区的产值屡创新高,近两年实现15%以上的工业总产值增速。二是具有国际竞争力的临港工业带不断壮大。在港口建设的发展带动下，宁波形成了石化、钢铁、汽车、造纸、造船、能源、原材料基地等先进制造业基地。2015年，宁波—舟山港整合完成后积极调整经验策略，大力拓展原油、矿石、煤炭、液化品等基础货源，有力推动了全港大宗散货吞吐量的平稳发展。2016年，宁波—舟山港货物吞吐量为9.2亿吨，居全球第一位，其中，宁波港域完成5.0亿吨。

同时宁波港形成了以马士基、地中海、长荣、达飞、中远、和记黄埔、UPS、普洛斯、中外运等为代表的航运物流企业和第三方物流企业，形成了港口配套仓储、运输、分拨、包装加工、车船服务等综合性港口物流产业链，成为浙江乃至华东地区有重要影响力的现代国际物流中心。宁波临港产业及代表企业见表4。

表4 宁波临港产业及代表企业情况

临港产业	主体企业
石化企业	台塑台化、逸盛石化、浙太化学、新桥化工
船舶制造业	三星重工、浙江造船、凯荣船用机械
汽车制造业	吉利汽车、TRW（天合）、佛吉亚、敏实、拓普
能源生产	北仑发电、LNG、日地太阳能
光电产业	奇美电子、菱茂光电、峻凌电子、嘉彰电子
钢铁产业	宁波钢铁、宝新不锈钢
注塑机产业	海天、震雄、住友、力劲、德马格
造纸业	亚洲浆纸业、中华纸业
港口物流产业链	马士基、地中海、长荣、达飞、中远、和记黄埔、UPS、普洛斯

5.港口经济配套集疏运体系日益完善

经过多年的发展积累，宁波港口基础配套设施、港口物流园区、集疏运体系以及相关的航运物流服务业都已经取得了较好的成绩，形成了一定的集聚效应，表现为：一是港口集疏运网络不断完善。公路干线网络、航空枢纽场站、铁路电气化改造、杭州湾跨海大桥等以港口为主导的海陆空多种运输方式相互结合的现代化集疏运网络架构初步形成。二是海铁联运成为对接"海上丝绸之路"的重要抓手。宁波港海铁联运业务在不到7年的时间里，海铁联运箱量步步提高,从 2009 年的 1690TEU 发展到 2016 年的 25.04 万 TEU,增长了 346.9％,增幅在全国 6 个示范通道中列首位,宁波港已经成为海铁联运南方第一大港。宁波港口与内陆开通海铁联运的城市达 26 个。宁波到华东地区的海铁联运项目被确定为全国相关示范项目之一,海铁联运未来将是宁波集装箱运输的靓丽名片。2009—2016 年宁波港口海铁联运箱量情况见表 5。

表 5 　2009—2016 年宁波海铁联运箱量情况

年份	集装箱量(万TEU)	增长率(%)	开通海铁联运城市
2009	0.169	—	—
2010	2.81	1560	—
2011	4.67	65.9	—
2012	5.95	27.5	14
2013	10.50	77	17
2014	13.51	28.4	20
2015	17.05	26.2	20
2016	25.04	46.9	26

由于宁波海铁联运起步较晚,虽然海铁联运箱量增长较快,但海铁联运集装箱只占总量的 0.72％,远低于海铁联运大港 10％～30％ 的水平。同时说明宁波港口海铁联运发展还有很大的空间。

6.港口软环境建设成效显著

宁波港口软环境建设富有成效,港口公共服务平台和信息体系建设在国内较为领先。一是港航物流服务平台不断完善。通过自身建设发展,宁波已经形成了国际航运中心、国际贸易中心、国际金融服务中心等更专业的功能服务区。同时,随着宁波跨境电商物流以及第四方物流平台的快速发展,其相关的口岸服务和通关便利化服务都处于国内领先的水平,国际贸易体系较为健全。为了给企业提供更加便利的通关服务,宁波口岸相关的服务单位全部进驻港区现场联合办公。二是港口互联互通的信息交换体系建设不断完善。宁波港加快港口物流信息平台的建设,为相关的进出企业开通通关的便捷通道,并提供服务更好、价格更低的服务中介平台,帮助相关外贸企业拓宽业务范围,完善服务机制。在此基础之上,宁波构建了"大通关"服务,组织成立了工作领导小组,该小组对通关环境进行针对性、科学性、系统性地建设,及时处理影响通关效率的相关问题。"大通关"服务推行后,不仅服务了宁波地区,而且也为长三角地区通关便利化提供了服务。

(二)宁波港转型发展面临的主要问题

1.箱源的竞争加剧,箱源开发能力有待加强

随着宁波港箱源竞争的日益加剧,宁波港的箱源开拓问题关系着港口的生存与发展。目前宁波港集装箱箱源绝大部分来自浙江省本省,国际中转箱量较小,2005 年、2008 年、2012 年国际集装箱中转业务量占业务总量分别为5.2%、8.7%、10%,国际航运中心的重要标志是集装箱的中转比例均超过30%。其次,宁波港海铁联运的衔接问题制约箱源增加,虽然已开通海铁联运城市达 26 个,正常运行班列线路 13 条,建成无水港 10 个,2009—2016 年箱量增加近 150 倍,但铁路港口海关各环节的衔接有待加强,特别是海铁联运物联网和海联运公共信息服务平台有待进一步建设完善,制约着宁波港在东南亚、日本、韩国等地的货源拓宽。

2.客户需求个性化,物流服务创新能力不足

首先,随着客户需求的个性化发展,宁波港大多数物流企业的服务创新能力不足成为制约其发展的"瓶颈"。目前,宁波港口物流企业业务范围还是比较简单的,能够提供一体化港口物流服务的企业数量很少,港口商贸功能拓展不够,相关的高附加值的物流服务不足,尚未形成系统性的港航物流产业链。其次,物流企业创新风险大,保障机制差,创新动力不足,宁波港口物流产业集聚区物流企业创新所产生的风险以及费用成本需要企业自己负责,这在一定程度上抑制了物流企业创新的积极性。

3.跨境电商新模式大发展,港口产业联动不足

随着跨境电商等新兴商业模式的出现,宁波港口物流的服务模式也面临新的机遇与挑战。宁波港口物流业利用港口的区位优势、集聚效应、经济腹地等优势,把国际贸易与互联网进行了有效的资源整合,推行"电商换市"战略,打造全国跨境电商进口示范区,助力"一带一路"建设的深入推进。以宁波保

税区为例,跨境电商试点运行一年多以来,已累计引进电子商务企业 230 家,其中获批跨境进口电商试点企业 117 家,累计实现网上销售额 3.67 亿元,网络订单量突破 144 万票,数据领跑全国,保税区跨境电子商务带来的保税物流和保税仓储业务量激增,但目前与跨境电商相配套的港口物流仓储建设设施滞后,影响宁波跨境电商产业的发展。

4. 港口经济圈一体化导向,资源整合能力不足

首先,从我国"一带一路"建设的整体布局看,宁波港口经济圈作为长三角港口经济圈的重要组成部分,宁波港口经济圈的功能地位和支撑作用显而易见。但目前,宁波港的资源整合能力有待提高,与舟山港在岸线开发、码头运营、业务布局等方面的整合力度需要进一步加强,以适应未来港口经济圈的一体化趋势。其次,在国际联盟化和民营资本参股方面,宁波港与我国香港以及新加坡等国际港口差距明显,这制约宁波港的进一步发展,在与国外港口资金投入、港口建设、国际航线开辟、港航服务等方面的国际合作也有待加强。

5. 国际化运作大趋势,港口国际航运服务功能有待进一步增强

港口的国际化运作是未来港口发展的一大趋势,宁波港航物流服务业仍然处于刚开始发展阶段,与世界著名港航物流中心相比,存在着明显的差距。宁波港口的航运要素资源集聚效果不明显,缺乏航运物流相关的信息服务、金融保险等高附加值的专门性中介平台,且航运物流金融保险业处于发展阶段。世界上前 20 名的大型船舶公司在宁波都设了分支机构,但相关的航运物流服务业都是在其他国家开展的。另外,宁波港航海事法律服务业和港航培训业等配套产业发展滞后,海运培训业不发达,高层次、综合性港口物流培训机构、研究机构缺乏。

(三)"一带一路"建设对港口转型发展的影响

1. "一带一路"建设对港口转型发展的要求

2013 年习近平主席在哈萨克斯坦和印度尼西亚分别提出共同建设"丝绸之路经济带"和"21 世纪海上丝绸之路"倡议,引起国内外学者广泛关注,国内外学者在"一带一路"建设理论基础、战略内涵、历史传承、战略规划、风险以及与区域经济发展关系等方面开展了深入研究,其中也不乏关于"一带一路"建

设对于港口发展方面的阐述。根据"一带一路"建设的愿景与行动文件的指导,"一带一路"建设包括政策沟通、设施联通、贸易畅通、资金融通、民心相通五个方面。所以,"一带一路"建设对于港口转型发展的要求也是紧紧围绕这"五通"方面开展的。

2."一带一路"建设对港口转型发展的作用

中国共产党第十九次全国代表大会关于《中国共产党章程(修正案)》的决议十分明确地提出,将推进"一带一路"建设等方面的内容写入党章。这充分说明了"一带一路"建设将会是我国经济社会发展长期的指导方向,不仅仅对区域经济发展有深刻作用,对于我国沿海港口发展同样有着重大作用。宁波港参与"一带一路"建设,既是响应国家政策,也是自身发展的需求。"一带一路"建设对于宁波港转型发展的作用包括:一是通过"一带一路"建设加快港口走出去参与全球重点港口建设运营步伐,从而提升地方乃至全国在经贸合作、金融合作、技术创新、人文交流等方面的发展水平。二是通过"一带一路"建设提升宁波港口城市对外开放水平,从而进一步促进宁波经济转型升级。宁波港参与"一带一路"建设,可为宁波经济的可持续发展注入新的动力,寻求新的增长点,促进产业转型升级与战略转移。三是宁波港通过"一带一路"建设优化港口立体运输网络,促进海铁联运发展,组建国际港口联盟,进而打造国际强港,加速现代化国际港口城市建设。

三、国际典型港口功能演变与转型发展经验

通过课题调研及资料的收集,对世界典型港口城市的港口发展模式进行了研究分析,通过理论和实践结合研究,笔者期望论文对宁波港口转型发展有一定的指导意义。

(一)国际典型港口功能转型趋势与特征分析

1.国际典型港口的演变转型规律

从欧美和亚太国际大港的发展经验来看,港口的建设发展水平较多地取决于港口所在区域和国家的经济发展阶段,港口的每一次转型发展都伴随着

区域经济的产业更替发展。各个国家和区域的港口由于所处的地理位置不同,所在国家经济发展水平的不同,导致每个港口的发展路径和自身定位均呈现差异化,并具备自身独特的发展特点。

但通过分析多个国际大港的转型发展过程可以发现,国际强港的发展均不是一蹴而就的,在得天独厚的自然条件下,国际大港都是经过多次的阶段性提升和转型发展,才形成了现在的规模和能力,从时间发展的维度上看,由于大数据、区块链以及物联网技术等新技术的大规模应用,国际大港经历了以装卸转运中心为特征的第一代港口,以港城互动为特征的第二代港口,以现代物流服务为特征的第三代港口,并正向以港口联盟为特征的第四代港口和以智慧物联网为特征的第五代港口迈进。

通过对世界港口发展演变历程的总结,可以发现蕴藏在其中的港口发展的一般规律:城市港口的发展程度代表了该区域经济的发展水平,城市港口通过自身的优势推动全球化的发展。港口的发展也是以与时俱进,结合当前最新的技术为基础,以参与全方位对外开放为动力,以服务水平提高和管理水平提升为核心,以港口转型发展与国际合作为路径,从传统的、单一的功能模式向现代的、综合的方向进行演变发展的。

2.各发展阶段国际典型港口转型的特征分析

国际典型港口的转型发展之路,主要是由独自发展到开放协同发展,更加专注于港口供应链上下游企业的整合以及周边港口的深度协同合作,具体各阶段特征见表6。

表 6　国际港口发展阶段

港口发展阶段	转型背景	形成特征	转型成功的决定因素
第一代港口	20世纪五六十年代,全球经济贸易初步发展,港口业务为装卸和仓储,港口作为一个货物的转运中心,主要为船公司服务,港口与所在城市之间并没有太多的合作和联系	货物装卸转运为第一主业,专注于码头机械化装卸作业水平的提升	劳动力和资本

港口发展阶段	转型背景	形成特征	转型成功的决定因素
第二代港口	20世纪70年代,规模化工业开始形成,港口开始建设大型专业化码头,港口主动参与的部分国家贸易临港工业初具规模,港口聚集了各种资源,城市和港口开展互动	货物流动与中转,提高国际贸易分工地位和增加值,港城互动开始出现	资本和技术
第三代港口	20世纪90年代,随着信息技术的广泛应用,港口的发展模式转变为以物流为主,集物流仓储配送报关报检于一体的服务型港口	致力于提供第三方物流服务,多式联运与物流中心,货物信息流程与分配	技术、信息、服务
第四代港口	由1999年联合国贸发会提出,以港航联盟和港际联盟为发展方向,港口向网络化发展,着力打造区域性或全球性国际航运中心	全球资源配置枢纽、港航联动发展、谋求港港合作发展	技术、信息、服务、环境
第五代港口	随着港口竞争压力的加剧,以及物联网信息技术的应用,港口将业务信息、数据共享到供应链信息平台上,智慧型信息港的雏形已出现	物联网技术基础上的智慧港、联营子母港及虚拟供应链	技术信息,服务人才环境

3. "一带一路"背景下国际典型港口发展趋势特点

目前随着全球供应链一体化、国际航运市场疲软、箱源竞争加大、港口经营体制私有化等一系列新的形势的出现,港口与其他运输方式供应商(如海铁联运)协同发展,互利共赢,构建一体化、无缝隙的供应链网络,预计在"一带一路"建设深入推进的过程中,国际港口将从联营子母港、打造港口物流枢纽到国际航运中心以及智慧物联网信息平台的第四代、第五代港口转型发展。

(1)港口建设呈现集装箱化、深水化发展特点

随着全球经济一体化的不断发展以及我国"一带一路"建设的不断深入,国际运输业对于多式联运与专业一体化港口物流服务有着巨大的市场需求。当今,海洋运输过程中高附加值的货物越来越多,件杂货的集装箱比例也不断提高,集装箱化已经是航运业发展的重要趋势。以往的港口码头基础设施条

件已经不能满足不断发展的需求,迫切需要对港口设施进行改造。当今国际港航物流业竞争激烈,对船公司盈利有较大影响,不少海运企业倒闭。为发挥规模经济效应,国际上各个船公司纷纷开始制定和实施大型船舶计划。船舶的大型化对港口泊位、航道水深、装卸场地和集疏运系统均有较高要求,港口建设向深水化方向发展是必然选择。

（2）港口服务呈现专业化、一体化发展特点

随着国际贸易形式的不断深入发展,港口原有服务功能已经不能满足进出口企业经济活动的开展。衡量港口服务质量的重要标准和吸引货源的关键因素已经变成了金融、保险、信息等高端服务业。全球各大港口为提高港口的竞争力,将关注点全部放在了高端服务业方面,为实现港口健康快速发展、突破过度竞争困局,提供方便快捷高端服务是有效的解决之道。

（3）港口运营呈自由化、民营化发展特点

自改革开放以来,我国港口管理发展是从中央政府统一领导到地方政府、民营企业多方参与管理转变的,港口的运作管理模式和港口股权结构体系都在变革。港口产业作为生产性支持行业,通过中央政府的管理权下放,能有效减少信息传递失真以及不通畅的情况,从而提高港口运作效率,通过港口自由化、民营化的经营方式能够提高港口经济效益。对于目前复杂多变的全球经济形势,各国港口只有不断探求形式灵活多变的港口运营模式,才能在将来走得更远、更健康。

（4）港口竞争呈现网络化、集约化发展特点

为应对复杂多变、竞争激烈的国际港口业,各国港口根据自身发展需要有组织地形成了港口群,利用自身各自优势特点相互分工合作,形成了统一的合作网络,实现港口运作的最大化效益以及辐射效应,最终在国际竞争中占据有利地位。目前世界上具有影响力的港口群包括东京湾港口群、新泽西—纽约港口群、珠三角港口群、长三角港口群等。同时,未来港口竞争也会呈现集约化发展的特点,以多种形式实现港口间的功能整合,提升港口竞争力。

（5）港口企业呈现协同化、联盟化发展特点

港口企业是港口运营生产的主体,目的是追求经济效益的最大化,这是企业发展的本质所决定的。为了在竞争激烈的国际航运业中占有一席之地,世

界上大部分港口企业都采用协同发展与联盟发展的理念。为快速扩大企业在世界的影响力和市场份额，世界上许多企业都通过签订协议，相互参股，共建港口管理机构等方式进行联盟。其中，相互参股是港口企业快速发展规模，提升全球竞争力的主要形式，也是最紧密的联盟方式。港口企业联盟与协同发展的范围涵盖跨境电商物流、港口基础设施建设、金融保险等与航运业相关的领域。

(6)港口管理呈现信息化、绿色化发展特点

随着信息化、绿色化的深入推进，世界上最新技术都运用到了现代港口运营管理的过程当中，港航物流信息交换系统的建设也不断完善。电子单证的广泛使用为企业、港口、海关、检验检疫等部门主体间提供了快速准确的信息传递，这大大提高了港口运作的运营效率。港口作为综合交通运输体系的枢纽节点，自身对于信息传递的时效性就有很高的要求。注重港口运作管理的信息化的同时，世界上对于港口运作绿色化管理也有新的要求，新技术的使用要满足对节能减排、空气和噪声污染的控制。只有将信息化和绿色化完美地结合，才能说港口与城市真正实现了协调、健康以及可持续的发展。

(二)国际港口转型发展的模式

伴随着港口的发展，全球主要港口都在不断探索适合自身发展的转型发展路径。目前，世界上相对比较成功的港口转型发展模式包括：自由港发展模式、国际供应链模式、港口联盟模式以及国际航运中心模式。这些港口转型发展模式都代表世界港口产业未来发展的方向，宁波港口的转型发展可以对比这些全球港口发展的趋势，为其发展提供一定的借鉴。

1.自由港区发展模式——我国香港、新加坡

以我国香港、新加坡为代表的自由港区发展模式代表了国际港口转型发展的方向，这种以开放性、自由化为特征的发展模式不仅大大降低了港口物流的运作成本，更通过简化的关税程序提高了港口运作效率。同时自由港的发展模式在带动港口产业上显示出了强大的竞争优势，自由港区是综合了自由贸易区、保税区等功能，瞄准国际贸易市场发展高附加值的物流增值服务。从新加坡等港口转型发展的轨迹来看，其转型发展成功的主要因素是实施更加

自由化的政策,将其迅速推上世界大港的发展行列,我国香港自由港政策最为开放,对进出港的货物基本不征关税,仅对少数涉及口岸检疫和影响区域卫生健康的货物实施检验检疫程序,这种几乎全开放的港口运作模式,为香港带来大量的转口贸易,促进了香港港航业和商贸业的快速崛起;新加坡则是通过自由贸易协定 FTA 的形式实行自由港政策的,与其签订自由协定的国家和地区的商品多数是以零关税进入新加坡的,到目前为止,新加坡拥有 7 个自由贸易区、30 多个工业区、70 多座保税仓库。

2. 国际供应链模式——安特卫普、鹿特丹

安特卫普港以及鹿特丹港是西欧重要的港口,是国际供应链模式的典型代表。将港口作为整个国际供应链的重要节点,并以此向外网状辐射形成大型供应链系统,他们的发展模式是通过向外拓展的网络辐射形成系统的高效的供应链体系,把国际采购、销售等供应链环节的高效运作作为港口物流发展的目标,并结合了现代化、专业化、信息化、绿色化的港口配套基础设施,整合采购到销售整个环节形成供应链体系,将物流服务中心作为带动临港工业发展的重要支撑节点。安特卫普是以联合港口相关的多家物流企业,共同持股联盟合作形成物流中心的,整合了仓储装卸、搬运、运输、配送、加工、信息处理等环节为一体,形成"一条龙"的专门性、综合性的物流服务,从而提升港口与产业的整合度。而鹿特丹港是让最优质的物流企业加盟进来,吸引进出口企业加入物流中心,提升港口在国际市场上的行业的主导权。

3. 港口联盟模式——东京湾港口群、新泽西港口群

东京湾港口群以日本政府为主导,通过东京湾、阪神港和伊势湾三大港口群的资源整合,统一规划布局。东京湾负责城市生活用品的集装箱流通,横滨、川崎和千叶负责进口原油、铁矿石等工业原料,这可有效避免盲目投资建设和竞相压低费率现象的发生,有利于港口的整体发展。新泽西港与纽约港借助两州政府打破行政束缚,利用两州资源共建纽约—新泽西港务局,对海港进行统一开发和管理,其职能包括建造和维护航道、码头等基础设施,共建两港信息系统,维护两港安全,协调两港区域内的经济建设,这一模式使两港在与北大西洋航线其他港口的竞争中取得较大优势。

4.国际航运中心模式——伦敦、纽约、上海

国际航运中心模式是许多世界港口发展的模式之一,其有效地整合了物流企业、航运市场和金融保险市场,拥有广泛的国际航运网络和现代化的港口群,以国际经贸以及金融中心为港航服务平台。国际航运中心模式对于带动区域经济发展,提高港口国际竞争力,拓展港口腹地的辐射范围,推动临港产业深度融入全方位对外开放格局有着重要的意义与价值。纽约和伦敦依托全球顶级的金融证券市场,将国际金融中心与国际航运中心共同配合推进,提供证券、保险、金融类的高端航运物流服务。上海打造以智能航运为主的知识密集型产业聚集中心,集合区域港航资源(大型航运、物流、生产企业总部等),全面打造国际航运中心创新平台,引领国际航运市场。

(三)经验与启示

1.多方位立体统筹规划,以特色和优势谋转型发展

根据成功的国内外港口物流转型发展经验来看,宁波港只有结合港口的未来发展趋势需求,充分考虑陆域关系、集疏运方式、岸线资源、物流配套基础设施、临港产业等多种因素。同时,明确港口的特色和优势,以此来明确港口未来的发展和定位,结合对港区整体区域规划,找到适合港口的转型发展之路。

2.认识运作管理模式对港口的影响,发挥资本市场配置能力

根据国际港口发展经验来看,港口管理的模式普遍是采用了政府或国企共同管理的方式,现今呈现出民营化、地方化的趋势,这主要是为了减少因为信息不对称导致的信息传递失真的问题,提高港口运作管理的效率,从而更加有利于减轻政府财政压力。该模式整合了政府、企业、社会等多方主体,有利于监督管理,以及实现社会公平。

3.重视以港口物流为支撑的临港产业,促进港口与产业联动发展

全球港口城市发展的主要选择就是临港产业。临港产业是国际港口产业的重要组成部分。根据国内外港口发展模式经验来看,港口城市应大力发展临港产业,形成贸易、加工、金融和运输中心,并促进港口物流业与临港产业的联动发展,吸引资金、资源、技术等生产要素和相关产业向港口集聚,以新加坡

为典型代表,其发达的炼油业、化工业、船舶制造业等临港产业,为新加坡港口带来了大量的中转货源,极大地促进了港口的建设发展。

4. 不断拓展腹地范围,大力开发箱源支撑港口发展

港口的持续发展需要有源源不断的货物作为支撑。怎样利用综合集疏运网络体系,扩大港口经济腹地和服务范围是港口运作经营的重要任务。在构建集疏运网络体系的过程当中,世界上典型的港口都是从注重"地理距离"变为考虑"经济距离",将物流成本与时间作为重要的因素,运输通道的建设也是考虑港口与港口经济腹地的统筹协同后,将各种运输方式有效地整合在一起,发挥港口在交通运输体系中的枢纽功能,促进我国沿海城市与内陆城市之间的协同发展。这些在德国汉堡港等国际典型港口的交通运输体系建设中均有表现。

5. 注重信息技术的应用,建设高效的港口物流信息网

根据世界典型港口发展的经验来看,港航物流业主要采用信息化、网络化。信息技术在港口物流环节中已经充分应用,形成了科学的、系统的港口物流信息网络。港口信息化的推广使用促进了物流运输系统化、一体化、规模化,大大提高了运输效率,降低了运输成本。荷兰鹿特丹港口等国际典型港口提出了"虚拟物流链控制中心"的思想,凸显出了港口物流需要构建信息化服务平台,形成了网络化的"虚拟供应链",提升了物流信息的采集、分析、处理和服务的能力,减少了物流信息传递的时间,使得港口供应链上的所有环节实现信息共享、功能集成、成本最小化的目标。

6. 坚持奉行开放的政策,建立港口合作联盟

具有竞争力的国际典型港口多是奉行积极对外开放的政策,以港口为依托建立自由贸易港或者保税区或者保税仓库,发展对接国际贸易相关的高附加值物流增值服务。从我国香港、新加坡等港口发展的经验来看,实施更加开放的自由港政策是港口转型发展成功的主要因素,同时秉承开放合作的经营理念,全球典型的港口多数是采用战略联盟、协同发展的方式,通过整合港口上下游相关的生产企业、船公司、物流企业以及周边港口的资源,优化资源配置,建立港口物流协同发展战略联盟,提升港口发展的全球竞争力。

7. 国际化的人才队伍建设

通晓港口物流管理的技术人才是港口物流业发展的关键,要在培养人才资源的基础上,努力营造更优的创业环境,提高人才待遇,系统、科学地引进各类急需人才,构建人力资源平台。开辟招才引智工程,重点引入和培养宁波最需要的港航物流人才、海洋经济人才,突破人才资源制约,构建多层次的人才奖励、激励机制,鼓励相关人才的创业创新。

四、宁波港转型发展的定位、目标与重点任务

(一)发展定位

宁波港转型发展是以"一带一路"建设为背景的,结合十九大习近平新时代中国特色社会主义思想,深度融入全方位对外开放新格局之中,充分考虑区域经济发展的需求,发挥市场对资源配置的决定性作用,更好地发挥政府规划和政策的引导作用,将其发展定位为主动对接国家"一带一路"倡议和长江经济带战略,主动谋划港口通道网络建设,增强港口通道能力,大力发展海铁联运等多式联运,积极拓展港口海向腹地和陆向腹地,提升港口功能的辐射带动能力,加强港口物流和口岸通关等一体化发展,进一步提升港航物流服务能力,做优做强港航物流服务平台,全方位提升港口能级、产业能级和开放程度,提升港口对城市的支撑力,着力推进宁波—舟山港一体化建设,联合"一带一路"沿线国家主要城市,共同打造国际港口联盟和港口经济圈,提升港口国际影响力,努力打造更高水平的现代国际港口名城。

(二)建设目标

宁波—舟山港的总体目标是至 2020 年建设成为连接"一带一路"和"长江经济带"的多式联运的国际枢纽强港。

一是宁波国际多式联运枢纽港地位确立。宁波—舟山港建设成为连接"一带一路"和"长江经济带"的多式联运枢纽港。通过强化港口基础设施支撑力,完善水陆空全方位、多方式的综合交通运输体系,实现宁波—舟山港与"一

带一路"国家主要城市和港口互联互通,与"长江经济带"沿线城市密切衔接。通过一批海铁联运和江海联运工程建设,力争成为国家级宁波海铁联运综合试验区,形成宁波(舟山)—新疆—欧洲间海铁联运新通道,实现货物运输从宁波(舟山)—新疆—欧洲的无缝对接。强化海、江、陆、空四维集疏运网络建设,实现宁波港口与长江沿线港口的紧密联盟化合作,建立相互间贸易、物流、信息等服务一体化机制,促进相互间共享共赢。

到 2020 年,宁波港口货物的年综合通过能力达到 6.5 亿吨以上,集装箱泊位能力达到 2500 万 TEU 以上,港口吞吐量和集装箱量稳居世界前三位,国际远洋航线规模和航班密度位列我国港口最前列,海铁联运占比达 20%以上,巩固了其在亚太地区的海上枢纽地位。以宁波—舟山港为核心的江海联运服务中心基本建成。远期目标将宁波—舟山港建设成为世界一流的多式联运枢纽港、贸易便捷的自由港。

二是服务网络更加发达的国际贸易物流中心形成。到 2020 年,以多式联运枢纽港为基础的更加完善的港口经济圈物流服务网络建立。海港、内陆无水港和空港联动发展,线下对接"一带一路""长江经济带"和交通运输走廊沿线城市,线上建立各类物联网及贸易服务信息平台,提升了国际贸易与物流服务功能。依托国际贸易和货运走廊,带动国际物流、保税物流、冷链物流、城市配送等物流业态的发展,使其大宗商品交易、航运交易和航运服务等功能不断做大做强。

以梅山保税港区为龙头的跨境电子商务综合试验区加快建设,跨境贸易、金融保险服务、物流服务、口岸通关服务等平台全面建立,跨境电子商务试点城市基本建成。到 2020 年,跨境贸易电子商务额年均增长 20%以上,与 20个以上国家建立人民币直接计价交易结算机制。同时,港口经济圈内产业和贸易规范化的国际合作机制全面建立,多边合作的投资便利化、贸易便利化体系基本建成,使宁波成为全国贸易便利化试验区。与波罗的海航运交易所合作关系更加紧密,海上丝路指数影响力不断扩大。

三是宁波与"一带一路"港口国际合作更加紧密。以浙江省港口联盟为基础,进一步深化与我国沿海港口以及长江沿线港口的交流与合作,提升与内陆城市"无水港"的合作水平,丰富港口合作的内涵,创新合作形式,加强宁波舟山港与"一带一路"沿线国家,特别是中东欧国家的港口码头建设和联合管理,提升港口国际竞争力水平,并成立以宁波—舟山港为核心的"一带一路"国际港口联盟,并争取将联盟秘书处设在宁波。"海上丝路"指数持续发布,港口基础设施共建、港口运营管理、航线航班开辟、航运价格制定等协商渠道更加畅通。到2020年,国际港口联盟成员达到30个以上,使宁波港在服务"一带一路"和"长江经济带"建设中具有显著的影响力。

(三) 重点任务

依据宁波港发展的定位和目标,笔者认为必须全面统筹开放合作的各个领域,着力推进以下四大主要任务。

1.江河海联运、海铁联运服务体系建设

主动参与"一带一路"互联互通基础设施和长江经济带综合运输体系建设。完善我国内河支线交通运输网络体系,提高我国沿海南北港口的集装箱至宁波中转的数量,协调解决海运、江运、河运标准不一以及由海入江、由江入海等技术问题,支持舟山建设全国江海联运服务基地,不断提高承接长江水道运输的规模和比重。考虑到长江三峡船闸通行能力已经饱和,枯水期较长等因素,浙江需要从战略层面考虑支持海铁联运发展,加快长江经济带关于"无水港"的建设布局与海铁联运合作,积极使宁波海铁联运成为连接"一带一路"建设的重要抓手。

2.港航物流服务体系建设

大力发展作为港口货物重要保障的港口物流业,搭建港口公共信息服务平台,提升港口整体物流服务水平,提高港口物流相关环节的服务质量和运作管理效率,集成港口各环节的功能。加快现代航运服务中心培育,建设高效率的航运服务平台,保障港口的快速有效运作。以宁波航运交易所、大宗商品交易中心、船级社等相关机构为平台载体,加快国内外航运物流服务的高端资源的汇聚,建立以航运交易与智慧航运为引领的高端航运服务业发展集聚区。

做大做强大宗商品交易。依托大宗货物的集聚、临港产业的集聚、专业市场的集聚发展商贸,在积极巩固、拓展国际市场同时,大力发展进口商品交易市场,大力拓展国内市场;吸引国际行业协会、会展商,在宁波、舟山、义乌开展

商品交易,打造国际贸易交易中心。整合梅山保税港区、宁波保税物流园区、宁波保税区、出口加工区等特殊功能区域,创新贸易＋物流＋金融的模式,建立"网上丝绸之路"。依托宁波大宗商品交易所,以专业市场为发展方向,探索整合、做强现有大宗商品交易市场的相关资源,并争取国家支持,在做大做强临港大宗商品现货交易的同时,积极发展大宗商品期货交易。

3.绿色港口体系建设

强化港口基础设施建设的生态化要求,构建船舶、港区等的污染防控体系,强化港口物流运输装备的排放控制能力,将天然气、电力等清洁能源作为燃料供港口运输装备和机械设备使用,加快建设港口相关的加气供电等配套设施,加强港口污染防治和应急处置装备的统筹配置与管理使用。

构建绿色化多模式的港口集疏运物流体系。积极推进港口物流运输方式的低碳绿色环保发展。推进能源结构供给侧改革,强化结构性节能减排,推广运用世界上先进的环保低碳技术,强化港口运作技术性节能减排。

加强岸线资源集约利用。合理开发、集约利用、有效保护港口岸线稀缺资源,高水平地实施产业开发、城市建设和生态保护。严格保护生态岸线,正确处理好产业、港口开发及生活居住的关系。按照深水深用、浅水浅用的原则,加强对深水岸线的规划控制,提高岸线利用效率。合理确定产业、生活和生态保护岸线的范围,实现岸线的均衡利用。

4.浙江港口联盟和"一带一路"港口国际合作联盟建设

着力推进浙江港口联盟建设,积极筹建海上丝绸之路港口国际合作联盟,统筹推动国内和国际两个层次的港口联盟建设,浙江港口联盟的重点是着力推进浙江港口合作和宁波—舟山港一体化进程,优化配置浙江沿海港口资源,以嘉兴港、台州港、温州港作为南北两翼的战略支点,通过合理调度,专业化分工,打造航线密布,港口码头、岸线资源合理利用的沿线港口带。"一带一路"国际港口联盟是以港口为核心,把浙江港口与"一带一路"沿线30多个重要港口串联起来,以港口设施建设、服务拓展、相互持股等多种方式合作,形成相对统一的、信息共享的以及利益共享的联盟合作体。

五、"一带一路"背景下宁波港转型发展的对策建议

(一)加强港口多式联运系统建设

1.打造多式联运网络体系

枢纽港多式联运系统是港口转型发展的根本保障。港口多式联运体系建设首要的就是区域交通基础设施之间的互联互通。宁波打造多式联运网络体系,总体是按照"沟通水网、完善铁路、拓展公路、增强空港、多式联运"的要求,沿"一带一路"和长江经济带的区域,加快高速公路、铁路、内河、机场集疏运网络建设,构建以港口为核心,重点构建海铁、江海联运的多式联运集疏运体系,实现宁波港、舟山港、洋山港港口一体化,强化海上通道体系,提升整个长江三角区的港航硬实力和软实力,建立长三角江海海铁联运服务中心。

2.建立联运网络节点间互联共享的信息化共享机制

由宁波—舟山港集团牵头,通过政府全力的支持,以信息资源为基础、信息网络为载体、信息技术为手段,推进"宁波港集装箱海铁联运物联网应用示范工程"建设,提升宁波智慧港口的业务水平,实现联运网络节点间货运、车辆、场站等运输信息与宁波—舟山港口之间的 EDI 信息对接,建立互联互通、资源共享的信息分享机制。构建具有网上处理、查询以及交易功能的海铁联运信息服务平台,实现港口与铁路之间物流信息共享与通信,加快制定以宁波—舟山港海铁联运为引领的集装箱海铁联运技术全国标准规范。

3.打造江海联运服务中心

宁波要想打造"一带一路"建设综合试验区,宁波海铁联运是其重要的组成部分,而支撑宁波海铁联运综合试验区建设的另一重要任务就是要打造宁波江海联运服务中心。在政府层面,推进江海联运重要的是实现长江航运领域与宁波海运市场的信息对接,建立江海联运物流公共信息平台是打造江海联运服务中心的主要载体。

当前,江海联运的重点是推进从长江黄金水道至宁波—舟山港的水水集装箱运输体系建设,加快开辟江海直达的内支线联运。建议宁波港航管理局

与长江港务管理局紧密合作，推进江海联运公共信息平台建设。以服务双方企业为宗旨，为航运企业、工厂、货主、港口码头提供物流信息共享与自由交换功能，实现江海联运大数据的交换。从而为由江入海和由海入江的物流提供便捷服务，同时为国家制定相关扶持政策、政府间合作、行业监管等提供政策咨询服务。

(二)增强港口物流服务产业链的综合竞争力

1.加快推进港航物流服务平台建设

(1)整合各类物流服务资源提升物流园区的服务水平。加快现有港口货运枢纽型物流园区的提升工作，促进物流资源集聚化、信息资源共享化、物流运作共同化、促进多式联运的无缝衔接。在紧邻镇海港区、北仑港区、大榭港区、穿山港区、梅山港区和金塘集装箱码头后方重点建设六大物流服务基地，以物流服务为纽带，将港口集成融入供应链体系中，推进全程物流服务体系建设。其中，依托北仑、大榭港区建立综合型物流服务基地，提供服务临港工业和集装箱分拨配送的综合物流服务；依托镇海港区构建高效衔接临港工业和港区码头的物流服务基地；依托穿山、梅山和金塘港区的码头建立集装箱物流服务基地。依托物流园区，大力发展包括集装箱货运站、集装箱拼拆箱换装、保税物流、流通加工、分拨配送、仓储、商贸会展、金融保险、信息咨询、货代船代、维护保养等物流服务功能，积极引进大型国际贸易和物流企业进驻，发展一体化物流服务，实现集商流、信息流、物流、资金流功能于一体。

(2)加快物流信息服务平台建设。港口信息化是提升港口管理水平，提高生产效率和服务水平的重要手段，是发展现代港口物流和航运服务业，有效拓展腹地空间的重要平台。随着全球经济一体化与信息技术的发展，港口的智慧化已经成为现代化强港的标志之一。宁波要以大宗商品交易、宁波航运交易所和跨境电商服务体系为核心加快物流信息平台建设。

2.促进港口物流产业提升发展

(1)推动传统物流业转型。运用现代物流发展思维，提升宁波—舟山港集团的运作管理以及组织能力，把提升港口信息化水平和国际化水平作为努力的方向，积极推动宁波—舟山港由传统物流向现代化强港转变，打造一流港口物流营运商和综合能源投资商。

（2）发展供应链金融。目前，由于我国产业链竞争加剧以及相当一部分核心企业的强势，赊销在企业供应链财务结算的过程中占有相当大的比重，包括应收账款融资、订单融资、存货质押融资（仓单融资）和固定资产融资。国外仓单质押业务开展较早，在美国金融市场，该业务已占据 1/3 的份额。自 2002年开始，我国大型物流企业纷纷开始开展仓单质押业务。宁波要充分发挥港口货物大量集中进出口的优势，与大型银行合作，发挥各自优势，以仓单质押业务为切入点，积极拓展物流供应链金融业务，同时加强风险监管与防控。

(三)着力推进绿色智慧港口建设

1.以政策法规强化港口节能减排

近年来，国际海事组织、欧盟等制定了控制港口污染的国际性政策，旨在加强绿色生态港口建设。世界上许多著名港口已通过欧洲海港组织（ESPO）生态绿色港口的认证，如阿姆斯特丹、伦敦、斯德哥尔摩、奥斯陆等 70 多个港口。这些港口借由转型为绿色港口的过程，针对港口建设建立起相应的有效管理体系，降低港口运营成本，从而达到保护环境与实现可持续发展的目标。目前，世界各地港口正积极争取获得 ESPO（混合原油）的生态绿色港的认证，如中国台湾高雄港已获得该认证，成为欧洲海港组织生态绿色港口网络的一员，进一步提升了高雄港的国际地位。这些港口发展经验对宁波—舟山港具有借鉴意义。

结合宁波港口发展的实际，可通过政策法规加快港航物流服务的水平的提升，积极发展内河航运，增强结构性节能减排；推广天然气、电力等新能源的利用技术，增强技术性减排；大力发展多式联运、甩挂运输等组织程度较高的运输形式，增强管理性减排。提高岸线资源利用效率，坚持集约化、科学性的原则对岸线资源进行有效利用，以保护为原则，不断优化岸线资源配置。

对港区空间进行布局优化，推动港口合作和经营管理，整合现有港口资源，加强对其生态保护、污染治理、航道维护等方面的关注。加强对水生植物生态和海岸侵蚀问题的关注，提高绿色化水平，强化港口污染、噪声治理，构建节能环保监测评估体系。

2. 以技术革新推动港口转型发展

依靠科技革新推动港口转型发展,建设绿色港口一直被世界各国高度重视,原宁波港在我国节能减排技术革新方面走在前面,有较好的基础,如龙门吊"油改电"、集卡"油改气"、船舶接岸电、绿色照明等重大项目的相继实施,成效明显:每年可节省 1.4 万吨标煤,减少二氧化碳等废气排放 3.5 万吨,节约能源成本约 1 亿元。

宁波、舟山港口合并后的宁波—舟山港口,应在现有基础上,进一步加大科技革新,全面实施港口岸电技术,改造宁波—舟山港集团下属各港口码头。加强码头船舶等基础设施的不断升级改造,优化作业工艺,减少能源消耗,降低环境污染和提升码头基础设施的效率。采用燃料替代,加强可再生资源利用,大力推进液化天然气清洁能源利用,加快推进港口和船舶污染物接收处置设施建设。

3. 以智慧化提升港口绿色化水平

在"一带一路"建设深入推进的过程中,利用大数据技术、云计算技术、移动互联网技术、装卸机械视觉与自主控制技术、人工智能技术等现代信息化技术构建智慧港口是提升港口绿色化的基本路径。智慧港口建设可视为绿色港口建设的重要组成部分,欧盟将智慧港口建设纳入绿色港口建设指标,我国的智慧绿色港口建设,是一种将智慧与绿色分开的思想。

宁波港三年前已规划智慧港口建设,在集装箱堆场管理和船舶智能调度等方面走在全国前列,如"宁波港集装箱海铁联运物联网应用"纳入国家示范工程,但与国际先进港口相比还有差距,需要进一步推进智慧港口建设。一是依托国家集装箱海铁联运物联网应用示范工程,打造智能化无人码头。二是实施"互联网+港口"应用,加快推进以港航电子数据交换为核心节点的港口物流信息平台建设;三是充分利用自贸区平台或自贸区复制经验,建设海运、国际贸易"单一窗口",大力促进海运口岸便利化。通过智慧港口建设,全面提升港口信息化水平,从而提升港口绿色化,构建港口绿色智慧体系。

(四)积极构建滨海港口生态宜居环境

港城关系是港口与城市发展永恒的主题。但我国港城关系的实践更多关注港口对于城市经济发展的作用,港口只是城市一块单独的区域,港口并没有真正融入城市。对于是港口转型发展来说,不仅仅要带动城市区域经济的发展,还要让人的生活和港口的关系密切起来,构建滨海港口生态宜居环境是让港城深度融合的有效途径。这一前提是以绿色港口发展为基础,构建港口绿色生态圈。

1.以生态文明建设为基石,确定港口转型发展大方向

生态文明建设是习近平主席治国理政"五位一体"总体框架的重要内容之一。习近平主席对于生态环境的治理与保护提出了更严的要求和更高的标准。全国各地的城市规划建设也将生态环境保护作为其重要的衡量指标。港口转型发展注重港口的绿色化,在构建港口绿色生态圈的同时,也要注意"人"的因素,打造滨海宜居的生活区。作为雄安新区总体规划的专家李晓江认为城市的规划建设注重生态环境的保护,也要通过规划区治理已经存在的环境问题。宁波临港产业以石油炼化、煤炭发电等污染比较大的行业为主,对于城市的环境有一定的影响。宁波港口的转型发展不仅仅要以完善港口码头的基础设施建设为目标,还要以一种更为宏观的视角,以宁波港口产业转型升级发展为方向,带动区域环境的治理与保护。

2.依托政府力量,积极打造港口宜居特色小镇

近年来,全国各地都在谋划与建设特色小镇。宁波港是世界少有的深水港,是全球货物吞吐量最大的港口,而宁波最大的资源和特色毋庸置疑是港口。宁波也应积极凭借特色小镇在全国范围内的兴起之势,充分利用自身地理区位、产业经济、文化资源等优势,通过规划引领、政府引导、多方参与、资源整合等手段打造特色小镇。宁波港口的转型发展可以将港口宜居特色小镇建设作为积极谋划的项目,促进港城关系的深度融合。

(五)加快推进"一带一路"国家港口合作联盟建设

1.以港口一体化为主体,完善浙江港口联盟建设

宁波、舟山港口通过资本化的手段初步实现了一体化,这是浙江省内港口联盟建设的基础。完善浙江港口联盟建设,可促进我国沿海港口及"一带一路"沿线国家港口的深度合作。

2.依托"一带一路"综试区,组建"一带一路"国际港口合作联盟

宁波港口是亚太经合组织(APEC)港口成员,前期可发挥 APEC 港口服务网络的作用,在浙江省内港口联盟和国内港口联盟的基础上,深化与相关国家和地区港口间的合作,组建以"一带一路"沿线国家或城市为主的国际港口合作联盟,争取将秘书处设在宁波,推动宁波—舟山港成为宁波创建"一带一路"建设综合试验区的区域合作大平台。"一带一路"建设综合试验区是宁波市目前工作的重点方向之一。国际港口合作联盟既符合宁波本身的发展需求,也符合国家总体战略思路。

通过"一带一路"国际港口合作联盟运作,宁波—舟山港试点探索与"一带一路"沿线国家港口基础设施共建项目,扶持鼓励宁波港口企业"走出去"实现跨区域投资、并购、参股和运营,积极探索全球码头运营商的运作模式。宁波—舟山港主动融入全球化,实现港口联盟城市基础设施的共建共享,在航线开辟、航班调节、航运价格等方面建立起规范的协商机制;以现有的港口电子数据交换系统为核心,完善港口、海关、检验及保税区、出口加工区、保税港区、"无水港"等各类口岸信息系统,实现与我国相关区域信息网络平台的无缝对接,建立面向"一带一路"沿线国家的港口物流信息共享平台;以宁波航运交易所为主体,定期权威发布海上丝路指数、市场需求、航行安全等信息;每年牵头开展举办 APEC 会议、国际港口合作论坛、国际港口文化节、中国航海日等重大活动。

六、总结与展望

"一带一路"建设是在顺应经济全球化的大背景下提出的,是对全方位对外开放新格局的积极探索;既有助于缓解先进全球治理机制权威性、有效性和及时性难以适应现实需求的困境,又有助于满足新兴经济体国家对于变革全球治理机制的期望。

宁波作为国际知名的港口城市,位于中国大陆海岸线中段,是长三角和大运河的出海口,是参与"一带一路"建设重要区域。本文认为"一带一路"建设将是我国很长一段时间的主旋律,宁波港口转型发展一定要紧密对接"一带一

路"建设这个大背景。同时,宁波作为长三角南翼重要的经济中心,也要积极对接"长江经济带"建设,充分发挥港口区位优势。因此,宁波港口转型的定位应为:"一带一路"和"长江经济带"多式联运国际枢纽港以及国际开放门户和"一带一路"倡议推进的支点。为实现该定位,应加强宁波—舟山枢纽港多式联运系统建设,增强宁波港口物流服务产业链的综合竞争力,着力推进绿色港口建设,加快推进"一带一路"国际港口合作联盟建设。

宁波港转型发展需要很长一段时间,在此期间必然经历艰难与曲折,不能一蹴而就。宁波港口要充分发挥好区位优势、产业优势等,整合资源,统筹全局,深化改革,扩大开放,加速发展。

参考文献

[1] 王义桅."一带一路":机遇与挑战[M].北京:人民出版社,2015.

[2] 童孟达.宁波建设港口经济圈的几点思考[J].中国港口,2015(4):29—32.

[3] 阎勤.宁波港口经济圈的内涵特征与构建对策[J].宁波经济(三江论坛),2014(12):8—9.

[4] 陈飞龙."一带一路"视角下的宁波港口经济圈研究[M].北京:经济科学出版社,2015.

[5] 王永平.转型发展论[M].广州:广东经济出版社,2014.

[6] 王海霞.中国港口企业转型升级发展动因及策略探讨[J].中国港口,2012(6):9—11.

[7] 吴淑.世界港口发展趋势及我国港口转型升级的应对措施[J].水运管理,2014(8):12—14.

[8] 陈羽.我国港口转型发展分析及建议[J].中国港口,2014(6):1—4.

[9] 张国华."一带一路"战略下的港口转型升级之路[J].中国国情国力,2015(3):17—19.

[10] 张琪,徐霄峰.探寻现代港口转型发展之路[J].中国港口,2016(5):13—15.

[11] 朱容正.新形势下我国港口转型升级的选择[J].中国港口,2017(6):7—9.

[12] 陈双喜,戴明华.港口竞争力评价模型与东北亚港口竞争力的评价[J].大连海事大学学报(社科版),2006(4):39—43.

[13] 王洪林.基于 DEA 的中国自贸区港口竞争力评价[D].成都:西南财经大学,2016.

[14] 张亚丽.基于协作型竞争的港口群竞争力研究[D].天津:天津工业大学,2017.

[15] 杨晨,韩洁,王忠强,等.上海港海铁联运发展的若干对策建议[J].交通与港航,2017(1):39—43.

[16] 赖洁瑜. 一带一路战略下跨境电商发展的机遇与问题分析[J]. 企业技术开发, 2016 (17):123—124.

[17] 周昌林. 加快物流集群发展 打造更具国际影响力的港航物流服务中心[N]. 宁波日报, 2016(013).

[18] 陈圆圆, 等. 国外港口城市转型发展经验对宁波的重要启示[M]. 杭州:浙江大学出版社, 2015.

[19] 辛越优, 倪好. 国际化人才联通"一带一路":角色、需求与策略[J]. 高校教育管理, 2016 (4):79—84.

[20] 徐莹, 董文娟. 港口发展与区域经济发展关系研究——以宁波—舟山港为例[J]. 中外企业家, 2016(04):87—92.

[21] 唐为峰. 宁波舟山港发展现状和前景分析[J]. 农村经济与科技, 2016(13):169—171.

[22] 韩晔. 对外开放格局下"一带一路"战略对接自贸区建设构想[J]. 中国物价, 2016(8):15—17.

[23] 黄冬. "一带一路"战略下长三角港口竞合关系的研究[D]. 杭州:浙江财经大学, 2016.

推进"甬新欧"班列中第四方物流服务平台的建设研究

芦加萍[*]

一、引言

在国家提出"一带一路"倡议的大背景下,宁波市于 2014 年 7 月正式提出要打造"宁波港口经济圈"。2016 年 6 月,国家发布了《长江经济带发展规划纲要》,其中也明确提出要发展"宁波港口经济圈"。宁波正在更高层面上服务国家"一带一路"的开放战略,更高水平上塑造大开放新格局。

港口是宁波市最大的资源,开放是宁波市最大的优势,通过结合资源和优势并将其发挥到极致,就能够实现效益的最大化。宁波市拟打造的"港口经济圈"既要能够辐射长三角区域,又要能够影响华东区域,其在充分利用好自身拥有的海洋经济、大桥经济和港口经济优势的同时,也要加强交通、能源和物流等基础设施方面的建设。海陆空通道和第四方物流服务平台建设是港口经济圈建设的主要组成部分和重要内容。而"甬新欧"通道是宁波对接海上"丝绸之路经济带",打通海陆通道的重要举措。基于铁路和海铁联运建设,依托铁路节点,发展第四方物流服务平台是宁波港口拓展与延伸内陆和境外经济圈辐射区域的必然措施。

随着现代物流业的不断发展,越来越多的生产企业已经逐渐意识到了把物流业务外包出去的重要性。但是,社会上现存的第三方物流企业所提供的

---

* 芦加萍,女,浙江万里学院硕士研究生,主要研究方向:港口物流与航运管理。

物流服务都是专门针对某个或者某几个企业的具体情况来制定专项方案的，虽然有效地解决了某个或某几个企业面临的物流问题，但由于没有完全考虑对于社会物流资源的整合，在一定程度上造成了社会物流资源的浪费，为了解决这一问题，出现了覆盖面更广、系统性更强的第四方物流（fourth party logistics，4PL）。第四方物流的兴起，让我们把视野从相互割裂且较单一的物流管理扩大到具有高度集成优势的供应链物流管理，这为现代物流业跨越式发展的实现提供了可能。

二、"甬新欧"班列的概念、特点

（一）"甬新欧"班列的概念

通道在不同的领域具有不同的概念，"甬新欧通道"是指运输通道。运输通道即常说的运输走廊，但是目前还没有一个统一的定义，由于研究范围、角度以及内容的不同，国内外的众多研究学者对运输通道下的定义也各不相同。通过对这些定义的比较分析，将运输通道定义为：广义上是指客、货流的流经地、运载工具、线路以及管理系统的总和。狭义上是指在一定空间范围内，在具有相同流向、密集、稳定的交通流的起讫点间由一种或多种运输干线形成的狭长地带。此处的起讫点是一个抽象的"点"的概念，其物理形式可以是国家、省、城市或者是一个区域等。

因此"甬新欧通道"的定义是：客、货流从宁波出发，途径中西部的多个省区市，由新疆出境，经过中亚各国，到达东欧，最后到德国汉堡结束，运输方式可以是海运、陆运、空运、管道运输等，或者多种运输方式结合起来，这需要建立跨区域、跨国境的管理系统。"甬新欧通道"中的陆运里的班列运输方式为主，即"甬新欧"班列。

"甬新欧"班列是指从宁波出发一路向西经由我国边境新疆出境，最终到达欧洲，辐射泛亚、泛欧的跨国际的长距离铁路运输，运输以集装箱货运的方式为主。

(二)"甬新欧"班列的特点

根据以上概念和运输通道的特点总结出"甬新欧通道"的特点有以下几点:(1)"甬新欧通道"具有全局意义。因为它承担着中欧陆上运输联系的大部分任务,所以"甬新欧通道"是否畅通对于运输网整体的效益起决定性作用。(2)"甬新欧通道"运输量大而集中。运量包括省区市运量和过境运量等。(3)"甬新欧通道"的联系区域具有扩展性。除了影响直接经过和相邻的区域外,运量还会影响到非相邻区域。(4)"甬新欧通道"会引导生产力布局。通道沿线往往会形成经济发展的增长带。(5)"甬新欧通道"是中欧陆上客、货流的主动脉。"甬新欧通道"以班列运输为主,由多种运输方式组成,其运输能力强、成本低、规模经济效应明显,具有形成综合运输的能力和条件。(6)"甬新欧通道"的交通服务设施完善。包括运输工具、运输线路、枢纽以及与其相配套的服务设施等。

同样的,"甬新欧"班列的特点也有以下几点:(1)"甬新欧"班列跨区域、跨国际、运输距离长、辐射范围广。(2)"甬新欧"班列以集装箱货运为主。运输能力强,成本低,可以实现规模经济效应。(3)"甬新欧"班列具有普通班列的特点,即定点、定时、定价、定线、定车次等。

三、"甬新欧"班列发展的现状和问题及第四方物流服务平台的作用

(一)"X 新欧"的出现

在"一带一路"倡议的大背景下,以铁路为基础,经由中国中西部,从我国新疆出境,路过邻国哈萨克斯坦和俄罗斯等国家,最终直接到达欧洲的"新丝绸之路"正变得拥挤起来。重庆、成都、武汉和郑州等内部城市,对这条新的物流班列都寄予了厚望,于是我国便出现了数条"X 新欧"班列。

截至 2015 年年末,我国已有 9 条"X 新欧"班列,这里只简单介绍最早出现的"渝新欧"的概况。"渝新欧"是重庆至欧洲的国际铁路运输通道,其中的

"渝"指中国的重庆,"新"指的是中国新疆的阿拉山口,"欧"泛指整个欧洲,合起来称为"渝新欧"。"渝新欧"利用欧亚大陆桥的南线——国际铁路通道,以我国的重庆为起点,途中经过国内的西安、兰州、乌鲁木齐,一路向西走北疆铁路,从我国的边境口岸——新疆的阿拉山口出境,之后进入邻国哈萨克斯坦,接着依次经过俄罗斯、白俄罗斯和波兰等国家,最后到达欧洲并以德国的杜伊斯堡为终点站,全程距离一共约有 11179 千米。这条铁路运输班列的建立和运行是由沿途各个国家的海关部门和铁路部门共同协调的。

同样的,"甬新欧"是指宁波至欧洲的国际铁路运输通道,"甬"指中国的宁波,"新"指的是中国新疆的阿拉山口,"欧"泛指整个欧洲,合起来称为"甬新欧"。"甬新欧"班列以宁波为始发站,一路向西经过国内多个节点城市,最终从我国新疆边境的阿拉山口口岸出境,之后依次经过中亚 5 个国家后进入中东欧,以西欧的各国为终点,全程超过万里,所以有"万里甬新欧"的说法。这条铁路通道至少要经过 6 个国家,两次转关及换轨。这条黄金通道自 1998 年出现以来,一直都是以零担散运的形式为主的,因此多年来并没有形成很大的气候。直到 2014 年年初海铁联运正式运行,这条黄金班列才被宁波及浙江周边的企业慢慢接受。

(二)"甬新欧"班列的运营现状分析

"万里甬新欧"海铁联运自 2014 年年初开始运行以来,当年就完成了 1.66 万 TEU 的运输量。以运输集装箱为主的"甬新欧"班列,对宁波来说不仅能落实国家的"一带一路"倡议,更能推进自身的"港口经济圈"建设。

宁波市对接国家"一带一路"倡议的重点是选定具有区位和地缘优势的新疆(素有"一路连欧亚,五口通八国"的美誉)。宁波与新疆之间的双向列车于 2014 年 1 月 22 日开通,并实现了物流业一直追求的双重运输模式。新疆当地的货源以铝锭等有色贵金属为主,属于硬通货,货值较高。宁波港铁路分公司专门在北仑港区开辟新疆及西北货物专属仓储,保持货物进出中转畅通。2015 年还成功运行了 7 趟发往哈萨克斯坦的国际联运专列,主要运输的是汽车配件集装箱,与敦豪国际快运展开的去往中东欧等国家的铁路集装箱业务也在稳步推进中,这些举措都为"甬新欧"班列的集货能力提供了保障。

1.运行时间和成本

"甬新欧"班列自 2014 年开通以来,已经形成了每周一班以上的频率,因为其作业的快捷便利,宁波及其周边地区越来越多的企业开始慢慢接受"甬新欧"班列的运行。从宁波到中亚五国全程接近 5000 千米,班列运输时间只需要五六天;到西欧的距离超过 1 万多千米,班列运输时间只需要大约 15 天,相对于海运运输,在时间上节约了 10 天左右,而且在成本上还可以为企业节省10%左右。宁波坤洲国际物流有限公司的相关负责人介绍,如果把东南亚国家的货物通过海运先运到宁波港,再通过"甬新欧"班列直达或中转至欧洲,则可以大大缩短物流时间。

"甬新欧"班列相对于空运,运输的成本只有空运的 30%～50%,此外还能享受到运费优惠,目前运费优惠为 15%。以运送 50 吨货物从宁波到阿拉山口为例,总的运费是 42625 元,可享受到的优惠约 6393 元,也就是说从宁波运送50 吨货物到阿拉山口只需要大约 36232 元的运费。此外与海运相比,虽然运输成本有所增加,但是班列的运输时间至少能节约一半。随着中国和中东欧国家的贸易往来日益密切,铁路运输也成为不少宁波外贸企业的新选择。

2.集货能力

自 2014 年开通"甬新欧"班列以来,宁波市的铁路运输量和海铁联运量都实现了大幅度的增加。在其运行的第一年里,宁波口岸发送了 4131 车集装箱到中亚和中欧,有将近 1 万 TEU,其中有 2146 车是从宁波铁路货运北站直接发车的。宁波地区在 2014 年通过铁路发货的量有 2300 多万吨,其中有 13.5万 TEU 是通过宁波港的海铁联运完成的,同比增长将近 27.4%,"甬新欧"班列在我国 6 个海铁联运示范班列中的增长幅度居于首位。宁波与中东欧国家之间的贸易额已达到 24 亿美元,对中亚 5 个国家的出口贸易总额达到了 23.3亿元。宁波自从开通"甬新欧"班列以来,通过其出运的集装箱已经超过了 1.5万 TEU。

3.运营环境

(1)硬环境

为了使出口的货物在仓储、通关、转关、装卸车等方面能够实现一体化的作业服务,宁波新建了更大面积的货运站和海关监管场地,为"甬新欧"班列的运输提供了良好的场站基础。海关监管场地于2014年7月建成并投入使用，总面积达10000平方米、监管仓1500平方米。宁波新货运北站于2014年8月投入使用，总占地近93.3公顷，拥有仓库7座，总面积37480平方米，货物平台2座，总面积37050平方米，笨重货物作业区总面积56600平方米，各种装载机械设备61台，有3条到发铁路线，有6条可满足整列装卸条件的贯通式货物线，货物规模近期可达到815万吨，远期将达到1032万吨，宁波新货运北站运能大为提高，已成为三省一市规模最大、设备最完善的货运站。

（2）软环境

新货运北站的系统已经与宁波的海关系统相连，可以实现彼此之间数据的实时传递与交换，相关用户们还可以享受"在一个窗口实现一票到底和一次性收费"的超便捷服务。为了提高"甬新欧"班列运行的信息化水平，宁波正在建设"集装箱海铁联运物联网应用"示范工程，目的是为了使"甬新欧"班列运输的全程都能实现联网监控和物流信息的无缝衔接。

（三）"甬新欧"班列发展的主要问题分析

通过走访企业（如华途国际、飞达物流等）进行实地调研，参与专家和企业家组成的多次研讨会以及对自己搜集的资料进行分析，笔者发现"甬新欧"班列目前存在的主要问题有出口货源不稳定、回程货源不足、运营主体单一化、通关与换轨的环节不够畅通、口岸与铁路的基础设施建设还有待增强、运行成本依然偏高，由于运输线路的趋同导致的区域之间的恶性竞争等问题。

1."甬新欧"班列在货源供应中的问题分析

"甬新欧"班列在货源供应中所呈现的主要问题是出口货源不稳定、回程货源不足。主要由以下几方面原因造成：第一，"甬新欧"班列运输的出口货源多以浙江本地的义乌小商品、轻工业产品、日用品、机械类产品和电子产品为主，这些货物的整体价值不高，但是价格弹性较大，出口货源的稳定性易受沿线国家经济波动的影响。第二，国内多条中欧班列为了争抢货源，采用不规范竞争的手段，主要表现为大幅提高政府补贴力度，企业基于运输成本的考虑，将本地货源纷纷转移到其他城市，再搭乘其他中欧班列出口，造成出口货源的大量流失。第三，"甬新欧"班列目的国的消费能力不足，根据世界银行的数据显示,欧洲和中亚地区尚未从全球金融危机的后遗症中恢复过来,这些地区将有可能继续脆弱复苏,这进一步加大了"甬新欧"班列的出口货源的不确定性。第四,宁波地区与中亚、欧洲尚未建立起稳定的经济与贸易合作,宁波与欧洲之间的贸易仍呈现显著的顺差,宁波从欧洲进口的商品主要是废金属和机电产品,在2015年和2016年均呈现出下降的趋势(2015年较2014年进口额分别下降5.5%和26.1%),且其他从欧洲进口的商品中适合铁路运输的也较少,因此"甬新欧"班列的返程货运需求严重不足,返程成本极高。

2."甬新欧"班列在运营管理中的问题分析

"甬新欧"班列在运营管理中存在的主要问题有:运营主体单一化、通关与换轨的环节不够畅通、口岸与铁路的基础设施建设还有待增强。

"甬新欧"班列运行至今,仍是由政府主导运营的,政府基于宁波战略发展的需要,推动"甬新欧"班列的运行,并通过资源的调配,努力为班列的发展创造良好的环境。但是,在"甬新欧"班列进入常态化运营之后,政府作为班列唯一的运营者就显得有些薄弱,在班列技术改进、管理提升、成本优化、市场推广等方面都显得不够专业。因此,有必要根据"甬新欧"班列的可持续运行的需要来调整运营主体。

"甬新欧"班列的载运装备调配存在一定的困难,宁波出口欧洲的货物以运量小但货值高的轻工和机电产品为主,入境以运量大但货值低的能源和原材料为主,双向货流的不平衡使得出境与入境货物所用的车型和运力都难以调配,由于出境和入境的货物与车型不匹配,导致出入境的集装箱不能卸后直接再次利用,还得通过长距离的大量调配空车来运输空的集装箱,从而保障出入境的货物有集装箱可用,这一环节导致物流成本费用的增加。由于"甬新欧"班列跨国际的特点,在运输途中会经过多个口岸,而且还需要换轨,每次换轨的平均时长大约有72个小时,途中至少需要换轨两次,由此导致其在口岸的停留时间过长,甚至超过了全程运输时间的15%。因此,仍需进一步提高通关和换轨效率。

除此之外,"甬新欧"班列的相关基础设施还处于建设中,宁波铁路货运北站虽然设施较新,但与"甬新欧"班列相关的甬金铁路还没有开建,北仑支线目前也还没有实现电气化,与口岸监管相关的多式联运监管中心还没有完全建好,集卡进出宁波铁路货运北站附近的高速出口还享受不了优惠通行的政策,总体而言,这些配套的基础设施都还不够完善,使"甬新欧"班列实现常态化运行受到了一定的限制。

3."甬新欧"班列在运行成本中的问题分析

"甬新欧"班列运行成本中的主要问题表现在运行成本仍偏高,与客户需求价格之间仍存在较大的差距,固定频次的班列全程运行成本达到9134美元/40英尺。根据课题组企业调研的结果可知,目前宁波地区,客户能够承受的价格在2200美元/40英尺。因此,客户需求价格与"甬新欧"班列实际运行价格之间存在近7000美元的差价。如果通过宁波政府补贴来弥补差价,按照每趟班列41个40英尺的集装箱来算,大约要补贴28.7万美元,折合人民币有将近200万元,这对宁波政府来说也是一笔不小的开支。

一个40英尺的集装箱从宁波到中东欧的黑海沿岸国家,综合海运价格仅2000美元,较"甬新欧"班列的运输费用约低7134美元,且由于国际航运市场目前的运力过剩,海运价格将会持续下跌,因此在运输时间和运输价格的权衡上,"甬新欧"班列还将面对海运价格优势的激烈竞争,到目前为止班列运输相对于海运还没有表现出充分的成本优势。

4."甬新欧"班列在区域竞争中的问题分析

近几年,多地争相开行中欧班列,由于多条运输线路趋同使得"甬新欧"班列投入运营就必须面对进出口货源、运价补贴等多方面的激烈竞争。

(1)运输路线趋同

国内高额的政府补贴催生了多条运输线路趋同的中欧班列,宁波与苏州和宁波与义乌之间的距离,像武汉与郑州的距离、广州与长沙距离、西安与洛阳距离、重庆与成都的距离一样都近在咫尺,这必然造成相邻区域对出口货源的疯狂争抢。而货主们为了降低成本获得更低的运输价格,多会为了利润而将货物先行运至较远的地区,再搭载中欧班列出运到中东欧国家,各地政府的财政补贴更是使物流中出现倒流现象。根据调研企业的反馈可知,宁波本地通过中欧班列出口到中东欧的货源,正不断地被其他地区各种补贴所吸引,不少中欧班列运输的主要货物都是来自于宁波和浙江其他地区,这必将带来"甬新欧"沿线运力的浪费。

另外,目前我国进入新疆的铁路货运班列仍然只有一条兰新铁路,由于多条中欧班列未协调统一出境,导致新疆的阿拉山口口岸的通关压力巨大,阿拉山口口岸的过货能力目前不足 2000 万吨,而且大部分需要满足资源类的产品需求。国外的铁路口岸站及后方运输班列的能力更为紧张。比如,哈萨克斯坦国家的多斯特克口岸站和俄罗斯国家的后贝加尔口岸站,其后方都是单线铁路,长期以来他们的接运能力都严重不足。目前货物在各个口岸的平均滞留时间占全程运输时间的 30% 左右,这严重增加了"甬新欧"班列在内的中欧班列的运行成本。

(2)政府补贴攀高

各大城市为了保证本市开通的中欧班列能够正常地持续运营,纷纷采用政府补贴的方法,来吸引本地区及外地区的货源。在内地城市补贴的吸引下,原本从宁波报关出口的铁路箱源不断流失。

为了吸引货源,武威、西安、郑州等城市出台了经阿拉山口等内陆口岸出口中亚、欧洲铁路班列的补贴政策,最高补贴达 8000 元/箱(见表1)。可见各大城市对于中欧班列的补贴不尽相同,最高的武威可以达到 8000 美元/40 英尺的政府补贴,半数以上的城市都超过 6000 美元。还有一些城市像重庆和郑

表 1 各地开行中亚/中欧班列补贴情况

地点	名称	国境站	开行情况	政府补贴 (美元/40 英尺)	备注
苏州	苏满欧	满洲里	1 周 2 列	3000	班列补贴
合肥	中亚班列	阿拉山口	1 月 3 列	6000	班列补贴
连云港	中亚班列	阿拉山口	1 月 3 列	4000	班列补贴
南京		阿拉山口	零星开行	4000	均可补贴
义乌	义新欧	阿拉山口	1 周 1 列	6600	均可补贴
西安		阿拉山口	1 周 1 列	6000	均可补贴
武威		阿拉山口	1 周 1 列	8000	均可补贴
重庆	渝新欧	阿拉山口	1 周 1 列	2000~3500	均可补贴
武汉		阿拉山口	1 周 2 列	6000	均可补贴,水陆联运 再额外补贴 2800 元/40 英尺
郑州	郑新欧	阿拉山口	3 周 2 列	2000+短驳费	各地到郑州的公路或铁路 费用再加 2000 元,作为补贴

州，虽然他们的政府补贴目前来说相对较低，但是在他们刚开通中欧班列时，其政府也都给予了很高的财政补贴，下调相应的财政补贴是在其货源相对稳定之后才实行的。如表2所示。

表2　郑欧班列和"渝新欧"班列政府补贴变更

线路	时间	运费补贴 （美元/40英尺）	其他补贴
渝新欧	2011.3—2012.3	5500	对华东、华南安排免费汽车运输提货
	2012.4至今	2000 3500	（华东、华南）　安排汽车运输提货 （成都、重庆等西南地区）
郑新欧	2013.8—2014.4	9500	1500千米内免费上门提货 （1500千米的汽油费约为15000元/车）
	2014.4—2014.12	6500	1500千米内免费上门提货
	2015.1—2015.6	3500	1500千米内免费上门提货
	2015.7至今	2000	上门提货按照1美元/千米 （相当于补贴6.4元/千米）

"渝新欧"班列和"郑新欧"班列是中欧班列中发展较早，且运行较好的中欧班列，目前已经进入了常态化运营，但在班列开通之初，为了争抢货源，保证班列的持续运行，政府也是投入了巨额的补贴，即使是在现在补贴下调之后，除了班列的运费补贴外，也仍然保留着汽车运输上门提货的相关补贴。

（四）第四方物流服务平台在"甬新欧"班列中的作用

第四方物流服务平台的最大优势就是能够对整个供应链系统进行很好的整合规划，而这正是能够为客户节省物流成本的根本所在。第四方物流服务平台具有对供应链涉及的相关服务商进行资源整合的优势，通过整合供应链中优秀的第三方物流企业，如电子商务服务商、信息技术提供商和管理咨询服务公司等，为客户提供供应链解决方案，创造超额价值。第四方物流服务平台自身拥有强大的信息资源和广泛的服务网络，这是吸引客户的关键所在。第四方物流服务平台自身拥有很多物流、技术等方面的专业人才，可以保证个性化和多样化的客户需求得到满足。

相对于第三物流带来的局部高效率来说，第四方物流能从整个地区、国家其至全球来最大限度地统一整合社会资源,避免整个社会上的物流设施重复建设,从整个社会层面来降低总物流费用。节约资源的同时也提高了物流效率,减少了环境污染。第四方物流服务平台的建设不仅有助于促进物流行业的快速发展和社会信息化的普及,还有助于打破地区之间的封锁,改善中欧班列区域之间的恶性竞争,保障"甬新欧"班列的正常运营。

近年来物流模式在信息技术与电子商务高速发展的促进作用下在不断进行着变革,第四方物流在第三方物流的发展方兴未艾时已经横空出世。"甬新欧"班列跨区域、跨国际的性质,注定要与可以提供更高效、更便捷、更完美的第四方物流相结合。通过建设第四方物流服务平台来保障"甬新欧"班列的正常运营。

四、宁波第四方物流服务平台发展的现状及建设的必要性和可行性

第四方物流服务平台是面向整个物流系统的,具有集成化和智能化的物流信息管理中心,涉及众多企业、单位与部门,如工商企业、物流企业、银行、保险、税务、海关、国检、外贸、交通、信息产业和政府部门等,其有效运作离不开物流平台的支撑。第四方物流服务平台最重要的作用就是对众多服务供应商所拥有的资源、能力和技术等进行整合和管理,为不同环境下的企业间信息集成、资源共享提供一致的信息访问、交换和应用等操作手段,同时为相关行业部门进行物流管理与市场规范化管理提供必要的信息支撑条件。

(一)宁波第四方物流服务平台的发展现状

1.宁波市第四方物流的发展现状

宁波地处"长江经济带"与大陆沿海东部海岸线的 T 形交汇处,优越的地理位置注定了港口经济在宁波经济发展中的重要性,而港口经济的发展离不开现代物流业的发展。宁波已经出现了很多第三方物流企业,但多以中小企业为主。虽然第三方物流由于自身的专业性,物流服务的便捷性和物流设施的完善,在很大程度上帮助生产企业、商贸企业等降低了物流成本。但是随着

经济全球化的不断发展,企业为了提高运作效率,满足客户多样化的要求,已经形成了一种通过联合上下游企业达成战略联盟的关系来降低彼此的成本,谋求互利共赢,共同发展的运作模式。在这种运作模式下,第三方物流由于缺乏对整个供应链的战略把控,已不能满足社会发展的需求,这就促使了具有很强的物流整合能力、供应链重构能力和信息技术能力的第四方物流在宁波的发展。

宁波的第四方物流是近些年才出现的,虽然第四方物流在宁波出现较晚,但是发展得很快。从 2005 年第四方物流概念的提出以来,到 2009 年宁波模式的出现仅用了 4 年左右的时间。

第四方物流与第三方物流的不同之处主要有:一是二者依靠的资源不同,第三方物流主要依靠自身内部的各项资源,而第四方物流依靠众多的第三方物流企业、信息技术服务商、金融企业和保险公司等,这打破了不同企业、不同行业之间的联系,通过整合各方现有的资源、能力以及技术,突破了任何一个第三方物流企业都不能单独完成的优质物流服务的瓶颈。二是二者提供的服务内容和范围不同,相对于第三方物流来说,第四方物流提供的服务内容和范围更加的广泛,不仅包括第三方物流所提供的物流实施系统的具体规划,如仓库管理和运输执行等,还包括了物流战略规划、业务流程的重组和企业战略分析等方面,如通过提供全球化战略的物流服务来满足客户跨国经营的需求。

宁波的第四方物流是在第三方物流的基础上发展起来的,是对第三方物流的延伸,二者虽然在物流服务中存在很多相同之处,但第四方物流相对于第三方物流来说依然存在着许多不同之处,二者是相辅相成的,只有共同发展才能促进现代物流业的发展。

随着现代物流业的不断发展,第三方物流已经被人们熟知并普遍接受。第四方物流虽然也被人们熟知,但是普遍还不能完全接受。因为第四方物流平台的发展离不开信息平台的建设,而信息平台的建设需要企业提供自身的信息,如果是核心会员,企业就要把自己的核心信息提供给第四方物流平台,多数企业为了自身的信息安全,保护自己的商业秘密,虽然承认第四方物流是未来物流发展的必然趋势,但是现阶段普遍不愿意轻易参与第四方物流平台的建设,特别是那些建设第四方物流平台所涉及的第三方物流企业。

2.宁波市第四方物流服务平台的发展现状

由于信息安全问题,宁波目前只建立了一个第四方物流服务平台,即宁波国际物流发展股份有限公司于2009年建立的四方物流市场。之后宁波又陆续出现了一些第四方物流信息平台,如卡行天下、奥林科技的咖狗网、铁大大、传化物流等。第四方物流信息平台的建设一般都是基于企业自身的优势,如卡行天下主要提供国内的卡车运输信息,奥林科技的咖狗网主要提供国际的海运信息,铁大大主要提供有关中欧班列的信息,传化物流则是主要提供公路运输的信息。

目前,宁波已有的第四方物流服务平台只有四方物流市场。已有的第四方物流信息平台有奥林科技,卡行天下等。

其中四方物流市场,是在政府部门的引导下,由宁波国际物流发展股份有限公司(由宁波市政府、宁波海关部门、中国电子口岸数据中心宁波分中心、宁波交通投资集团、宁波港集团有限公司及宁波出入境检验检疫局等单位共同成立的)与有关商业银行进行合作,首次实行企业与银行并存的双运营主体。其功能是发布物流信息,进行贸易撮合,并提供各类相关物流服务的综合性物流平台。

四方物流市场对社会上的物流资源进行优化配置,使物流资源实现有效聚集和整合,从而提升宁波市物流行业的信息化水平和区域的竞争能力;实现宁波港口物流的有效协同;完善和促进港口服务功能;实现社会效益和经济效益最优化,来帮助宁波市的物流行业健康快速发展。

奥林科技旗下的"咖狗网"是国际性的物流撮合交易平台,该平台目前已经拥有500多家优质的物流服务供应商,这些供应商分布在全球105个国家,为全球各地的客户提供实时的运价、订舱、下单和后期的货运跟踪等多种电商交易服务,并且保障舱位、价格、服务质量。咖狗网作为一个国际性的物流撮合交易平台,一方面可以为拥有优质服务的物流供应商提供面向全球的展示窗口,另一方面也为有货的买家提供拥有诚信、透明、开放的物流服务平台。旗下"云融通"(www.cargolc.com)是基于云计算技术和行业大数据,专门为国际贸易及国际物流供应链上下游企业打造的集支付、融资、保险、理财于一体的互联网金融综合服务平台,使物流更诚信。

由以上可以看出,两个平台都涉及了门户服务、电子商务、物流服务、营运管理和数据交换等方面。宁波的四方物流市场是政府主导的,功能相对于奥林科技演化出的咖狗网更加齐全。咖狗网主要是提供了海运方面的服务,四方物流市场虽然包括了海运、陆运和空运,但是三者并没有联系起来,还是各自为政。二者虽然都涉及了金融方面,四方物流市场是依靠商业银行,而咖狗网是依靠自己建立的云融通。除此之外,四方物流市场建立了信用体系和电子政务服务板块。

(二)建设"甬新欧"班列中第四方物流服务平台的必要性

"甬新欧"班列的开通再结合传统的海运优势,可以很好地实现宁波港口经济圈的建设。但是"甬新欧"班列是跨区域、跨国家的铁路运输,所以单一的第三方物流企业已经不能满足市场的需求,必须建设第四方物流服务平台才能很好地解决"甬新欧通道"面临的问题,进而更好地为宁波港口经济圈建设服务。

1.为客户企业降低成本,创造超额价值

第四方物流服务平台可以帮助企业减少仓储、运输、物流网点等物流设施方面的费用,降低企业在物流方面的资金占用。让企业有更多的资金用到自身的核心业务上,把更多的精力专注于自身的核心产品上,从而极大地提升核心竞争力。由于第四方物流服务平台与客户企业的关系是利益共享的战略合作伙伴关系,所以企业可以利用第四方物流服务平台所提供的专业的物流供应链管理服务和高素质的物流人才,制定出以顾客为导向的低成本、高质量的物流服务方案。

像太平鸟、罗蒙、奥克斯、慈溪的小家电等众多宁波企业,要发展壮大就必须顺应全球化趋势,通过制定全球化战略来帮助自身应对经济全球化挑战,包括构建全球化的物流运作体系,而第四方物流服务平台可以为其提供物流全球化战略的捷径。

2.打通陆上班列,降低海上风险

近几年,我国的东海、南海不断出现国际纷争,还有马六甲海峡的海上问题,都是未定时的潜在炸弹,一旦出现问题,我国的海洋经济必将受到一定的

威胁。而"甬新欧"班列的开通,则提供了一条备选之路,一旦问题爆发,我国从港口出去走海运的集装箱就可以改走陆上的班列,通过"甬新欧"班列出境。所以"甬新欧"班列实现正常化运营是必需的,宁波要想把"甬新欧"班列建设好,就必须与第四方物流服务平台相结合。

综上所述,"甬新欧"班列要想更快更好的发展,只有与第四方物流结合起来,发挥二者的优势。"甬新欧"班列中第四方物流服务平台的建设,不仅能为宁波的企业降低物流成本,增加额外收益,还能在一定程度上为社会创造更大的经济效益。这不仅有助于解决国内中欧班列现存的区域之间恶性竞争的问题,还能在一定程度上降低海上运输的风险,并使宁波建设的港口经济圈的辐射范围更广更深。

(三)建设"甬新欧"班列中第四方物流服务平台的可行性

1.国际环境向好带来的可行性

宁波在"16+1"合作体系中已具有独特的优势与影响。中国与中东欧国家也已形成"16+1"合作框架,"16+1"经贸促进部长级会议和中东欧博览会在宁波成功举办,"一会两馆"已建成运营,这奠定了宁波在"16+1"合作中的良好基础和发展地位。在国家提出"一带一路"倡议的大背景下,中欧班列逐渐成为我国各区域加快对外开放的重要手段之一,被认为是带动地方经济转型升级的新引擎,提升城市形象的新名片,因为它为各国之间进行商品贸易提供了一个新路径。中欧班列相比海运的优势有安全性更高、时效性更强、不容易受自然环境的影响且绿色环保等,已经成为国际物流中的陆路运输方式里的骨干运输方式,目前已经得到了沿途国家和政府的普遍认可,并深受国内外进出口企业的青睐。

2.硬件设施齐备提供了保障性

宁波拥有优越的互联互通基础条件。宁波—舟山港货物吞吐量长年稳居世界第一,集装箱吞吐量也居全球第二,承担的中欧之间的货运量居全国之首。铁路北仑港站已经成为海铁联运的重要枢纽站。铁路宁波新货运北站于2014年建成,是华东地区设施最先进的铁路货运站。

3.充足的货量保障可行性

宁波是制造业大市,外贸出口总额已连续 3 年超过千亿美金,规模居全国第 8 位;与中东欧国家的贸易量在全国领先,占全国贸易总额的 1/20;宁波也是中东欧进口商品的集散地;在民间投资"一带一路"沿线国家项目中,宁波比例超过 20%。此外,对于韩国、日本与欧洲之间贸易的货物,可以吸引他们走海铁联运的方式,以宁波港口和新货运北站为中转。日本、韩国去往欧洲的货物先卸船再装上班列,而欧洲去往日本、韩国的货物则是由班列转装船上。一来为他们的货物运输提供了时效性,二来为宁波开通"甬新欧"班列增加了货量,为"甬新欧"班列的常态化运营提供了支撑。

综上所述,互联网和信息技术的快速发展,为建设"甬新欧"班列中第四方物流服务平台提供了技术支撑。宁波先天的区位优势和后期的硬件设施的修建以及充足的货量都让我们看到了可行性。所以"甬新欧"班列中第四方物流服务平台的建设是可行的。

五、"甬新欧"班列中第四方物流服务平台的设计

由前面的分析,我们知道"甬新欧"班列的开通不仅有利于宁波的企业发展与港口经济圈的建设,还能呼应我国提出的"一带一路"倡议的大布局,使海上运输和陆上运输通过宁波—舟山港连接起来,形成一个闭合的国际运输线路。为"一带一路"建设提供一个落地方案,为社会经济的发展提供助力,为潜在的海上问题提供备选之策。虽然中欧班列已经开通运行了数条,但是它们都是以内陆城市为起点的,如"郑新欧""渝新欧""义新欧"等,这导致它们的货源只能来自于国内与中东欧之间的国际贸易。由于货物来源受区域的限制,总量是固定的并没有太大变化,各个起点城市为了争抢货源,政府纷纷出台各种补贴政策,这导致区域之间为开通中欧班列而产生恶性竞争。从局部的某个城市来看,由于中欧班列的开通带动了本地经济的发展,但是从整个国家来看,区域之间的恶性竞争导致整个社会资源的浪费,整体的社会效益并没有多大的改善。而宁波地处沿海,可以利用自身港口优势,把日本、韩国、东南亚等国家与中东欧之间的贸易货物吸引过来,以宁波为海上和陆上运输的中转地,

海铁联运的方式可以节省很多运输时间,同时也可以为"甬新欧"班列保障充足的货源。此外,由于宁波地处我国最东边,可以和内地的城市联合来运行中欧班列,开通数条"甬 X 新欧"的固定班列。

"甬新欧"班列的开通是必然的,但是还面临着运行难的问题。一是没有一个信息平台帮助宣传"甬新欧"班列,很多企业虽然看好"甬新欧"班列的发展,想从宁波走铁路运输到中东欧,但是苦于"甬新欧"班列没有形成稳定的运营,不知道去哪里寻找"甬新欧"班列的消息。二是铁路运输涉及的报关报检等电子口岸方面,比较烦琐,因为涉及 6 个国家的口岸海关,不可避免地会存在重复查验的情况。三是由于语言、机制等方面的不相通,追求时效性和低成本、高效率的外国企业不敢轻易从宁波中转走海铁联运的运输方式。目前能解决这些问题的只有具有整合各种资源能力的第四方物流服务平台。由于笔者能力有限,仅从建设"甬新欧"班列中第四方物流服务平台的建设原则、系统架构、主要功能和管理制度四个方面来谈。涉及的技术方面内容则由专业人员后续去完成。

(一)"甬新欧"班列中第四方物流服务平台的设计原则

现代物流的发展之所以离不开第四方物流服务平台的支撑,是因为第四方物流服务平台具有跨地域、跨行业、技术高度密集、开放性高、扩展性强等特点。为了解决国内各区域之间的恶性竞争、部门割据和条块分割等现象,需要建立起一个协同的工作机制,来整合现有的各个物流信息平台的资源,提高物流服务效率,这就需要建设"甬新欧"班列中第四方物流服务平台,其构建应遵循以下基本原则。

1.面向用户易用性原则

"甬新欧"班列中第四方物流服务平台的用户会涉及多个行业、各个水平的人员,而且很多都不是计算机的专业技术人员,甚至对计算机的了解都很少,所以平台要以清晰友好的界面设计为主,最大限度地满足各个用户的使用需求,让各行各业的用户感觉到简单易用,使用户们都能通过该平台来提高自己的服务水平。由于平台涉及的内容较多且复杂,在设计时须多加考虑把涉及的内容进行模块化的封装,让使用人员在应用时更方便。同时还要保证系统的可维护性。

2. 安全可靠性原则

"甬新欧"班列中第四方物流服务平台的安全性是至关重要的。因为平台信息不仅涉及相关企业的内部数据信息，更关系着在该平台上进行金融交易的安全性。因此，要采用网络安全技术和严格的用户权限管理来保障系统安全，其服务也应该是全天候 24 小时都不间断的。因此，在规划和设计"甬新欧"班列中第四方物流服务平台时，平台的可靠性问题必须被考虑进来，我们可以采用常用且周全的备份方案来提高其可靠性，避免由于系统崩溃而带来难以挽救的严重后果。

3. 规范完整性原则

在"甬新欧"班列中的第四方物流服务平台提供物流服务的过程中，会涉及多个行业的各种客户，所以平台设计的完整性要充分地考虑在内，要能够保证在整个物流服务过程中，把所有相关联的人与物都考虑到平台的设计之中。为了保证信息在互相传输过程中的真实性，各方所获取的数据要保持一致，必须使信息统一规范起来。

4. 开放性和兼容性原则

任意的一个平台都不是独立存在的，需要不断地与众多其他机构信息平台交换信息。因此，平台系统的设计一定要充分考虑兼容性和开放性，组织不同信息源之间的数据，进而有效地整合整个社会的物流系统。"甬新欧"班列中第四方物流服务平台的重构应是一种能够支持分布在异构环境下的重构，而其必要条件是要具有开放性、标准化及软件重用性，这一点对整个平台的成功开发具有重要作用。

5. 先进性原则

在设计平台时，必须考虑平台的可扩展性来保证"甬新欧"班列中第四方物流服务平台的与时俱进。物流业的构成是复杂的，平台的设计与建设要体现出其理念、技术的优势，为物流产业的升级和结构调整提供引导和服务，要采用先进的系统规划和设计理念，运用具有先进技术的成熟产品，提供完善的售后服务，来降低系统的开发与维护成本。

(二)"甬新欧"班列中第四方物流服务平台的系统构架

根据上节提到的"甬新欧"班列中第四方物流服务平台的结构设计原则以及"甬新欧"班列与第四方物流的特点和内容的分析,设计的服务平台体系构架如图1所示。

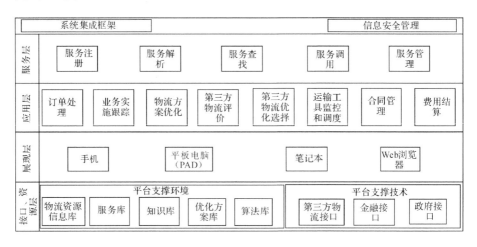

图1 甬新欧班列中第四方物流服务平台体系构架

第一层是接口、资源层,接口层是指"甬新欧"班列中第四方物流服务平台与第三方物流企业、金融企业、保险企业、政府部门等之间的信息共享与交流,资源层则为"甬新欧"班列中第四方物流服务平台提供了所需信息资源,包括物流资源信息库、服务库、知识库、优化方案库、算法库以及其他相关信息数据库等。

第二层是展现层,客户端不仅要可以在 Web 页面使用,还要能够在笔记本、平板电脑(PAD)和手机等个人随身携带的电子产品上使用,方便不同的用户们随时随地的办公使用。

第三层是应用层,该层是"甬新欧"班列中第四方物流服务平台的核心之一,包括了平台的主要功能,如业务实施跟踪、物流方案优化、第三方物流的优化选择、运输工具的监控与调度、订单处理、合同管理和费用结算等。

第四层是服务层,应用层中的物流流程需要通过具体的服务组件来实现,按照 SOA(Service-oriented Architecture,面向服务架构)的设计思想,物流提供商、信息提供商以及其他服务提供商提供的具体业务行为及相关信息必须封装成"服务",并进行注册后,第四方物流系统才可以调用、使用其功能。通过对服务的注册、解析、查找、调用和管理来完成应用层当中的具体物流业务流程。

(三)"甬新欧"班列中第四方物流服务平台的主要功能

1.服务平台的主要功能

根据以上分析,"甬新欧"班列中第四方物流服务平台的功能框架见图2。

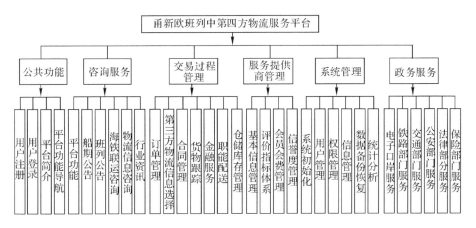

图2 甬新欧班列中第四方物流服务平台功能框架

"甬新欧"班列中第四方物流服务平台主要包括六大模块,分别是公共功能、咨询服务、交易过程管理、服务提供商管理、系统管理和政务服务。

公共功能包括用户注册/登录的界面、平台简介和平台功能导航,即平台建设所必需的基本功能。咨询服务包括平台功能、船期公告、班列公告、海铁联运咨询、物流信息咨询和行业资讯等方面,用户可以通过船期公告和班列公告自行选择海铁联运的方式,也可以通过海铁联运咨询来帮助自己选择最合适的海铁联运方式。交易过程管理是核心功能之一,包括订单管理、第三方物流信息选择、合同管理、货物跟踪、金融服务、职能配送、仓储库存管理等,此模块使得交易过程透明化,让交易涉及的服务提供方能够放心地提供服务,需求方能够放心地付款。服务提供商管理包括基本信息管理、评价指标体系、会员会费管理、信誉度管理,这个模块对平台涉及的各个服务提供商进行了约束,保证了信用方面的问题。系统管理包括系统初始化、用户管理、权限管理、信息管理、数据备份恢复、统计分析,此模块从后台对平台的正常运行提供了保障。政务服务包括电子口岸、铁道部、交通部、公安部、法律部、保险部门的服务,此模块的设计为用户提供了额外的附加值服务,尽可能让用户通过一个平台就可以解决自己的各种服务需求。

2.服务平台的运营模式

第四方物流有多种运营模式,如协同模式、集成模式、行业创新模式和动态联盟模式等。本文所要建设的"甬新欧"班列中第四方物流服务平台采用动态联盟模式,动态联盟模式见图3。其中的第四方物流服务平台可以通过彼此之间的相互联系,充分利用各自的优势来共同协作,而且第三方物流企业、信息平台和技术提供方不仅可以与第四方物流服务平台合作,还可以同时与其

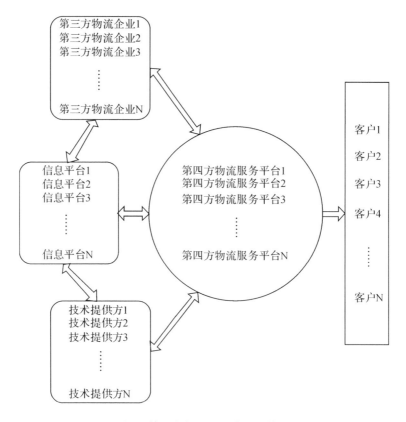

图3 第四方物流的动态联盟模式

他的第四方物流服务平台合作。同样的客户1在第四方物流服务平台1找不到自己的需求，可以去其他的第四方物流服务平台上寻找。"甬新欧"班列中第四方物流服务平台自身发展的同时还可以与宁波市现有的第四方物流服务平台——四方物流市场进行合作，共同壮大宁波第四方物流的发展。

宁波的四方物流市场表面是以企业为主体进行运营的，但是企业是宁波市的多个政府部门联合成立的，其涉及面广但没有专一性。"甬新欧"班列中第四方物流服务平台因为是以海铁联运为主的，所以最好找一个或多个在铁路方面经验较多的大型第三方物流企业为主体进行运营，政府对其进行多方支持。这样可以保证其专注于海铁联运，专心为"甬新欧"班列提供服务。

(四)"甬新欧"班列中第四方物流服务平台的管理制度

"甬新欧"班列中第四方物流服务平台建好之后，为了其能健康地运行，就需要建立一些相应的制度来保障。首先，要建立企业制度，即运营商制度、会员制度和其他制度。其次，要建立信用制度，即信用的创建、信用的采集、信用的公布和应用。最后，政府也要制定监管、培育和服务制度。

1. "甬新欧"班列中第四方物流服务平台的企业制度

企业制度的建立能加强会员管理，提高平台系统的稳定性和安全性，有利于保障市场环境的健康有序。但是设计企业制度要遵循合理弥补原则和连贯性与前瞻性原则。

会员管理制度是企业制度的基础，为市场的网上交易提供了保障。会员制度的设计要包含会员的权利与义务，如发布信息的管理，交易结算和纠纷调解与违约处理。还要建立核心会员退出的机制与普通会员晋升的机制，即核心会员扩展的动态制度。

由于服务平台的运营商会通过数据收集掌握很多核心会员的商业秘密，这些信息资源的价值异常宝贵，所以运营商必须要建立和完善与市场运营相配套的内部管理体系，规范市场内部工作人员的操作流程，保证平台的安全运营。因此管理制度应从风险控制、系统运行与管理、设备维护与管理、账号及权限设置的管理、档案管理、安全管理、人员管理与培训制度、保密制度等方面来考虑设计。

其他制度包括金融保险和中介服务。金融保险制度的建立是因为在网上交易时，进行保险交易的双方从来没有见过面，如果保险人又不能从其他渠道获得与被保人相关的私有信息，要对被保险人的风险水平进行精确的评估就会很困难。如果没有充分地了解被保人，保险人便轻率承保，就会给其带来很大的经营风险。因此一定要制定网上保险交易制度，并做好相关的监管工作。由于"甬新欧"班列中第四方物流服务平台的开展会涉及各个方面，各项中介服务也会融入平台当中，像代开发票等，所以要制定中介服务的制度，并对中介机构进行定期的考核，来保障其提供的服务水平不断增强。

2. "甬新欧"班列中第四方物流服务平台的信用制度

信用制度的建设一则可以保障交易双方的合法权利，促进经济交易的可预测性；二则可通过交易费用的降低来实现经济的交易行为；三则有利于形成良好的投资和经营环境；四则可以增强双方的商业道德意识。信用制度的建立可以通过规范人们的各种行为，来建立起彼此的信任关系，从而在交易中便可减少收集彼此信息的费用。

信用制度的创建，要先设计信用的评价标准，在确定信用的表现形式后还需要设计相应的指标体系来具体体现信用的增减值。其次要从银行信用、行业信用、交易信用三方面来进行信用采集。根据制定的评价标准对采集的信用进行分析并公布，之后便是信用的应用。

信用制度的核心便是应用，只有经过深度的加工应用才能充分发挥其应有的功效，但是应用也要遵循逐步推广，逐步深化的原则。平台运营的初始阶段信用信息以参考为主、应用为辅，然后逐步过渡到以应用为主，通过共建共享、信用联动（信用激励、失信惩罚、联合惩戒）最终使得信用信息得到各方的深度使用，发挥其在信用制度中的灵魂作用。

3. "甬新欧"班列中第四方物流服务平台的政府制度

政府管理制度是维护"甬新欧"班列中的第四方物流服务平台健康运行的重要保证。通过设计适应"甬新欧"班列中第四方物流服务平台市场运营管理的政府监督和扶持制度，保证"甬新欧"班列中第四方物流服务平台市场规范有序、持久发展。

政府监管制度。"甬新欧"班列中的第四方物流服务平台应该是一个规范自治的、有秩序的、可持续发展的平台，而不是一个放任自由、为所欲为的空间。作为市场秩序的管理者，政府需要履行其责任，通过加强对"甬新欧"班列中第四方物流服务平台的有效监管，以保证这个平台健康有序发展。克服信息不对称、外部性和不公平问题的重要手段就是监管。政府监管的任务就是以制度设计的方式避免制约因素的影响，鼓励和促进交易双方在政府引导下进行有序竞争。"甬新欧"班列中第四方物流服务平台要被监管，在线交易要规范，信息安全要有保障，平台的正常秩序要保持，这样才能保证公共服务的质量、效率和公平。

政府扶持制度，包括财政扶持和资源扶持。财政上主要扶持项目的投资体系，即在平台刚开始建设的阶段采用"政府推动，市场运作"的方式来扶持平台运营商，扶持核心会员企业。资源的扶持应包括企业融资、企业推广、运营管理、人才培养、技术改造补助、特许经营、贡献奖励等。此外，为维护核心会员权利，政府还应为其提供高效、便捷的绿色班列服务。

六、建设"甬新欧"班列中第四方物流服务平台的对策建议

影响"甬新欧"班列第四方物流服务平台建设的主要因素集中在政府的扶持、地方经济和国际贸易的发展、高端物流人才的保障、物流企业发展的规模和水平以及相关交易平台的功能等方面。由此可见，要推动"甬新欧"班列第四方物流服务平台的持续、健康发展，应优化外部发展环境、增强物流企业的自身素质、保障物流的人才质量、完善相关交易平台等。本文主要从政府、企业、社会三个方面提出一定的对策建议。

（一）政府层面

1. 政策支持

建设"甬新欧"班列第四方物流服务平台不仅需要相关技术上的支持，更需要政府政策上的扶持。由于"甬新欧"班列距离长、涉及的国家、区域多、范围广，所以只凭企业自身是无法去进行协商的，这就需要政府发挥作用。宁波

市政府一是要与国内其他区域之间的政府部门进行协商合作,使各省区市的海关口岸信息实现互通,避免重复报关查验导致的人力、物力、财力及时间上的浪费。二是可以与他们合作开通"甬X新欧"班列的路线,不与内陆争抢货源,反而为他们提供货源。三是可以与"甬新欧"沿线国家的政府进行协商,争取国际海关口岸信息达到互通,保障一次报关,形成一次通关到目的港的高效率的铁路运输;另外铁路部门之间要相互协作,在政府的支持下使各国的铁路设施统一规范起来,避免中途换轨带来资源上的浪费。

2. 财政补贴

为保证甬新欧班列能顺利进入五定班列,刚开始宁波市政府要进行适当的财政补贴,不只是对市内的企业给予适当的补贴,还要通过补贴把日本、韩国和东南亚等国家的货吸引过来,待他们习惯了海铁联运较海运带来的方便快捷之后,再适当地退出财政补贴机制。同时,宁波市政府还要出台一系列的相关政策,如在监督管理、信用、奖励等方面的政策,来保障"甬新欧"班列的正常运行、"甬新欧"班列第四方物流服务平台的良好运营,并对相关的法律进行完善,使"甬新欧"班列第四方物流服务平台的运行有法可依,有法可循。

(二)企业层面

"甬新欧"班列第四方物流服务平台涉及各行各业的多个企业,其强大的整合资源的能力离不开各个企业的积极配合。

1. 第三方物流企业要积极加入

第三方物流企业加入平台之后,要借助平台努力发展自身,因为第四方物流和第三方物流不是你生我灭的关系,而是同生共死的关系。第四方物流要想更快更好的发展壮大,首先要让第三方物流企业发展强大起来,然后在其基础上才能实现第四方物流的强劲发展。同样的,第四方物流的不断发展可以为第三方物流企业提供很多信息、技术、人才等方面的资源,帮助第三方物流企业更好的发展自身。

2. 生产、商贸企业要积极注册使用

生产企业、商贸企业等要积极注册并使用"甬新欧"班列第四方物流服务平台,尤其是宁波市本地的生产、商贸企业。之前"甬新欧"班列一直没有形成

五定班列(即定点、定线、定车次、定时、定价的快速货物列车),会舍近求远把货物通过公路运到其他城市,再走铁路运输到中东欧国家,而现在则可以直接从宁波出发走"甬X新欧"的班列运输。

3.外贸企业要积极参与

宁波外贸企业要积极开展与中东欧国家的贸易活动,不止在出口方面,在进口方面也要发展,以保证班列反趟的货源。只有进出口货源都有了充足的保障,才能真正降低"甬新欧"班列的运输成本,实现其低成本、高效率的优势,脱离政府的财政补贴,助推宁波经济的发展。

4.电子商务企业要积极参与

电子商务企业可以联合,并有一个或多个企业牵头,在"甬新欧"班列沿途经过的国家设立物流保税区。因为"一带一路"倡议的提出,沿途的很多国家都与中国交好,如巴基斯坦、捷克等国家。所以设立保税区一是有助于电商企业的发展,二是也可为班列提供货源。

5.中介和协会要积极响应

宁波市的相关协会要积极支持,如物流协会、企业家协会、企业联合会、电子行业协会、中介协会和服务外包协会等。协会可以通过自身号召力的优势,呼吁更多的协会会员加入"甬新欧"班列第四方物流服务平台,或者向更多的企业和大众进行宣传。

(三)社会层面

1.人才培养

"甬新欧"班列第四方物流服务平台发展的第一要素是高端的物流人才。但是就目前的情况来看,宁波甚至整个国内都较缺乏专业的、高端的物流人才,所以相关的人才培养是刻不容缓的。第一,可以从高校入手,虽然现在已经有高校设立了相关专业,但设置点不够多且一般都是专科院校,本科的较少,研究生的培养更是少之又少。所以高校应加大物流专业的高端人才培养,不只是理论方面的知识,而且要让他们到企业中去实践,培养他们物流方面的综合素质。高校还可以设立与物流相关的比赛,一是可以起到宣传作用,让更多的人了解并认识物流;二是可以通过比赛发现物流人才,进而重点培养他们。第二,物流企业可以从内部选拔培养高端人才,现存物流企业的员工多数学历较低,高学历的又可能是半路转行做物流的,所以对于学历较低但经验丰富的员工,可以选拔出一些优秀的员工进行深造,以此培养出来的高端物流人才,不仅专业知识过硬,而且对企业的忠诚度较高。此外,还可以通过引进外国的高端物流人才来帮助企业自身的发展,不过这种办法的代价一般较大,但是千军易得,一将难求,对于一些企业来说,这不失为一个寻找高端物流人才的好方法。

2.积极宣传

社会上也要积极支持"甬新欧"班列第四方物流服务平台的建设,有钱的可以进行投资,任何一个平台的良好运营都离不开资金的支持,没钱的可以积极为其宣传,让更多的人知道并了解"甬新欧"班列第四方物流服务平台。宣传可以通过电视、广播、报纸、自媒体等多种方式,相信只要宣传到位,自然会有越来越多的企业、志同道合的人加入"甬新欧"班列第四方物流服务平台的建设中。

综上所述,"甬新欧"班列的开通,对宁波与国家"一带一路"倡议的对接、港口经济圈的建设、经济的发展等,都是不可缺少的措施之一。所以"甬新欧"班列要想发挥其自身的最大经济效益,不只是简单的开通,还要保证能运行良好。而只有与能够最大程度整合各种资源的第四方物流相结合,建设"甬新欧"班列第四方物流服务平台,才能帮助宁波更好地发展"甬新欧"班列。

七、总结与展望

(一)总结

"甬新欧"班列目前面临的问题是货源问题。一是国内各区域为发展自己的中欧班列而展开的恶性竞争,导致宁波本地的货源流失。二是由于"甬新欧"班列自运行以来还没有形成稳定良好的运营,成本居高不下,货主在权衡运输成本和运输时间之后,还是会选择较传统的海运。三是回程货源不足,来去货物所用的集装箱不能共用。还有运营管理问题。"甬新欧"班列自运行以来一直都是政府主导的,每次政府换新人,该项目都会被搁置一段时间,没有系统的管理保障机制确保其良好的运行。

宁波现有的第四方物流服务平台虽然能在一定程度上为"甬新欧"班列提供服务,但是不能完全满足"甬新欧"班列的需求。所以本文结合"甬新欧"班列的问题和需求,从实际出发,为其量身设计第四方物流服务平台。运用第四方物流服务平台的强大的整合能力,整合货源、口岸、各种服务商、运输线路等等,缓解各区域之间的恶性竞争,从而促进"甬新欧"班列的健康运行。设计好平台之后并从政府、企业和社会三个方面为其健康运营提出了切实可行、可落地的对策建议。

(二)展望

从宏观层面来讲,"甬新欧"班列的良好运行有助于宁波服务于"一带一路"建设,服务于港口经济圈建设,同时可以降低海上风险。近几年我国东海、南海的海上纷争不断,一旦有实质性的爆发,"甬新欧"班列的运行就会为其提供一个很好的备选方案。

从微观层面来讲,"甬新欧"班列的良好运行可以为企业降低成本,提高运输效率。同时可以通过协调各种资源,避免无序竞争造成内耗,从而提高社会经济效益。

"甬新欧"班列的发展是势在必行的,但是其本身的复杂性让其实现良好的运行还存在一定的困难,因此必须结合第四方物流服务平台,运用其强大的整合能力来实现"甬新欧"班列的健康、良好的运行。因此推进"甬新欧"班列中的第四方物流服务平台的建设在将来一定会产生很好的效果。

参考文献

[1] 闫国庆,李肖钢,赵娜,等.第四方物流[M].北京:清华大学出版社,2011.

[2] 夏文汇,彭瑶,褚巍亚.第四方物流运作模式及无形价值链创造[J].重庆理工大学学报(社会科学版),2016(3):53—57.

[3] 宋新,赵小鹏.基于"菜鸟网络"的我国第四方物流发展探究[J].中国市场,2016(49):15—16.

［4］罗建辉.让第四方物流给企业带来更多价值［J］.中国物流与采购,2016(23):43.

［5］毛光烈.第四方物流理论与实践［M］.北京:科学出版社,2010.

［6］李健.我国第四方物流的发展模式研究［J］.价值工程,2011(13):23—24.

［7］庄胜男.宁波第四方物流市场发展研究［D］.杭州:浙江工业大学,2012.

［8］吴梦云,李雯.基于第四方物流的我国企业供应链模式优化研究［J］.物流技术,2012
(12):383—385.

［9］程建.郑州航空港第四方物流运作模式研究［D］.开封:河南大学,2014.

［10］宋永利.低碳经济视域下的第四方物流服务模式创新研究［J］.物流技术（装备版）,
2012(18):58—60.

［11］刘会齐.我国第四方物流的发展模式探析——从制度经济学视角的分析［J］.生产力
研究,2011(5):19—21.

［12］詹彦杰.基于电子商务平台的第四方物流模式创新研究［D］.福州:福州大学,2014.

［13］刘璠,贾宇.第四方物流企业协同运作模式研究——以五环通公司为例［J］.中国集体
经济,2012(27):102—103.

［14］闫国庆,刘子文.基于 MAS 的第四方物流协同模型研究——以宁波市为例［J］.财经
论丛,2014(1):79—84.

［15］杨桂丽,贺向阳.宁波第四方物流市场发展 SWOT 分析［J］.物流技术,2011(21):
9—11.

［16］李佳.具有可靠性要求的第四方物流系统网络设计与优化研究［D］.沈阳:沈阳工业大
学,2016.

［17］曹霞.渝新欧(重庆)物流有限公司物流服务模式研究［D］.重庆:重庆交通大学,2012.

［18］顾佳伟.第四方物流模式下基于本体的汽车物流服务系统研究［D］.天津:河北工业大
学,2016.

基于DEA模型的长三角主要沿江港口效率评价研究

李富军[*]

一、背景

20世纪80年代以来,物流行业在世界范围内迅速发展,并成长为一个令人瞩目的新兴产业。同时物流也被看作是新的利润源,未来经济的增长点。现代物流行业不断从过往传统的生产、流通中抽离出来,已不再是单一的传递运输,现代物流逐渐变为一种更加专业、独立的经济联结体,这个组织承担着世界上各种新型的经济活动,这种特点使之成为一个新的专业化领域。如今先进的物流理念已经被各国所接受并重视,无论是政府和企业都投入大量的人力和物力希望在这个新兴的领域得到丰厚的回报,同时物流也悄然成长为国民经济发展的重要部分。

新时代的物流是海运、陆运、空运多种运输方式的联合运输,港口作为联合运输的一个重要节点,在物流联合运输中起着桥梁的作用,它既连接着铁路运输、公路运输和管道运输,同时也是海上运输和陆上运输的起点或终点。港口在物流中扮演着人体心脏的角色,各种不同的运输方式犹如血管遍布身体的各个角落,而人体的健康和平衡需要心脏和血管协同合作才能维持。此外,港口物流时刻保持着与腹地经济的联动,因而港口的发展不仅能够增加自身的竞争力同时也能带动内陆地区经贸的发展。

---

* 李富军,男,浙江万里学院硕士研究生,主要研究方向:港口经济。

进入 21 世纪以后,世界港口迎来了新的发展浪潮,各国开始重视港口的建设,第三代港口逐步向第四代港口过渡,而第四代港口目前在我国还只是以概念的形势存在,想要将它实现还有很大的距离。但是,随着国外港口先进发展理念不断涌入我国,我国港口发展进入到了关键的转型期,主要表现为电子信息化和服务市场化,例如国外先进港口如今普遍使用 EDI 信息技术来传递信息,这一技术可以承载更多的信息资源并且减少人力资源的投入。此外,人们追求发展的脚步从未停止过,近年来供应链理论为学术界所热捧,这是对物流的一种全新的认识,这一发现也为物流的发展提供了理论导向和运营的手段。虽然近年来我国港口物流不断取得进步,但是我国很多港口总体规模小、实力不强、功能单一,加之港口盲目扩张、恶性竞争这些原因使得港口资源浪费、生产成本提高,整体效率低下。因此,港口改革和提升港口效率成为我国港口亟待解决的问题。

二、长三角主要沿江港口发展现状及未来发展方向

长三角地区是我国经济发展最为活跃、最具国际竞争力的区域之一。长三角地区有着许多的港口,它们既是对外的开放平台同时也是与我国中部地区经济交流的桥梁。借助长三角港口的枢纽作用来带动城市经济的发展,想要取得港口发展的进步必须要有自身的努力与政策的支持。江苏政府率先提出了加快开发沿江港口,政府认为沿江港口的建设能够成为带动城市发展的新的经济增长点。下面就以三个发展较好的长三角主要沿江港口为例进行分析研究。

(一)南通港发展现状

一般把南通港分为两种类型来解读,分别是狭义的南通港和广义的南通港。狭义的南通港是指由长江北岸的众多港区以及社会上的货主码头所组成的。而广义上的南通港不仅包括以上所述的长江以北港口还有正在建设的南通市深海港口,我们将其称作南通大港口。在我国长三角地区能够被称为江海组合港的只有上海港和南通港,上海港依靠自身发达的经济带动了港口的

快速发展,南通港则是希望以港兴城,先将港口建设好从而利用优越的地理优势来推动城市的发展。由于南通港自身有深水优势因而为适应国际上航道深水化以及船舶大型化的趋势,它率先在长三角地区提出了"大船品牌"的发展思路。基于这种思路的发展下,南通港大力建设大船进港的基础设施,现如今南通港可以容纳众多大船自由出入,同时大船战略的优点逐渐凸显出来。目前南通港已经成为长江区域煤炭、矿石以及石油原料等大宗物资的中转基地。除此之外,南通港并不仅仅把眼光放在当下,他们在发展港口基础设施之后又提出打造"服务品牌",我们知道港口本身就是在进行物流活动,而物流活动是在为货主服务,那么顾客就是上帝的口号也一样适用于港口,在世界竞争如此激烈的今天同业之间想在价格上取得优势难如登天,现在商人更多比拼的是服务。原因很简单,顾客就是上帝,如果失去了顾客那么你就会失去一切。南通港清楚地知道想要取得进步需要留住商客,那么想要吸引到客人除了价格就只剩服务可以左右客人的选择了。其实,服务至上的口号并不是现在才有,早在 20 世纪的时候南通港就提出了尽可能满足货主要求的工作目标,这与今天南通港的"服务品牌"不谋而合,只不过今天的服务跟以往相比不再是将货物装卸、运输这么的简单,其中包含了更多可以提供给顾客的增值服务。南通港的对客户服务至上的理念使其获得了更多客人的青睐,近些年来南通港在大宗物资方面取得的成绩让人振奋,下面以 2015 年南通港货物吞吐情况为例进行说明。

由表1可见,2014—2015 年南通港分类货物的总吞吐量增加了 4 万多TEU,货物吞吐量增加了 200 多万吨。虽然南通港 2014—2015 年中煤炭及制品、金属矿石等货物的吞吐量有少许降低,但是其主要货物粮食的吞吐量增加了许多,这对于南通港来说无疑是进步的。随着港口间竞争的加剧,各个港口间既要竞争更需要加强合作,港口一体化是今后发展的大趋势,那么每个港口充分认识自身的优劣势发挥自己的长处是使利益最大化的方式,所以南通港抓住自己主营的大宗货物就能在今后激烈的港口竞争中分一杯羹。

表1 2014—2015年南通港分类货物吞吐量统计

分类货物		单位	2014年吞吐量	2015年吞吐量
分类货物		万TEU	71.1	75.85
旅客吞吐量		万人次	—	—
货物吞吐量		万吨	21599.4	21868.7
其他	煤炭及制品	万吨	5247.6	4968.5
	石油天然气及制品	万吨	1273.7	1364.6
	金属矿石	万吨	6133.6	5682.4
	非金属矿石	万吨	—	687.3
	粮食	万吨	881.0	1042.7
	化工原料	万吨	—	315.7

资料来源:《中国港口年鉴2016》。

(二)南京港发展现状

南京港是我国长江流域主要的中转枢纽港,同时也是我国长三角地区和中西部地区经济圈的连接点。南京港自身地理位置优越,既在长江经济带上又是连接东西部航道的大脑,此外它坐落于海上丝绸之路的重要城市,良好的地理条件为南京港今后的发展起到了桥梁的作用。下面具体通过对2014—2015年南京港全港基础设施建设的情况以及港口吞吐量的情况来了解近些年南京港所取得的成绩。

由表2可见,除了港口堆场面积和容量有少许的降低之外,南京港整体无论是在基础设施建设上还是在港口的吞吐量上都有很大的突破。在基础设施方面,南京港新建了一定数量的码头,扩大了港口的码头长度,其中万吨级的泊位数增加了一个,这对于南京港来说是很大的进步。此外,南京港的吞吐量无论是出口货物量还是进口货物量都在增加,最让人惊喜的是港口集装箱吞吐量有了很大的飞跃。南京港所取得的这些成果来源于南京港股份有限公司能够抓住机遇、认准目标、努力拼搏。港口公司在巩固已有业务的同时不断开拓创新,积极去争取新的业务领域,目前南京港所拥有的主要业务是原油和成品油的中转,以及一体化的物流服务。在当前世界的大环境下,一是自然资源枯竭严重,然而石油的需求量却不断变大,那么原油和成品油的中转自然而然地成为公司的重点业务;二是物流服务,物流的理念进入中国相对较晚,随着信息逐渐的发达,我们知道物流不再仅仅只是运输服务,客户需求服务也在不断上升,物流的增值服务慢慢变得普遍起来,而物流服务在港口发展中的地位也逐渐变得重要起来,好的物流服务给予顾客美好的体验,他们愿意将自己的货物交给能让他们省心省力的公司,所以物流服务不仅是南京港的主要业务之一,也应是它们重点发展的方向。

表 2　2014—2015 年南京港主要设施及吞吐量

类别/计量单位	2014 年	2015 年
码头长度(米)	33845	36274
泊位个数(个)	335	346
万吨级(个)	59	60
堆场面积(平方米)	2589826	2315354
容量(吨)	11364741	10187558
货物吞吐量(万吨)	21977	22218
出口量(万吨)	8284	8776
外贸(万吨)	1034	1142
进口量(万吨)	13693	13442
外贸(万吨)	840	1109
旅客吞吐量(万人)	—	—
集装箱吞吐量(箱)	2764574	2940106
40 英尺(箱)	1015475	1043598
重量(万吨)	2517	2680

资料来源:《中国港口年鉴 2016》。

虽然南京港在不断取得进步,但是仍有一些劣势在制约着其发展。首先是长三角沿江港口的共性问题,南京港的基础设施建设落后,与国内外的发达港口相比,南京港无论是地理位置还是自身建设都没有任何优势,南京港的基础设施与上海港或宁波—舟山港相比,无论是质与量上都是处于落后的状态,这些使得南京港没有竞争优势。其次,南京港所处的长三角地区,港口林立竞争异常激烈,它尽管能够在长三角沿江港口中处于领先状态,但与其他沿海港口相比没法取得丝毫的优势,因此对比之下客人必然不会去选择它。除此以外,南京这座古城在不断地快速发展,以至于城市的发展迫使港口码头迁移,这进一步压缩了其发展空间,如何处理好城市与港口间共同发展的问题,这对南京港来说是一个头疼的难题。

(三)苏州港发展现状

苏州港作为长三角沿江的重要港口之一,既带动了苏州市的经济发展,又形成了长三角经济圈的主要经济增长点。与其他长三角沿江港口相比,苏州港综合运输能力更为强大,是长三角综合货物运输的枢纽港。苏州港有着良好的地理条件,其公路四通八达,航运条件也极为便利,尤其是苏州港中的太仓港区,其在长江岸线上拥有岸线平直、掩护条件优异以及江边海滩稳定的特点。我们同样以 2014—2015 年苏州港港口货物吞吐量来阐述港口目前的发展状况见表 3。

表 3　2014—2015 年苏州港分类货物吞吐量统计

分类货物		单位	2014 年吞吐量合计	2015 年吞吐量合计
集装箱吞吐量		万 TEU	444.99	510.19
旅客吞吐量		万人次	—	—
货物吞吐量		万吨	47792.05	53989.99
外贸货物吞吐量		万吨	12302.33	14091.15
其他	煤炭及制品	万吨	12239.63	13414.74
	石油天然气及制品	万吨	626.16	728.26
	金属矿石	万吨	12726.40	15094.75
	钢铁	万吨	4134.34	4277.25
	木材	万吨	1429.42	1463.18
	化工原料及制品	万吨	2029.72	2060.50

资料来源:《中国港口年鉴 2016》。

从表 3 可见,2014—2015 年苏州港所有种类的货物吞吐量都有所增长,其中以矿石类和煤炭制品增长较多,这也就说明了苏州港目前主要经营的大宗货物类型是矿石和煤炭制品,虽然石油天然气制品和木材的吞吐量与其他类型资源相比非常少,但是其吞吐量的增长也说明苏州港并没有抛弃这些业务。

尽管在上面的分析中苏州港各种类型货物的吞吐量都有一定程度的增长,但是苏州港目前发展的形势依然十分严峻。苏州港有自身独特的地理优势,可是苏州港深水线上的资源十分匮乏,尤其是容易开发并且条件优良的深水岸线无比稀缺,我们清楚目前港口对于岸线资源的利用缺少统筹规划,无法最大限度地发挥资源的效益,这也是目前苏州港自身发展所面临的最大难题。随着世界港口的不断发展,如今港口的作用不仅仅是货物的装卸、运输,港口被赋予了更多的功能。例如作为一个中转枢纽港,苏州港在巩固传统物流装卸服务的基础上更多的是要发展物流增值服务,具体来说就是更好地满足客户的需求,顾客将货物交给了港口但是货物的安全一定是顾客十分担忧的问题,这时港口为客户提供货物追踪的服务必定会提升客户的信任和好感度,物流服务是没有一定标准的,只有更好地满足客人的需求才能博得顾客的信赖,只有这样才能使苏州港更好的发展。除此以外,限制苏州港发展的还有港口基础设施建设的落后,港口想要在竞争中脱颖而出必须提升自身效率,引进先进的生产技术,这些都需要信息技术、基础设施的支持,苏州港未来需要改善的地方有很多,只有不断提升自身竞争力才能在众多港口的竞争中立于不败之地。

(四)长三角沿江港口未来发展方向

贸易全球化给各行各业带来的既是机遇也是挑战,对于港口而言如何把握机遇快速发展是当前的主要问题。通过对国外先进港口的学习我们总结出港口一体化是今后长三角港口发展的大方向。随着目标的确立,港口一体化进程的不断推进,长三角一体化的格局将逐渐形成。长三角港口一体化需要各个港口发挥自身所长,港口间不仅仅要取长补短、摒弃己见,同时也要尽量去做到信息、资源的共享。一体化实现过程中有很多的难题,首先就要解决基础设施一体化的问题。目前的情况是长三角地区虽然形成了战略联盟可是各个城市间的公共基础设施,例如机场都无法共享,这样的话在一体化过程中就无法统筹全局使长三角沿江港口得到更好的发展。

除此以外,港口模式的不同也会影响港口一体化的实施。我国在港口体制改革以后,各个港口的投资主体变得不同,有的港口是国家投资控股,如镇江港,有的港口是船务公司进行投资控股的,如中远集团控股的扬州港,也有的是投资者进行控股的,如泰州港,还有的是投资者进行参股的,如南通港。不仅如此,我国的港口从性质上也能分为几个类型,大部分的港口是国营港口,此外还有部分的是民营港口,未来,我国也还会出现外资港口。目前长三角沿江港口的情况是各个港口为了自身的利益相互之间盲目地开发建设,同时进行价格上的恶性竞争,这种做法无论是对港口自身还是未来长三角港口一体化的发展都是有百害而无一益的。尤其是资源越来越珍贵的今天,盲目地开发而不能提高其利用率是对资源的极大浪费,这将为长三角港口一体化发展的明天抹上一层阴影。

从战略布局来看,长三角沿江港口的一体化是为了统筹兼顾各个港口,这样做能够最大限度地发挥各个港口的优势,具体来说有以下几个方面的意义:(1)港口一体化发展可以对区域港口的整体布局进行规划,同时市场结构可以优化调整从而平衡各方利益以追求区域港口的利益最大化。(2)加强各个港口在具体工作上的协调与分工,对货物运输市场进行细分,同时整合各个港口的资源来完善运输功能,最终达到减少资源浪费避免港口间的恶意竞争,使得港口在长三角区域内畅通无阻。(3)港口一体化为的是让港口间加强合作联系,在合作中提升各个港口自身的实力,从而维护长三角沿江区域内港口的共同利益达到合作共赢的目的。从目前来看,区域内的港口已经意识到区域港口一体化的重要性,他们已经开始了与其他港口间的合作,最好的例子就是以上海为核心"一体两翼"战略的提出,而宁波港、舟山港合并成宁波—舟山港是对港口一体化最好的示范。除此以外,苏州也在推进一体化战略的进程,它们将张家港、太仓港以及常熟港一起整合起来作为苏州港的门面。除了港口自身的努力以外,政府也根据港口的需求积极帮助区域港口一体化的发展,中央政府不断地出台相关政策促进港口间的交流与合作,地方政府同样实施相关举措为区域港口搭建沟通合作的平台,以此来促进长三角沿江港口一体化的发展。

三、基于 DEA 的长三角主要沿江港口效率实证分析

(一)港口绩效评价模型的选取及构建

投入产出变量有如下要求:(1)数据处理时投入产出指标必须为正。(2)投入和产出指标应具有实际参考意义,所选取的指标能够被企业的管理者或相关受益人注意。(3)输入指标遵循投入越小越好的原则,产出指标的选择则要越大越好。(4)DEA 模型要求样本个数不得小于投入、产出指标和的两倍,不然样本效率差异不够明显影响判断。

借鉴以往学者对港口效率的研究,投入指标一般选取的是码头泊位的长度、吊桥数量、堆场面积和员工人数,产出指标大部分选择货物的吞吐量或集装箱吞吐量。本文考虑到数据的可得性和合理性,选择码头上的泊位数和泊位长度作为输入指标,选择货物吞吐量和集装箱吞吐量作为输出指标。

输入指标:泊位数。泊位通常是指船在码头停靠的地点,是港口码头建设最重要的基础设施。港口泊位不但可以反映出船只在港停靠的时间和货物装卸的效率还会影响港口货物的吞吐量,所以泊位一般是考察港口效率的重要指标。同样的,泊位长度能够为港口部门提供停靠码头船舶的数量,我们也将其作为输入指标。

输出指标:货物吞吐量、集装箱吞吐量。货物吞吐量是体现一个港口产出能力的重要指标,集装箱吞吐量是未来海运发展的方向,是港口现代化的标志,所以选取货物吞吐量和集装箱吞吐量作为输出指标。

港口效率水平的研究除了要选择和构建恰当的指标体系外,最重要的是要搜集准确的数据资料。该篇文中数据资料主要来源于《中国港口年鉴》、浙江省统计年鉴、政府部门的门户网站。在搜集的过程中,笔者遇到了很多的技术性难题,对于有些年份的统计数据,我们从统计年鉴上所找到的和政府门户网站上的有出入,有的数据则是年鉴上和网站上都没有记载,对于这些问题笔者积极寻求港口人员帮助,最终确认准确的数据予以解决。本文选取的是 2012—2015 年长三角主要沿江港口的数据进行处理,然后对其进行横、纵向分析。

（二）数据收集

基于港口数据可获得性和实效性的考量,研究样本选择的是长三角港口群中的 8 个沿江港口,并准确收集到 2012—2015 年的港口基础设施的数据,数据来源为《中国港口年鉴》以及港口官方网站。

目前我国港口较国外发达国家发展普遍滞后,长三角地区作为我国重要经济圈,其港口的发展状况对我国经济有重要意义。笔者选择了长三角港口群中的 8 个主要沿江港口作为研究对象,样本数量符合 DEA 模型中对样本数量 2～3 倍的要求。此外,通过对长三角这几个主要沿江港口效率的分析、对比,可以让其他港口找出自身的不足,为港口今后的发展方向提供指导与参考。

从表 4 可以看出 8 个港口的泊位数、泊位长度除了 2013—2014 年以外都呈现递增的发展趋势,这表明港口是不断地在完善和加强基础设施建设。2012—2015 年的输出指标,无论是货物吞吐量还是集装箱吞吐量每年都稳步提升,这也是港口基础设施不断完善和港口进步的象征。

表 4　长三角主要沿江港口 2012—2015 年输入、产出变量统计描述

年份	变量统计描述	产出指标		输入指标	
		货物吞吐量（万吨）	集装箱吞吐量（万 TEU）	泊位数（个）	泊位长度（米）
2015	最大值	88929.5	3654.0	1300.0	126900.0
	最小值	7576.0	17.2	77.0	8770.0
	平均值	30245.0	743.1	417	42201.1
	标准差	29214.7	1273.7	426.4	38630.4
2014	最大值	75529.0	3529.0	1220.0	126000.0
	最小值	6209.0	10.3	62.0	8218.6
	平均值	26469.5	703.6	363.8	37457.8
	标准差	22742.5	1215.8	398.2	35785.7

年份	变量统计描述	产出指标		输入指标	
		货物吞吐量（万吨）	集装箱吞吐量（万 TEU）	泊位数（个）	泊位长度（米）
2013	最大值	80978.3	3361.7	1191.0	124000.0
	最小值	5010.0	5.0	56.0	6236.0
	平均值	29316.2	672.0	351.8	34909.5
	标准差	28797.2	1152.5	392.1	36352.0
2012	最大值	74401.0	2002.0	1183.0	122900.0
	最小值	3137.0	2.2	55.0	5349.0
	平均值	24546.8	496.6	356.0	34789.2
	标准差	22838.4	767.5	387.0	35724.2

数据来源：根据 2012—2016 年的《中国港口年鉴》整理而成。

(三)DEA 效率测度及结果分析

通过运用 DEAP2.1 软件,笔者对 2012—2015 年长三角主要沿江港口的综合技术效率、纯技术效率和规模效率进行了计算。因为 DEA 模型在原则上要求数据的非负性,因而本文对港口效率测度时把当年为负值的数据予以剔除。

运用 DEAP2.1 软件对 2012—2015 年长三角主要沿江港口效率进行分析计算,所得结果如下。

1.综合效率

DEA 方法下的技术效率是港口综合运营效率,可以看作它是纯技术效率和规模效率的乘积。从表 5 可知,2012—2015 年港口综合效率均值排名前三位的是南通港、扬州港以及南京港,他们的综合效率均值分别是 1.000、0.811、0.952;紧随其后的是苏州港和泰州港,他们效率均值也达到了 0.674 和 0.547;综合效率均值位于行业尾部的三个港口是常州港、无锡港和镇江港,他们技术效率均值都在 0.500 以下,分别是 0.150、0.401、0.457,这表明港口分别有着 0.850、0.599 和 0.543 比重的资源浪费。

表 5 2012—2015 长三角主要沿江港口综合效率

	2012 年	2013 年	2014 年	2015 年	均值	标准差
苏州	0.409	0.635	0.737	0.914	0.674	0.183
南京	1.000	1.000	1.000	0.808	0.952	0.083
南通	1.000	1.000	1.000	1.000	1.000	0.000
无锡	0.371	0.342	0.43	0.462	0.401	0.047
扬州	0.721	0.719	0.862	0.941	0.811	0.095
镇江	0.410	0.496	0.496	0.425	0.457	0.040
泰州	0.531	0.704	0.454	0.499	0.547	0.095
常州	0.137	0.146	0.158	0.158	0.150	0.009
行业均值	0.572	0.630	0.642	0.651	0.611	
标准差	0.310	0.298	0.305	0.305	0.276	

数据来源:根据 2012—2016 年的《中国港口年鉴》,由笔者计算而得。

2012—2015 年,效率波动比较大的是苏州港。这里需要特别解释的是,该波动是各港口每年相对效率的波动,并非绝对效率衡量,类似于行业排名的波动。

2012—2015 年,只有苏州港的综合效率是逐年递增的,苏州港在 2012 年的综合效率只有 0.409,低于行业均值 0.572,之后 3 年则都超过了行业均值,到了 2015 年达到了 0.914,资源基本没有浪费。南京港与南通港作为长三角地区发展较好的两个主要沿江港口,在 2012—2014 年的综合效率值均为 1,区别在于 2015 年南京港稍有降低,为 0.808,而南通更为稳定综合效率值依然为 1。南通港与南京港近年来稳定高速发展,无论是从港口运营管理、基础设施建设、电子信息技术的运用来讲,两个港口都大力发展合理统筹的能力,与其他长三角沿江港口相比资源浪费的比重几乎可以忽略不计。从表 5 我们可知,常州港综合效率始终低于各年的平均水平。常州港与其他港口相比自身设施较为落后,其交易货种以煤炭、钢材、化工原料等为主,而近年来受环保因素的制约,我国市内大力推广天然气以降低对煤炭的依赖,从而造成煤炭吞吐量下降,而国内房地产行业的不景气也降低了钢材、混凝土的使用,这些因素共同影响了常州港这类港口的发展,那么常州港综合效率值在样本中最低也就不足为奇。

2012—2015年研究的沿江港口综合效率中均值排名前三的为南京港、南通港和扬州港,然而这并不代表这三个港口的效率最高,只是在这期间这三个港口综合效率进步较为明显。再来看各个港口的标准差,令人意外的是苏州港是波动最大的港口,通过横向分析可知,在2012—2015年苏州港综合效率的起伏很大,这也验证了其标准差最大是符合实际情况的。此外,南通港的标准差为零,这意味着这些年它的综合效率稳定,没有太大的变化,而常州港的标准差为除南通港外最低的,虽然常州港综合效率较低,但是它的波动也较小,比较稳定。

从综合效率的港口平均水平来看,2012—2015年港口的均值逐年递增,代表了港口在不断进步,而标准差有所波动,这说明港口的效率差异较为平稳,港口间的效率差异既没有扩大也没有缩小。最后,2015年的综合效率均值达到0.651,高于前3年的水平,但是这并不能说明港口整体的综合效率水平要超过了前3年,只能说明2015年港口营运的相对有效性较高。除此之外,我们可以发现DEA法在对效率评价研究当中的不足之处在于,DEA法仅仅是在静态情形下对港口的综合效率进行了分析,这一不足我们将在后续研究中用DEA马氏指数法来解决。

2. 规模效率

用规模效率来衡量港口在一定的技术水平下,各个港口能否在最佳状态下进行经营,这也可以反映出港口现有规模与最优规模的差距。规模效率与技术效率和纯技术效率的关系是规模效率＝技术效率/纯技术效率。规模收益通常是分为三种情况:首先是规模收益递增,其次是规模收益递减,最后一种是规模收益不变,在这三种情况下,不管港口是规模收益递增抑或是规模收益递减,这都表明港口的经营存在规模不经济效应,港口需要对自身规模进行控制才能达到最佳经营规模,只有规模效率为1时,即规模收益不变才是港口经营管理所追求的最优方案。

从表6可见,2012—2015年的4年间,规模效率有效的港口只有南京港和南通港,并且南通港是连续4年规模效率值为1,而南京港连续3年规模效率为1,这表明南京港与南通港在当前规模下收益最优、发展最好。苏州港的规模效率 2012 年低于行业均值仅为 0.409,之后逐年递增,2015 年已经达到 0.914,远高于当年行业水平,这表明苏州港通过对港口规模效率的控制,已慢慢趋于规模收益最优化,但仍有发展改善的空间。

表 6 2012—2015 长三角主要沿江港口规模效率

	2012 年	2013 年	2014 年	2015 年	均值	标准差
苏州	0.409	0.635	0.737	0.914	0.674	0.183
南京	1	1	1	0.808	0.952	0.083
南通	1	1	1	1	1	0
无锡	0.916	0.935	0.975	0.984	0.952	0.028
扬州	0.928	0.952	0.985	0.989	0.964	0.025
镇江	0.811	0.823	0.845	0.843	0.831	0.014
泰州	0.805	0.852	0.891	0.91	0.865	0.04
常州	0.683	0.707	0.679	0.712	0.695	0.014
行业均值	0.819	0.863	0.889	0.895	0.826	
标准差	0.198	0.136	0.126	0.102	0.168	

2012—2015 年,规模效率均值排在前三的是南通港、扬州港然后是并列第三的南京港和无锡港。港口整体规模效率较高,港口历年规模均值效率除了 2012 年以外,规模效率得分均在 0.820 之上,2012 年是港口整体均值规模最低的一年,这表明港口整体的规模收益在不断提升。

从各企业连续 4 年的规模效率标准差来看,南通港规模效率始终没有出现过波动,其他港口规模效率波动也不大,但是苏州港是个例外。2012 年是港口规模效率波动最大的一年,标准差达到了 0.198,而 2015 年仅有 0.102,再通过横向对比各港口规模效率发现,苏州港和南京港在 2014—2015 年波动最大。苏州港规模效率逐年递增,但是其波动较大因而标准差为 8 个港口中最大的。

再纵向观察整体港口 2012—2015 年各年的标准差为逐渐降低的,表明规模效率的变化趋于稳定,并且从行业均值可以看到规模效率逐年递增,这也反映出各个港口每年都在对规模效率进行改善,希望通过提升规模效率来改善综合效率。

3.纯技术效率

企业基于组织协调相关资源,使资源得到合理配置和有效利用,通过运用新的技术等一系列因素而影响生产效率。纯技术效率等于1,是指在当前的技术条件下,投入生产要素得到了最大化的利用。纯技术效率所能够体现的是一个港口的技术控制水平和港口的管理水平。从表7可知,纯技术效率有效的港口在2012—2015年均占了总港口的3/8,最重要的是这些年纯技术效率有效的港口都是一样的,这告诉我们技术有效性的港口效率也同样具有持续性和稳定性。因此,这些港口的管理水平和技术控制水平相比较于其他港口不仅先进而且稳定。

表7　2012—2015长三角主要沿江港口纯技术效率

	2012 年	2013 年	2014 年	2015 年	均值	标准差
苏州	1.000	1.000	1.000	1.000	1.000	0.000
南京	1.000	1.000	1.000	1.000	1.000	0.000
南通	1.000	1.000	1.000	1.000	1.000	0.000
无锡	0.405	0.366	0.441	0.469	0.420	0.045
扬州	0.777	0.756	0.875	0.951	0.840	0.086
镇江	0.506	0.603	0.587	0.504	0.550	0.051
泰州	0.660	0.827	0.510	0.548	0.636	0.123
常州	0.201	0.207	0.231	0.222	0.215	0.012
行业均值	0.694	0.720	0.706	0.712	0.740	
标准差	0.305	0.305	0.301	0.310	0.297	

从2012—2015年的纯技术效率标准差来看,港口普遍都低于0.310,可见港口的纯技术效率变化不大都是趋于稳定的。2015年港口的标准差最大纯技术效率均值仅低于2013年的0.720,这说明2015年港口纯技术效率高的企业多了但相互间的差异较大;2013年的纯技术效率均值最高标准差最低,表明港口在2013年管理控制水平在历年间是最好并且最稳定的。

各年间纯技术效率波动较大的是泰州港和南通港,标准差分别为0.123和0.086。纯技术效率波动最小的是连续4年纯技术效率等于1的3个港口,他们是苏州港、南通港和南京港。

(四)基于 DEA 的 Malmquist 指数法全要素生产率分析

上面的效率分析都是利用 DEA 法对各个港口从 2012—2015 年每一个单独年份内的各个港口之间效率的对比和分析,换而言之是在面板数据的基础上对长三角主要沿江港口静态效率的评价,这种方法的缺陷显而易见,即我们只能对港口进行静态的纵向分析。例如,一个港口有可能在两个时期的效率值均处于效率前沿面之外并且本期效率值低于上期,然而他的绝对效率值有可能高于上期,这种情况是静态 DEA 方法分析中所无法解决的。于是我们通过运用 Malmquist(马氏指数)与 DEA 相结合的方法,使用面板数据来计算全要素生产率和技术变化以及技术有效性,从而能够更好地测度出决策单元时间序列上的生产率变化即效率的动态变化。

运用 DEAP2.1 软件计算基于 DEA 效率前沿面的马氏指数生产率变化,结果如图 1 所示。

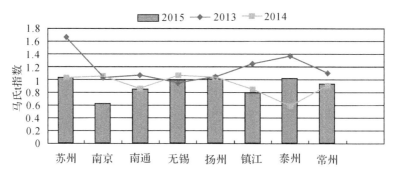

图 1　2013—2015 年长三角主要沿江港口马氏指数

因为马氏指数所测算的是前后各期生产率变化的情况,所以根据 2012—2015 样本数据我们可以计算得到 2013—2015 年的马氏指数。

马氏指数能够全面地反映出港口运营效率的情况,而且可以分解为技术效率和规模效率的乘积。2013 年的行业均值为 1.206,港口整体生产率水平较 2012 年有所增长;从纵向来看,2013 年港口马氏指数大于 1 的有 8 个港口,并且几乎全部有所增长,然而到了 2014 年马氏指数大于 1 的降低到 4 个港口,少于样本港口的一半,所以 2014 年是港口生产效率大退步的一年,港口均值降低到 0.928。综合来看,国际经济不景气是主要原因,同时港口盲目扩建,没有合理的规划使港口出现资源浪费、效率低下的逆发展状况。到了 2015 年港口马氏指数均值有所提高(为 0.934),但港口指数大于 1 的仍旧是 4 个港口,港口整体生产效率没有大的改善。

由表 8 可知,2013 年是港口全面复苏的一年,除无锡港之外的其余 7 个港口生产率均有不同程度的提升。其中苏州港的生产率提升最大,马氏指数达到了 1.664,其次是泰州港 1.372 和镇江港 1.252,而无锡港较 2012 年稍有退步但降幅不大,指数为 0.953。

表 8　2013—2015 年长三角主要沿江港口马氏指数

	2013 年			2014 年			2015 年		
	效率变化	技术变化	全要素生产率变化	效率变化	技术变化	全要素生产率变化	效率变化	技术变化	全要素生产率变化
苏州	1.552	1.073	1.664	1.16	0.890	1.033	1.240	0.829	1.028
南京	1.000	1.032	1.032	1.00	1.058	1.058	0.808	0.777	0.628
南通	1.000	1.072	1.072	1.00	0.869	0.869	1.000	0.851	0.851
无锡	0.922	1.034	0.953	1.01	1.058	1.071	1.334	0.747	0.996
扬州	0.997	1.043	1.040	1.00	1.030	1.036	1.300	0.779	1.012
镇江	1.211	1.034	1.252	0.80	1.058	0.851	1.064	0.747	0.795
泰州	1.327	1.034	1.372	0.56	1.027	0.583	1.246	0.815	1.016
常州	1.066	1.034	1.101	0.86	1.058	0.912	1.249	0.747	0.933
均值	1.156	1.043	1.206	0.92	1.012	0.928	1.197	0.782	0.934

2014 年是港口生产率大退步的一年,但是苏州港、无锡港、南京港、扬州港较 2013 年依然在增长,马氏指数均大于 1。其中无锡港和南京港的生产力进步最大,分别为 1.071 和 1.058。生产率退步最大的是泰州港和镇江港,指数水平分别为 0.583 和 0.851,泰州港和镇江港均为规模较小,主要承担装卸、仓储等物流服务,它们作为国内的中转港口受国内经贸影响较大,近年来国内经济疲软也直接影响了这类港口的生产力。

马氏指数还可以进一步分解为技术效率变化和规模效率变化,而技术效率变化又可以分解为技术变化和纯技术效率变化。所以,对于港口生产率变化的影响因素我们可以分别从以上几个方面进行寻找。下面就进行 Malmquist 指数的分解研究。

1. 技术变化和效率变化

技术变化可以反映出港口技术的进步或者说是技术本身的更新与提高，而在港口原有技术条件下所提升的生产效率称之为纯技术效率。

由表9可知，2013年和2014年长三角港口整体实现了技术进步，分解出的技术变化为1.045和1.006，都大于1。2013年所选的8个港口技术变化均大于1，到了2014年技术变化大于1的港口变成了6个，2015年是所选时间段中唯一的技术变化小于1的一年，整体均值仅为0.787，再通过纵向观察发现，2015年的技术变化与2013年形成鲜明的对比，造成这种的原因是多方面的，有经济的影响、港口发展策略的转变等。

表9　2013—2015长三角主要沿江港口技术变化

	2013 年	2014 年	2015 年
苏州	1.073	0.890	0.829
南京	1.032	1.058	0.777
南通	1.072	0.869	0.851
无锡	1.034	1.058	0.747
扬州	1.043	1.030	0.779
镇江	1.034	1.058	0.747
泰州	1.034	1.027	0.815
常州	1.034	1.058	0.747
均值	1.045	1.006	0.787

将生产率变化分解为技术变化和效率变化来看，2014年生产率退步的港口如镇江港和泰州港，其技术变化分别是1.058和1.027均大于1，所以它们的生产率退步的主要原因是效率不足。相反的，2015年有4个港口，如苏州港、扬州港、泰州港等的生产率增加但是它们的技术变化都要小于1，这主要是由效率变化进步所提升的生产率。

2. 纯技术效率

技术效率变化是纯技术变化与技术变化的乘积。由表10可知，2013年8

个样本港口的技术变化均大于 1,但是技术效率大于 1 的只有 6 个港口,南京港和南通港的技术效率维持不变。造成这种结果的原因可能是,长三角沿江港口策略性的选择,即先加大对基础设施的投入和建设来提升港口的规模和整体生产能力,由于港口的预算和投资有限无法同时兼顾技术和规模的升级,因而暂缓了对技术的创新使用。

表 10　2013—2015 长三角主要沿江港口技术效率变化和技术变化

	2013 年		2014 年		2015 年	
	技术效率变化	技术变化	技术效率变化	技术变化	技术效率变化	技术变化
苏州	1.552	1.073	1.664	0.890	1.240	0.829
南京	1.000	1.032	1.032	1.058	0.808	0.777
南通	1.000	1.072	1.072	0.869	1.000	0.851
无锡	0.922	1.034	0.953	1.058	1.334	0.747
扬州	0.997	1.043	1.040	1.030	1.300	0.779
镇江	1.211	1.034	1.252	1.058	1.064	0.747
泰州	1.327	1.034	1.372	1.027	1.246	0.815
常州	1.066	1.034	1.101	1.058	1.249	0.747
均值	1.134	1.045	1.186	1.006	1.155	0.787

2013—2014 年技术效率变化有所提升,2014—2015 年技术效率变化却又下降,再观察技术变化可知,2013—2015 年技术变化逐年降低,由此可知2013—2014 年技术效率变化提升的原因是纯技术变化的提高,而 2014—2015 年技术效率退步较大且没有一个港口技术变化大于 1,因而该年技术效率变化降低的主要原因就是技术变化的退步。

2014 年镇江港和泰州港综合效率的退步对其生产率的影响相对技术变化而言是更大的,而镇江港和泰州港的技术效率为 1.252 和 1.372,均比 1 大,同时也明显地超过了镇江港和泰州港的综合效率值 0.805 和 0.568,因而镇江港和泰州港的生产率退步的主要原因是综合效率的退步。

3.规模效率变化

2013—2015 三年间港口规模效率变化均值小于 1 的仅有 2015 年。通过上面的效率分析可以知晓,2015 年港口的生产效率退步的主要原因是规模效率的退步造成的。2015 年规模效率变化指数大于 1 的仅有 3 个港口,它们是苏州港、扬州港和镇江港,南通港的规模效率维持不变,其余的 4 个港口规模效率变化均小于 1。2014 年港口整体规模效率均值大于 1,规模效率指数低于 1 的港口维持不变的仍为 4 个,它们是无锡港、扬州港、镇江港和常州港,见表 11。

表 11　2013—2015 长三角主要沿江港口规模效率变化

	2013 年	2014 年	2015 年
苏州	1.552	1.161	1.240
南京	1.000	1.000	0.808
南通	1.000	1.000	1.000
无锡	1.004	0.978	0.895
扬州	1.015	0.911	1.103
镇江	1.003	0.918	1.056
泰州	1.010	1.065	0.878
常州	1.001	0.989	0.864
均值	1.073	1.003	0.981

由表 11 可知,南通港规模效率始终稳定,在 2013—2014 年南京港规模效率没有变化,但 2014—2015 年其规模效率有所降低,结合表 8 中南京港全要素生产率低于 1 可知,造成这种情况的主要原因是规模效率的退步。而常州港的生产率逐年降低的原因也是规模效率的降低。

综上所述,2014 年镇江港和泰州港的马氏生产率指数小于 1,即生产效率退步的主要原因是综合效率变化退步造成的,而 2015 年,虽然南京港纯技术效率变化大于 1,但由于技术效率变化值 0.777 小于综合效率变化 0.808,所以其生产效率倒退主要是因为技术效率的降低导致的。

(五)提升长三角主要沿江港口效率的对策建议

1.提升技术效率

(1)引进高端的物流技术。在港口不断升级发展过程中,港口理应把目标放在引进先进物流技术以及对接国际标准上,我国港口要通过提高港口自身的货物装卸技术、产品仓储技术以及水路运输技术来有效提高港口作业效率从而降低港口的运营成本,最终目的是要提升港口融入全球港口圈的控制能力。如今国际标准已经是经济全球化的产物,随着世界港口的发展我国港口加入国际标准是一种必然结果。是否采用国际标准已经成为衡量一个港口能否参与国际竞争的主要标准。为了能够尽早地实现长三角港口与国际标准接轨的发展目标,长三角港口群推广并应用先进的港口技术与国际标准已势在必行。

(2)加强港口的信息化建设。加强港口内部信息化是未来港口的发展趋势,如今越来越多的港口通过利用信息技术来增强港口业务的信息管理化程度,以此来提升港口的核心竞争力。港口应当不断加强对技术研发的投入和关注,同时从多方面提升港口相关业务的信息化水平,促进信息采集和交换,从而达到整合资源和优化流程的目的。港口还要加强外部信息化,即加快与同行之间的信息联系,港口间以供应链为信息平台,不断加强港口间的信息共享和资源对接使之成为优劣势互补的港口联盟,最终达到提升港口自身竞争力的目标。

(3)发展港口的增值物流服务。近些年来,物流在我国快速发展,传统物流的装卸、运输早已无法满足顾客的需求。顾客更多的要求迫使物流业推出更多的增值服务,港口也在不断地开展新的增值服务,例如,为顾客追踪货物的位置可以使顾客放心地将价值不菲的货物交由港口,而他们随时能够查询货物的位置;以及港口与公路运输合作,为客人提供一条龙的门到门的上门送货服务,这不仅为客人节省了时间也是对资源的合理整合,对客人和港口而言都是有益的,除了这些早已普及的增值服务外,现在港口需要做的是开拓更多的增值服务来满足客户的需求,从而吸引其他顾客,最终使港口更快地发展。

2.政府加强对港口的宏观调控

(1)对港口的分工布局进行宏观调控。港口的建设不能仅仅从地理优势上考虑而盲目地投资建港,政府相关部门应分工合作统筹考虑,例如交通部应对国有港口、地方港口以及货主码头进行综合管理,全面考虑港口的优势与劣势,然后对港口的职能作用进行规划布局,在明确港口的功能定位后再合理地对基础设施进行投资建设,这样才能优化资源配置使港口的作用最大化。以我国长三角港口群为例,在确定了以上海港为核心,江浙港口为两翼的港口经济带后,政府考虑到港口地理位置、急疏条件等的不同对各个港口的功能定位进行了划分,希望形成以上海港为主体承担国际集装箱中转货物的枢纽港,其他港口合理分工来分担枢纽港压力的辅助性港口的格局,这样一来长三角港口群既有深水泊位配套设施,又有软硬件和金融信息等优势,弥补了各个港口自身的不足,并使他们之间的优势互补,最终提升港口的竞争力,促进港口城市经济发展。

(2)完善我国港口法律法规的不足,以法治港。一个发达的国家的先进性可以体现为完善的法律法规,那么发达的港口也是如此。目前,我国《港口法》尚未颁布,这会给我国港口的发展带来很多问题,比如港口的管理、体制以及与地方政府的关系等无法可依,缺乏法律的制约使得一些港口同样无视交通部《中华人民共和国交通部港口收费规则》条例,久而久之港口所涉及的经济市场可能会不规范、效率较低。为了实现港口的快速发展,政府需要制定对应的法律法规,纠正港口的费率,减少港口中存在的不正当竞争行为,从宏观上进行调控,为港口创造出一个公平、有序的竞争环境。

3.加强长三角主要沿江港口基础设施建设

加强长三角主要沿江港口的基础设施建设,特别是金属矿石、煤炭、石油等资源的专业码头建设。根据各个港口自身的定位有针对性地建设专用港口,有序地推进老港口的升级改造,推动新港口的发展。由于沿江港口的水深通航能力有限,所以港口在建设基础设施时应利用自身的优势资源,结合当地情况建设港口码头,在完善基础需求之后再想办法在港口最大通航能力以及泊位的最大停靠能力上取得进展。港口的建设需要大量的资金支持,以往的港口都是政府投资的,随着港口的发展,政府意识到政企不分的弊端,因而下方权力给港口企业,同样的资金获取途径也有所改变,港口可以通过社会进行信贷融资让群众和投资者参与到港口的建设中来,港口可以和支持创建的各类产业基金进行合作,设立相关基金专门用来支持港口的发展建设,通过市场化运作,合法地将社会资金引进到长三角主要沿江港口的建设中来,从而增强港口的竞争力。

4.加强人才队伍的培养

（1）加强与全国开创物流专业的高校合作，通过校企合作的方式让大学生到港口上实习，增强学生实践能力的同时，也为港口人才队伍提供新的活力，等到学生毕业时可以从中择优录取，这既能节约培养时间，又能打造一支理论文化素质和实践能力并存的复合型人才队伍。

（2）对于港口的骨干力量，应经常组织他们参加管理培训，在让他们在拥有较强实践能力的基础上更好地管理好自己的队伍，使其成为港口的中坚力量。

（3）对于港口紧缺的高级管理人员和技术人员，应放眼国内外，积极引进人才，利用他们的才学和智慧，为长三角港口献计献策。

（4）围绕能力创造价值，为人才队伍设立激励机制，对于为港口做出杰出贡献的集体和个人，可以按照激励机制给予相应的晋升和物质奖励，使其能全身心为港口的发展贡献自己的力量。

四、结论

通过运用 DEA 和基于 DEA 的马氏指数法，用动态和静态相结合的方法来对长三角主要港口的效率进行实证分析。

在 DEA 的静态分析中，2012—2015 年 DEA 技术效率均值排名前三的港口是南京港、扬州港和南通港；港口技术效率的标准差相对稳定，说明港口间的技术效率差异并不是太大。之后通过横向比较，2015 年港口规模效率波动最大的是苏州港为 0.183；除了南京港和南通港之外，其余港口都存在规模效率不足的问题。在 DEA 方法下，2015 年样本港口的效率整体得分较高，均值达到了 0.651，该值要高于前三年任何一年的效率得分，但是，这只能说明2015 年各沿江港口的运营效率更为接近，然而这与下文运用马氏指数法分析全要素生产率得出的结果不相符。在 DEA 方法的分析中，2012—2015 年港口综合效率最好的是南通港，其始终能够保证港口效率处于一个较好的状态，其次是南京港，在 2012—2014 年这三年它一直使自己处于高效的阶段，虽然2015 年综合效率有所下降，但这属于港口发展的正常波动。规模效率方面最好的依然是南京港与南通港,2012—2013 年规模效率最差的是苏州港,这表明苏州港资源浪费较为严重,之后 2 年规模效率最低的变为常州港,与苏州港不同的是常州港的规模效率始终不高,再结合综合效率和纯技术效率分析可知,常州港效率不高的原因是技术水平低下并且基础设施落后、规模较小。

利用马氏指数法来对港口进行效率变化的动态分析可知,2013 年是港口大发展的一年,所研究样本中的 6 个港口生产率均有所提升,其中苏州港生产率的提升最为明显。文中将生产率分解为技术变化和效率变化,通过对技术变化与效率变化的研究发现,2014 年镇江港生产率的倒退主要是效率不足导致的,同样的,2015 年苏州港等港口生产率提升也是因为效率的提升。2014 和 2015 年港口的生产效率都是退步的,利用 DEA 的马氏指数进行分解后得到,2014 年样本港口中有 4 个港口生产率退步,通过分析比较规模技术效率、技术效率可知,这些港口的生产率退步实质上是规模效率退步造成的。

参考文献

[1] 梁雯,凌珊.基于 DEA 的安徽省物流效率研究[J].物流科技,2014(8):20—23.

[2] 林海英.基于 DEA 的内蒙古各盟市物流效率评价及实证研究[J].物流科技,2013(9):77—80.

[3] 李永林.基于 DEA 的我国低碳物流效率研究[J].中国市场,2014(27):23—25.

[4] 周业旺.基于 DEA 的武汉城市圈物流效率差异性比较分析[J].物流工程与管理,2012(10):20—22.

[5] 王蕾,薛国梁,张红丽.基于 DEA 分析法的新疆北疆现代物流效率分析[J].资源科学,2014(7):142—143.

[6] 王群,母亚男.基于 DEA 模型的城市物流效率评价实证研究——以云南省为例[J].经营管理者,2015(10):157—158.

[7] 马金凤.基于 DEA 模型的长三角几大港口物流效率分析[J].当代经济,2014(14):118—119.

[8] 杨文芳.基于超效率 DEA 模型的惠州港口企业绩效评价[J].商场现代化,2016(9):52—53.

[9] 宋建彬,蔡丽波,胡慧雅,等.基于 DEA 的港口经营绩效实证分析——以营口港为例[J].辽宁工业大学学报(社会科学版),2016(1):36—39.

[10] 胡碧琴,顾磊.基于 DEA 的港口物流产业集群创新能力评价——以宁波为例[J].物流技术,2014(17).

[11] 李金峰.基于 DEA 的河南省农产品冷链物流绩效评价[J].知识经济,2016(21):26—26.

[12] 赵亮,马秋艳.基于 DEA 的生鲜农产品冷链物流投入产出效果分析——以河南省众品集团为例[J].物流技术,2015(13):146—149.

[13] 张旭,张文峰.基于 DEA 模型的广州市生鲜农产品冷链物流效率分析[J].南方农村,2017(2):33—36.

[14] 陈玲.基于改进 DEA 模型的中国省域农产品物流效率测度[J].物流技术,2014(21):288—291.

[15] 程书强,刘亚楠.西部地区农产品物流效率及省际差异动态研究——基于 DEA-Malmquist 指数法[J].统计与信息论坛,2017(4):95—101.

[16] 马占新.数据包络分析第二卷.广义数据包络分析法[M].北京:科学出版社,2012,178—179.

[17] 盛昭翰,朱桥,吴广谋.DEA 理论方法与应用[M].北京:科学出版社,1996:155—312.

[18] 国家统计局.中国港口年鉴 2012[M].北京:中国统计出版社,2012,90—111.

[19] 国家统计局.中国港口年鉴 2013[M].北京:中国统计出版社,2013,93—119.

[20] 国家统计局.中国港口年鉴 2014[M].北京:中国统计出版社,2014,96—132.

[21] 国家统计局.中国港口年鉴 2015[M].北京:中国统计出版社,2015,96—128.

[22] 陈忠.基于 DEA-Malmquist 指数的我国区域全要素能源效率分析[J].长沙大学学报,2014(28).

基于平衡计分卡的集装箱港口绩效评价研究及其应用
——以上海港为例

赵华静[*]

一、引言

在经济全球化的推动下,国际贸易发展迅速,随之而来的是日益频繁的国家间的经济往来带动的贸易量的飞速增长,它对高效、安全的运输方式提出了更高的要求。同时,在全球一体化的趋势下,世界贸易对货物运输的机械化、标准化的需求更加迫切。集装箱因具有较大容积、较高强度和刚度、能反复利用的特点,并且可以在不同运输方式之间转运,具有安全、高效、保质和快捷等优点,满足了国际贸易对货物载体的要求,从而带动了集装箱运输的快速发展。

我国集装箱运输开始于20世纪50年代初期,虽然起步较发达国家晚,但随着我国经济的快速发展和经济全球化的影响,我国集装箱运输发展迅速,并在我国物流运输体系中发挥着重要作用。据交通运输部发布的《2016年交通运输行业发展统计公报》显示,2016年全国港口完成集装箱吞吐量2.20亿TEU,比上年增长4.0%。其中,沿海港口完成1.96亿TEU,增长3.6%;内河港口完成2415万TEU,增长7.4%(见图1)。

---

* 赵华静,女,浙江万里学院硕士研究生,主要研究方向:全球采购与供应链管理。

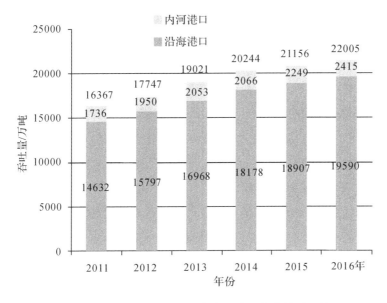

图1　2011—2016 年全国港口集装箱吞吐量

　　作为集装箱运输的重要枢纽,集装箱港口在集装箱运输发展的带动下得到迅速发展。集装箱港口在国家经济中发挥着日益重要的作用,在国际贸易和运输系统中的战略地位不断增强。因此,各个国家和地区不断加大对港口的投资,加快港口规模的扩大,使港口在得到快速发展的同时,也面临着愈发激烈的竞争,除了来自于临近港口的竞争,还来自于有区域战略的国外港口的竞争。要在激烈的竞争中占据竞争优势、提高港口的综合竞争力,集装箱港口有必要了解影响自身发展的重要因素,构建绩效评价指标体系,实现对集装箱港口较为全面的绩效评价。

二、基于平衡计分卡的集装箱港口绩效评价体系研究

(一)基于平衡计分卡的集装箱港口战略地图的构建

　　1.集装箱港口的战略目标的制定

　　战略描述了一个企业如何打算为它的股东创造价值。平衡计分卡作为战略绩效评价工具,被成功使用的前提是被评价的主体有明确的战略目标,然后

据此明确实施战略的行动,最后确定绩效评价指标,这个顺序不能颠倒。这也就是为什么平衡计分卡可以实现对战略执行情况的绩效评价,而不能帮助制定战略的原因。

集装箱港口的战略应该是为实现集装箱产业持续较快健康发展、巩固港口航运枢纽地位的战略目标的途径与手段而制定的总体性、指导性的谋划,具有指导性、全局性、长远性等特征。每个集装箱港口应该能够根据自己所处的内外部环境,制定适合自己的战略目标,帮助港口把握发展方向和机会。

2. 平衡计分卡战略地图的绘制

战略地图是连接战略和具体绩效指标的桥梁,是描述组织战略的地图。通过提供可视化的架构,将四个层面的目标集成在平衡计分卡之中。绩效评价指标体系的设计需要在战略地图的引导下完成,战略地图绘制得是否科学,直接影响到绩效指标是否能全面地反映经营业绩,能否有效地推进战略实施。战略地图的作用主要在于通过图表架构阐明客户和财务层面的期望目标与关键内部流程、员工学习与成长之间因果关系。在《战略地图——化无形资产为有形成果》一书中,作者给出了战略地图的基本框架,见图2。

(二)集装箱港口绩效评价常用指标及选取原则

集装箱港口绩效评价指标,就是在集装箱港口系统中,选择其中一部分与港口有关的数据和指标,进行分析和研究集装箱港口的运行效率、活力和效益,从而反映整个集装箱港口的情况。在进行评价指标选取时,应遵循以下原则。

1. 科学性原则

科学性原则要求指标体系要能科学地反映所评价对象的基本状况和运行规律。指标体系的确定须做到指标意义明确,测定方法标准,计算方法规范,指标的选取应该有必要的专项调查和查证,并且将定性定量分析相结合,然后通过综合分析确保得出的评价结果是科学合理、客观的。

2. 经济实用性原则

在选取指标体系的时候,应争取获得最大效益的同时将成本降到最低。这就要求评价指标体系在构建时应该做到繁简适中,评价方法及方法中涉及

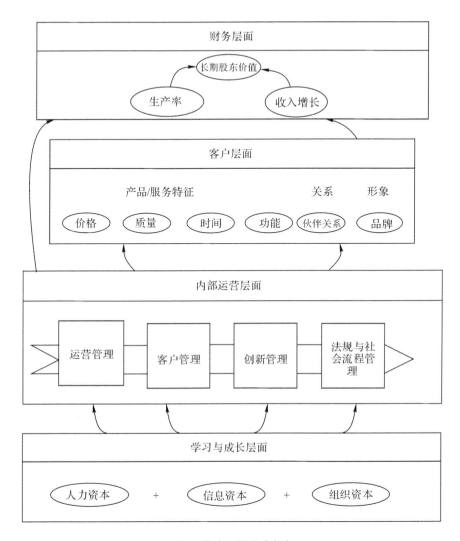

图 2　战略地图基本框架

的计算在保证科学够用的基础上做到简便易行,同时指标数据应该是容易采集和整理的,这样做可以实现工作量的减少、成本的节约以及评价结果准确性的提高。

3.全面系统性原则

该原则要求在对评价指标体系进行选定时,应该做到全面地考虑所有影响因素,从系统的角度出发考虑并选取指标。只有评价指标是全面的、系统的,才能保证对集装箱港口的战略绩效实施情况的评价是科学有效的,才能保证评价结果是准确的。因此在选取评价指标时,必须从不同的方面全面地、系统地选择最合适的指标。

近年来,从国内外学者开展集装箱港口绩效评价研究的文献看,他们都从港口的不同角度和层面进行指标选取,总体上可分为三类:单纯从财务指标角度选取指标、从集装箱港口功能作用角度选取指标以及从多个角度综合进行选取指标等。通过阅读文献发现,集装箱港口常用绩效指标如表1所示。

表 1　集装箱港口绩效评价常用指标

考虑角度	指标名称	机理与说明
财务状况	净资产收益率	该指标为净利润和平均净资产的比值,反映投资的报酬情况以及港口的获利能力,是综合性非常强的财务指标
	资产负债率	该指标是负债总额与资产总额的比值,反映集装箱港口偿债能力的大小和经营风险的高低
	主营业务收入	该指标指集装箱港口主营业务的各项收入,反映港口的所得情况、经营成果
	主营业务成本	该指标指集装箱港口主营业务的成本之和,直接关系到企业的产出效益
	总利润	该指标是集装箱港口的利润总和,反映总体盈利情况,关系到港口的经济效益
港口生产能力	净利润增长率	该指标为同期净利润的比值,反映了港口的成长情况
	货物吞吐量	是指货物进出港口装卸货物的数量,是反映港口能力尤其是生产能力的重要指标
	集装箱吞吐量	是指标箱进出港口装卸的数量,是反映港口的生产能力和集装箱承接能力的重要指标
港口物流基础设施建设	泊位数	是指集装箱港口泊位个数,泊位的数量是衡量港口或码头的规模的重要标志
	堆场面积	集装箱堆场是指对集装箱进行装卸、转运、保管等的场所,堆场面积可以看出一个港口集装箱吞吐量的大小
	集装箱港口装卸设备	集装箱港口设备的先进化程度直接影响港口的基础设施水平以及提供客户服务水平

考虑角度	指标名称	机理与说明
港口信息化水平	港口信息化程度	该指标主要反映港口的 EDI 与计算机综合情况
	信息化设施投入率	该指标指港口在信息化设施方面的投入占港口设施投入的比重,该指标值越高说明港口对于信息化的重视程度越高
	信息平台情况	该指标主要研究港口是否拥有统一的信息平台情况或相关信息平台的使用情况
港口服务能力	货损、货差	该指标因素能给船公司带来直接的损失,是直接反映集装箱港口服务水平的重要指标
	通过效率	该指标反映一个港口的整体运营效率,直接决定了船舶在港停留时间。通过效率越高,服务水平越高

其中,反映集装箱港口生产规模和能力的集装箱吞吐量和货物吞吐量指标几乎出现在所有的研究中,成为考核集装箱港口绩效的重要指标。此外,堆场面积、泊位数等也是常用的绩效评价指标。

(三)基于平衡计分卡的集装箱港口绩效评价指标的选取

平衡计分卡作为一种战略绩效评价工具,其特点在于四个方面的"平衡"。在指标选取时应注重那些对战略目标实现具有关键作用的因素,指标总数控制在 20 个左右,指标过少不能反映战略绩效情况,指标过多又会使绩效评价的成本上升、实施难度加大。不同类型的主体有不同的环境,不同环境下的主体战略又不相同,对于集装箱港口而言,在进行绩效评价指标的设计时,要紧密结合集装箱港口自身的特点、构成系统及功能,进行绩效评价指标的选取。

1.财务维度指标选取

在平衡计分卡中,财务目标作为其他层面追求的目标以及指标体系的核心,是因果关系链的一个环节。平衡计分卡下的财务目标应能够同客户、内部运营以及员工等层面一系列行动相联系,通过其他三个层面可以实现长期经济业绩。财务层面推动组织战略实施的主题主要有三个方面:收入增长和组合、控制成本/提高生产率、资产利用/投资战略,因此财务层面的指标设置可以从这三方面进行考虑。

(1)就收入增长和组合方面而言,该主题指扩大产品或服务的种类,开拓新客户和市场等以提高附加价值、增加收入。集装箱港口作为提供集装箱装卸、转运、存储等服务的主要场所和组织,也可以在集装箱服务上增加更多的服务选项,促进收入增长。能够体现收入增长和组合的指标主要有:①主营业务收入。指企业主要从事的活动所产生的基本收入,在这里就是指集装箱港口主营业务的各项收入之和,能直观反映集装箱港口的经营情况。②营业收入增长率。营业收入增长率=(本年营业收入增长额/上年营业收入)×100%,该值越大,表示本年营业收入增长的速度越快。

(2)降低成本/提高生产率,是指降低服务的直接成本、减少间接成本。对集装箱港口而言,控制成本可以是降低集装箱服务过程中发生的成本,体现在财务指标上就是主营业务成本的降低,或者从成本的获利角度出发,也可以是提高成本的获利能力,考核成本费用利润率;而生产率的提高可以反映在员工人均收入的增长和劳动效率的提高等。因此,衡量指标主要有:①主营业务成本。指集装箱港口主营业务的所有成本总和,成本的高低能够直接关系到组织的产出效益。②成本费用利润率。成本费用利润率=(利润总额/成本费用总额)×100%,该指标表示单位成本费用所获得的利润,表示经营耗费所带来的经营成果。该指标值越高,则单位成本带来的利润越大,说明经济效益也就越好。③员工人均收入。员工人均收入=工资薪酬总额/员工人数,员工人均收入的提高可以鼓励组织转向高附加值的产品和服务,提高组织人力和物力资源。④劳动效率。劳动效率=(产出成果数量/劳动投入数量)×100%,其中劳动投入数量的单位可以是劳动者人数或者劳动时间。产出成果数量可以是表示价值的指标如总生产值等,也可以是数量指标如吞吐量等。

(3)资产利用/投资战略方面追求的应该是努力降低为开展既定业务量所需消耗的营运资金,也可以是利用剩余的生产能力努力发展新的业务,以此来扩大对固定资产的利用。也就是说,集装箱港口努力提高港口基础设施、设备的利用效率,或通过成本控制以低成本获得更高的收益。主要有以下几个指标:①资产利用率。资产利用率=(资产实际利用时间/资产计划利用时间)×100%,该指标值过低说明没有充分地利用资产,造成了资源的浪费、大大降低了资产的经营效益;指标值过高,说明资产处于超负荷运作状态,将加速其磨损、缩短其使用寿命,该行为是一种短期行为,在现实生产中,要合理运用资产。②总资产报酬率。总资产报酬率＝[（利润总额＋利息支出）/平均资产总额]×100％，表示企业所有资产的总体获利能力，反映了企业所运用的全部资产的总体获利能力的高低，能够有效实现对企业资产运营效益的评价。

此外，从财务角度选取集装箱港口的绩效评价指标时，需要特别考虑到股东对绩效的看法，作为企业的投资者，股东非常看重财务指标，从财务指标获取企业或组织的经营情况等信息。从股东的角度出发，他们看中集装箱港口的获利能力和成长能力。以上提到的成本费用率、总资产报酬率等也能反映港口的获利能力，除此之外，常用的表示获利能力和成长能力的指标还有：①可持续增长率。可持续增长率＝（期末所有者权益－期初所有者权益）/期初所有者权益，该指标值能够反映所有者权益的增长情况，体现了企业发展潜力的大小。②净资产收益率。净资产收益率＝（净利润/平均净资产）×100％，净资产代表了股东权益，因此该指标可以表示股东权益收获净利的水平，可以用来衡量公司运用自有资本的水平和效率的高低。该指标值越高，说明股东投资产生的收益越高。③净利润增长率。净利润增长率＝[（当期净利润－上期净利润）/上期净利润]×100％。该指标表示当期净利润相对于上期净利润而言的增长幅度，指标值越大说明企业具备越强的盈利能力。

财务层面的驱动因素很多，应根据企业所处竞争环境和业务单位的战略需求来确定，以上列出的财务指标都是能从各方面反映集装箱港口财务绩效的指标，可以作为集装箱港口平衡计分卡财务指标的参考。

2.客户维度指标选取

客户是企业赖以生存的根本，是企业财务收入的主要来源。在客户层面，企业能够根据目标客户和细分市场，将企业战略转化为可执行的一系列措施并设置指标。其中，无论是集装箱港口还是其他类型企业，都应该重视以下几个常用核心指标，因为它们能从一个总体的角度反映港口或企业的客户服务水平，这几个指标如下。

（1）客户满意度。客户满意度反映了客户对企业所提供的产品或服务的评价，是企业的产品或服务的特征、企业与客户的关系、企业的形象与信誉等方面情况的共同反馈，是评价企业综合业绩的重要指标。集装箱港口客户满意度可以围绕其价值主张中特定的业绩和准则，通过港口长期合作的船公司和船代、货主和货代以及车队等的问卷调查来获取。也可以通过新客户的获得率以及老客户的保持率来体现。

其中,客户获得率＝(本期客户量－上期客户量)/上期客户量;

客户保持率＝1－客户流失率＝1－本期流失老客户数量/上期客户量。

(2)市场份额。市场份额反映的是该企业在目标市场中所占的业务比率,反映了客户对企业的信任和依赖的程度。对于集装箱港口而言,市场份额可以通过集装箱吞吐量或者货物吞吐量的多少进行衡量,因此在这里市场份额＝该港口集装箱吞吐量(货物吞吐量)/全国集装箱吞吐量总量。

客户层面解决的是"我们应该向客户展示什么"的问题,因此要求企业应该从客户关心的企业所能为他们提供的价值这一层面去考虑。因此,可以从以下几个方面进行考虑并设置绩效考核指标。

(1)作为影响企业效益的一个直接因素,成本会是影响客户决定是否和自己合作的重要因素。因此,在这一方面,集装箱港口可以设置的考核指标是:①单位吞吐量客户支出的成本。单位吞吐量客户支出的成本＝主营业务收入/吞吐量,主营业务收入是指与集装箱装卸、转运等直接相关的各项业务的收入。单位吞吐量客户支出的成本越少,客户与其合作的关系就会越长久,同时有利于增加客户的满意度和忠诚度。②客户价值率。客户价值率＝服务满意值/每次服务的成本,该指标从客户每次享受产品或服务所发生的成本出发,反映客户对港口提供服务的满意程度。

(2)要从集装箱港口的作业效率、服务态度、管理水平等方面考虑,对于一个客户而言,他最关心的就是一个集装箱港口能否高效率工作、是否具有良好的服务态度及管理水平。从作业效率是否高效的角度来说,可考核的指标有集装箱平均月度吞吐量、中转货比重、集装箱在堆场的进出率等,能反映服务态度及管理水平的指标有客户投诉次数。它们的具体含义如下:①集装箱平均月度吞吐量。计算该指标可以衡量集装箱港口业务处理能力的高低,是影响客户选择的重要因素。②中转货比重。中转货比重＝中转货物吞吐量/港口货物吞吐量,中转货物吞吐量考察港口的中转能力,是指一定时期内运至本港卸货后,又运到其他港口的货量。中转的货量越大,说明港口具备越强的中转作业能力。③平均每米泊位集装箱吞吐量。平均每米泊位集装箱吞吐量＝

码头泊位完成吞吐量/码头平均泊位长度的比值,该指标值越大表示该码头泊位的利用程度和生产效率均越高。④船舶平均在港停泊时间。该指标反映船舶在港停泊时间的长短,反映港口工作质量的高低。船舶平均在港停泊的天数越短,说明该港口船舶周转速度越快,相应地就能使码头泊位的利用程度得到提高。一般来说,每艘船舶平均在港停泊的时间越短越好。

客户层面就是要求企业从客户角度评价企业的运营状况,因此在选取指标时,不仅要选择能反映客户对自己的满意程度、忠诚度的指标,还应该选取客户比较看重的能反映产品和服务特征的指标,帮助不断了解客户、满足客户需求,扩大市场份额和提高竞争力。

3. 内部运营维度指标选取

在内部运营层面,要注意应确定对实现股东目标和客户需求来说都非常重要的环节。作为企业赖以生存的重要因素,内部资源是有限的,对于集装箱港口而言就是它所具备的基础设施资源、作业效率、信息化程度等。这一部分是平衡计分卡绩效评价体系中最能体现集装箱港口特色的。企业因资源有限,为有效地运用和发挥内部资源及过程的有效性,首先需要以客户和股东的需求为根本,重视价值链的每个环节,设法分析企业的优势在哪里,创造全面和长期的竞争优势。此外,内部运营层面考察的是集装箱港口的运营绩效,与上文提到的集装箱港口的运营系统相对应,因此内部运营指标可以主要参照运营系统的构成进行设计。

(1)从基础设施上来看,集装箱港口运营系统包括装卸作业系统、集疏运系统以及堆场系统,因此可选取的指标有港口装卸设施数、泊位数、航线数、堆场面积、可利用岸线比例等。指标具体含义如下:①港口装卸设施数。集装箱港口的大型化以及专业化要求港口应该配备大量配套的装卸设备,装卸设备通常有起重机械、装卸搬运机械等,设备数目及专业化程度是影响港口操作效率和船舶在港停泊时间的重要因素。②泊位数。泊位数是设有系靠船舶装置和设施,在同一时间内可供船舶停靠系泊、装卸货物的位置的数量。泊位的多少会直接影响到港口的吞吐能力及所需的建设投资。③航线数。港口航线数量的多少是吸引货源和船东的主要因素之一,航线数量越多说明港口与世界其他港口的连接越紧密,港口能力越强,和其他具有竞争力的港口相比航线数更有竞争性。航线的多少可对货主的选择以及船舶停靠等产生直接的影响。④堆场面积。集装箱堆场是指开展装卸、转运、保管集装箱或空箱等业务的场所,在集装箱运输中发挥重要的作用。堆场主要通过影响进出口箱的对方位置和堆放层数来影响集装箱港口的服务能力。⑤可利用岸线比例。可利用岸线比例是指港口可利用的、尚未开发的岸线长度与该港口岸线总长度之比。可用的岸线长度对船舶的停靠范围有直接影响。

(2)与集装箱港口运营能力有关的就是港口的生产能力和生产规模,可以用到的指标为集装箱吞吐量和港口货物吞吐量。它们的含义如下:①集装箱吞吐量。集装箱吞吐量是指标箱进出港口装卸的数量,该指标的大小可以反映出港口实际集装箱承接能力的大小以及港口规模的大小。②港口货物吞吐量。港口货物吞吐量是指进出港口装卸货物的数量,和上一指标一样是反映港口能力和规模的重要指标。

(3)在信息技术迅速发展的今天,港口也面临着高效率地处理大量信息的挑战,因此集装箱港口的信息化程度以及信息化建设情况是影响集装箱港口内部运营效率的重要因素。在信息化建设方面可以设置的考核指标有:①信息化设施投入率。信息化设施投入率＝(信息化设施投入金额/全部资产总额)×100%,信息化设施投入率的大小能够反映集装箱港口对信息化建设的重视程度,并对港口绩效高低产生影响。②信息及时处理情况。该指标是指集装箱港口能够及时提供客户所需信息、处理信息的能力,反映了集装箱港口在信息处理方面内部运作效率的高低。③平台建设数量。目前,许多大型的集装箱港口已经建立了电子数据交换平台、电子商务平台、客户服务平台等信息化平台,就是因为信息平台的建设对于港口业务的发展和内部运营管理创新发挥了很大的支撑作用,平台建设数量是港口信息化水平的重要体现。④研发费用投入率。研发费用投入率＝(研发费用投入金额/主营业务收入)×100%,反映组织为鼓励员工积极进行信息技术等创新及研发活动的资金投入情况。

此外,在反映集装箱港口运营情况的时候,还可以使用泊位利用率、装卸设备利用率等指标。其中,装卸设备利用率是集装箱港口装卸作业能力的一种体现。作业量可以根据港口对集装箱的吞吐量看出,也可以从装卸设备的利用率看出作业量的大小,从而看出物流作业能力的高低。

4.学习与成长维度指标选取

学习与成长方面主要是确定组织为了实现财务、客户、内部运营层面的目标而对员工进行的投资,信息系统状况、员工整体能力以及对员工的授权和激励是该层面的三个主要范畴,员工能力的提升能为提高内部运营提供保障、信息系统的健全能够为满足一线员工了解客户、满足客户需求提供支持,对员工的授权和激励将有助于员工主动提高学习能力以及工作技能,最终会对组织整体发展产生直接的影响。

(1)从员工能力角度考核,员工能力主要体现在员工岗位胜任能力、员工文化水平等,因此可以从这两方面进行指标的设置:①员工岗位胜任能力。员工岗位胜任能力指的是员工所具备的技能和知识结构与其所在岗位的匹配程度,胜任能力高是员工做好工作的重要保障。②员工知识水平。员工知识水平是员工素质的重要体现,可以通过员工学历水平进行考核,该指标对集装箱港口运作系统效率、作业水平产生直接的影响。

(2)从信息系统角度考核,信息技术在当前竞争激烈的环境中发挥的作用越来越突出,因此港口应注意在信息系统上进行投入,确保员工获取充足的信息。集装箱港口的信息系统能力可以通过战略信息覆盖率以及员工信息平台建设情况进行考核。①战略信息覆盖率。战略信息是指描述和反映组织发展目标的资料和数据,它可以通过计算直接面对客户的员工所拥有的在线取得客户信息的比例来反映。②员工信息平台建设情况。员工信息平台的建设旨在为员工获取信息、交流信息提供一个平台。完善员工信息系统建设,可以通过计算每年港口在员工信息平台上的资金投入占该年度营业收入的比重来反映港口对于员工信息平台建设的重视程度。

(3)在激励员工工作积极性、促进员工学习与创新方面,可以组织港口内员工参加培训、通过资金投入鼓励研发、积极回应员工对港口运作的建议等,相关的考核指标有以下几个:①培训人数比例。培训人数比例=(一年中参与培训的员工数/总的员工数)×100%,该比率反映的是员工参与培训人数的覆盖率,培训的目的就在于提高员工的技能和素质,越多员工参与培训越能保证培训作用的实现。②年度开展培训次数。年度内组织开展员工培训次数的多少,可以反映组织对于员工培训的重视情况,开展次数越多,说明组织越愿意在培训员工上花费功夫、重视通过培训实现员工工作素质和能力的提升。③培训完成率。培训完成率=(按计划完成的培训数目/计划项目数)×100%,该指标要求根据企业发展目标以及员工的工作状态及业务情况等,设置相应的培训计划,并在相应时间段内完成。④员工薪资报酬。在这里,员工薪资报酬=该年度职工薪酬/员工总人数,员工薪资报酬越高,员工工作的积极性将大大提高,相应地工作效率也会得到大大提升,从而促进港口生产效率的提高。⑤员工建议采纳率。员工建议采纳率=(员工建议被采纳的数量/员工建议数量)×100%,员工建议被采纳能够使员工感觉到自己价值的提升以及被组织重视,会激励员工从自身能力出发提出更多符合组织发展要求的建议,有利于改进组织的运作效率。⑥个人激励基金参与人数。设置个人激励基金,其目的在于帮助港口形成以价值创造为导向的绩效理念,充分调动经营管理团队的积极性和创造性,通过员工个人激励基金参与情况可以看出港口对员工积极性的重视及调动情况。

从员工角度对企业绩效进行评价时,常用的考核指标是员工满意度,员工满意度是保证员工保持率和提高员工生产绩效的重要因素。与之相关的指标主要有员工满意度和员工保持率:①员工满意度。即员工对于港口及工作情况的满意程度,员工感到满意将有助于生效效率、反应速度以及客户服务质量的提高。衡量方法可以是针对员工开展问卷调查,针对调查问题采用1—5分的评分尺度,最后得到员工满意度的综合指数。②员工保持率。该指标可以通过员工流失率来反映,即员工保持率=1-(流失员工人数/员工总人数)×100%,员工保持率的高低反映出员工对于当前的港口工作环境等的满意程度,保持率越高,说明员工满意度越高。

在构建集装箱港口绩效评价指标体系时,要注意根据集装箱港口战略的不同选择一系列相关的不同指标,指标之间应由一条关系链衔接,保证指标之间前后一致、互相协作。根据这条关系链把企业长期目标转化为较易实现的直接内容的框架,根据因果关系对公司的经营目标进行分阶段划分,将公司的不同目标进行有效分解,直至形成可以指导每一个个体工作的绩效指标。

(四)平衡计分卡下集装箱港口绩效评价指标处理方法

1.绩效评价指标权重的确定方法——层次分析法

(1)层次分析法基本原理

层次分析法(AHP)是美国著名运筹学家萨蒂(T. L. Satty)等人提出的一种多准则决策方法。该方法是通过将决策问题的有关元素分解成目标、准则、方案等层次,在此基础上进行定性与定量分析的一种决策方法。它的特点在于,把问题分解成若干层次,建立起有序的梯阶层次结构,从而大为简化问题分析的过程;同时用数量形式对人的主观判断加以表示和处理,从而充分发挥人的经验和判断在决策中的作用。

(2)层次分析法具体步骤

层次分析法在应用时主要包括以下步骤。

①构造层次分析结构

良好的层次分析结构对解决问题有重要作用,其至影响到分析结果的有效程度。在本文中,层次模型主要分为三层,最高层为绩效评价指标体系;中间层为准则层,即四个维度;最后一层为方案层,即各维度对应的指标。

②构造判断矩阵

判断矩阵是指针对上一层次的因素,本层次与之有关因素之间的相对重要性的比较。假定把上一层次的元素 B_k 作为准则,对下一层元素 $C_1, C_2, \cdots$, C_n 构建判断矩阵的目的就是在准则层 B_k 下按它们的相对重要性赋予 C_1, C_2, $\cdots, C_n$ 相应的权重,其含义就是针对准则 B_k 而言,C_i 与 C_j 两个元素哪个更重要。一般来说构造的判断矩阵形式如下:

C_i \ C_j	C_1	C_2	$\cdots$	C_n
C_1	C_{11}	C_{12}	$\cdots$	C_{1n}
C_2	C_{21}	C_{22}	$\cdots$	C_{2n}
$\vdots$	$\vdots$	$\vdots$	$\vdots$	$\vdots$
C_n	C_{n1}	C_{n2}	$\cdots$	C_{nn}

该矩阵具有如下性质:

a. $C_{ij} > 0$；b. $C_{ij} = 1/C_{ji} (i \neq j)$；c. $C_{ii} = 1 (i, j = 1, 2, \cdots, n)$

通常，采用 1—9 标度的方法将判断定量化（见表 2）。判断矩阵是经由多位专家填写咨询表后形成的。

表 2 　 1—9 标度权重

序号	重要性等级	C_{ij} 赋值
1	i, j 两元素同等重要	1
2	i 元素比 j 元素稍重要	3
3	i 元素比 j 元素明显重要	5
4	i 元素比 j 元素强烈重要	7
5	i 元素比 j 元素极端重要	9
6	i 元素比 j 元素稍不重要	1/3
7	i 元素比 j 元素明显不重要	1/5
8	i 元素比 j 元素强烈不重要	1/7
9	i 元素比 j 元素极端不重要	1/9

注：2,4,6,8 重要性介于相邻两个数重要性的中间。

③层次单排序及其一致性检验

判断矩阵 A 的特征根问题 $AW = \lambda_{max} W$ 的解 W，经归一化后即为同一层次因素对于上一层次某因素相对重要性的排序权值，该过程为层次单排序。然后，对判断矩阵进行一致性检验，要计算 C. R. ＝C. I. /R. I.，通常 C. R. ≤ 0.10 时，认为通过一致性检验，否则需要调整判断矩阵的元素取值。其中，C. I. ＝$(\lambda_{max} - n)/(n-1)$，R. I. 为平均随机一致性指标（见表 3）。

表 3 　 平均随机一致性指标

矩阵阶数	1	2	3	4	5	6	7	8	9
RI 数值	0	0	0.52	0.89	1.12	1.26	1.36	1.41	1.46

④层次总排序

最后，计算各层元素对总目标的综合权重，通过总体排序，确定最底层各个元素对总目标的重要程度。

2.绩效评价指标数值的无量纲化处理——线性比例变换法

对绩效指标数值进行无量纲化处理,是因为各指标的单位、性质不同,且有正项指标(即效益型指标,越大越好)和逆向指标(即成本型指标,越小越好),为了保证评价结果的有效性,消除不同指标量纲间的差异,就需要对指标值进行无量纲化处理,也就是指标的标准化处理。

常用的指标标准化方法有极差变换法、线型比例变换法、归一化法等,各有利弊。为了便于比较,简化计算过程,本文主要采用线性比例变换法对文中的指标值进行标准化处理。

在线性比例变换法下,对于决策矩阵 $X=(x_{ij})_{m\times n}$ 中的各项指标,其中正向指标运用线性比例变换法进行无量纲化处理的公式:

$$x_{ij}^{*}=\frac{x_{ij}}{\max\limits_{1\leqslant i\leqslant n}x_{ij}}(\max\limits_{1\leqslant i\leqslant n}x_{ij}\neq 0,1\leqslant i\leqslant m,1\leqslant j\leqslant n)$$

逆向指标运用线性比例变换法进行无量纲化处理的公式:

$$x_{ij}^{*}=\frac{\min\limits_{1\leqslant i\leqslant n}x_{ij}}{x_{ij}}(1\leqslant i\leqslant m,1\leqslant j\leqslant n)$$

经过线性比例法对指标进行标准化处理之后,正向和逆向指标都将转化为正向指标,而且该方法考虑到了指标之间的不同性质。

三、应用案例——以上海港为例

(一)上海港概况

1.上海港简介

上海港地理位置优越,位于中国大陆东海岸的中部,是"黄金水道"长江与沿海运输通道构成的"T"字形水运网络的交汇点,前通中国南、北沿海和世界各大洋,后贯长江流域及江、浙、皖内河、太湖流域。该区域公路、铁路网纵横交错,集疏运渠道畅通,地理位置重要,自然条件优越,腹地经济发达。目前港口主要业务领域涵盖港口集装箱、大宗散货和件杂货的装卸生产以及与港口生产有关的集卡运输、引航等业务。上海港目前是我国最大的港口股份制企业,是目前货物吞吐量、集装箱吞吐量均居世界首位的综合性港口。

上海港已开辟的全球国际直达的班轮航线多达 300 多条,航线目的地遍布美洲、欧洲、澳洲、非洲以及东北亚、东南亚等地,高达 2700 多班的集装箱月航班密度,其中国际航班达 1300 班,上海港是中国大陆拥有最多的集装箱航线、最高的航班密度以及最广集装箱航线覆盖面的港口。上海港目前一共有 46 个集装箱泊位,集装箱码头主要分布于洋山、外高桥、吴淞三大港区,专业化大型设备包括 155 台集装箱吊桥以及 463 台场地轮胎吊,集装箱堆场总面积达 634 万平方米,可保证充足的集装箱作业量。上海港不断致力于积极推进航运集疏运优化体系,通过提供快捷的水上和陆上集装箱穿梭驳运服务,将三大港区连为一体。

2011—2016 年,上海港历年集装箱及货物吞吐量见图 3。

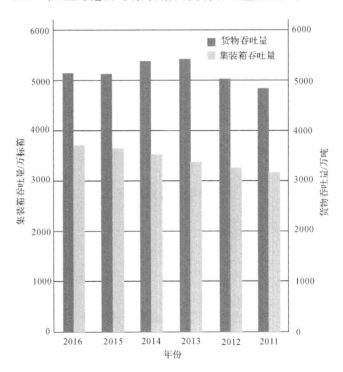

图 3　2011—2016 年上海港集装箱和货物吞吐量

2.上海港组织架构

完善的组织架构将有利于平衡计分卡在组织内顺利开展,为其提供组织保障。上海港设有股东大会、董事会、经营管理层等部门,具备层级分明的组织架构,有利于平衡计分卡的实施(见图4)。

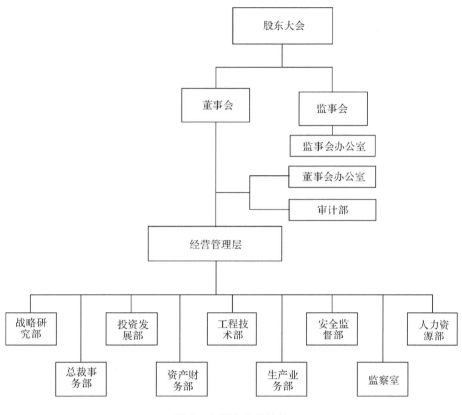

图4　上海港组织结构

(二)上海港战略地图的绘制

1.上海港战略目标

具体明确的战略目标为组织的发展指引方向,是组织发展的支撑条件。平衡积分卡作为将战略与绩效评价结合起来的重要工具,其成功运用的前提就是企业有清晰的战略目标,然后将战略目标进行层层分解,为组织和员工工作的开展和绩效的评价提供依据。

作为国内领先的集装箱港口,上海港逐渐认识到保持集装箱产业持续较快健康发展,是建设国际航运中心的重中之重,也是上海港战略发展的核心任务。未来3年,力求保持集装箱产业持续较快健康发展,实现中转业务突破,确立和巩固上海港东北亚国际航运枢纽港地位。

2.绘制战略地图

在绘制上海港战略地图之前,首先要根据上海港的战略目标进行分解,分解为财务、客户、内部运营以及学习与成长四个维度。

(1)财务层面。财务层面的目标是实现港口价值的持续增长。要实现港口价值的持续增长,首先应该保持业务的增加,由此带来营业收入的增长,在此基础上港口还应该追求更大的资产回报及利用率,也就是实现更可观的收益,为此可以选取总资产报酬率。同时,为加强经营管理水平、提升股东价值,可以考虑可持续增长率等指标。

(2)客户层面。客户层面的目标应该是获得更大的集装箱市场份额、提升港口品牌知名度,由此港口应该注意服务水平的提升以及客户价值的提升。此外,因为客户看中作业的效率,所以就要求港口能提高集装箱装卸、中转等能力,港口可以考虑用中转货比重等指标。

(3)内部运营层面。内部运营层面应从港口自身运作出发,强调为客户提供高效、及时的集装箱服务,其目标应该是拥有更高的生产能力和效率。这就要求集装箱港口有完备的港口基础设施以及强大的生产能力,集装箱吞吐量可以在一定程度上反映一个港口的生产能力。信息时代的特定条件还要求了港口能够重视信息化建设,由此带来生产效率及服务质量的提升。

(4)学习与成长层面。学习与成长层面为其他三个层面目标的实现提供了基础保证,在这一方面主要考核的就是企业是否拥有较强的人才队伍,是否有良好的学习与创新氛围,是否能充分调动员工工作的积极性以及是否能为员工提供满意的工作环境,可以考核的指标有员工保持率等。

通过以上战略目标的分解,为战略地图的绘制提供了基本框架。基于此,上海港战略地图的绘制见图5。

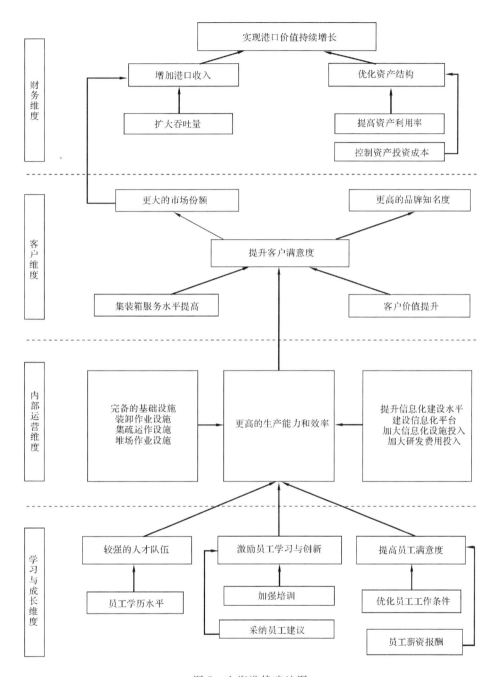

图 5　上海港战略地图

(三)上海港基于平衡计分卡进行绩效评价指标体系的构建

1.绩效评价指标选取

在对上海港绩效评价进行指标选取时,要注意确保指标具有可操作性以及可量化性,在综合上海港各层面目标以及在参考前者指标设计、相关专家的建议下,为上海港绩效评价拟定了以下评价指标。

(1)财务层面

从反映港口收入的角度来看,选取的是营业收入增长率;从优化资产结构、提高资产利用效率和资产回报率的角度来看,选取的指标是成本费用利润率、总资产报酬率、可持续增长率和净资产收益率。

(2)客户层面

为客户提供服务水平的提高会获得更大的市场份额,因此可以选取市场份额指标;在提升客户价值方面,可以选取的指标是单位吞吐量客户支出的成本;此外,客户重视集装箱港口的作业效率,因此应该设置中转货比重和船舶平均在港停泊时间指标来反映港口作业水平。

(3)内部运营层面

一个内部运营能力高的集装箱港口需要有健全的基础设施,因此要选取能反映港口基础设施情况的泊位数、航线数等指标;集装箱港口生产能力及规模可以通过集装箱吞吐量和港口货物吞吐量来反映;信息化建设也是港口内部运营的重要支撑条件,通过加大研发费用的投入可以反映港口对于信息科技创新的鼓励程度,在这里主要选取研发费用投入率来进行反映。

(4)学习与成长层面

该层面主要是从员工的角度出发,首先员工文化水平的高低及组成情况会对港口的发展产生影响,因此在这里选取员工文化水平作为考核指标;港口还应注意激励员工的学习与创新能力,因此要加大对员工的培训,设置激励基金调动积极性,可选取个人激励基金参与人数等来考核。同时员工薪资报酬的高低对于员工满意度有重要影响,还可通过设置员工保持率来反映员工对当前工作条件的满意程度。

2.绩效评价体系构建

根据以上指标选取情况,拟开展上海港平衡计分卡绩效评价指标体系构建如表4所示。

为了考核方便,笔者尽量选取了可以量化计算的指标。其中,对于员工文化水平这一指标的考核,我们将采取1—5分打分制,研究生及以上学历水平为5分,大学本科为4分,大专为3分,中等职业教育为2分,高中及以下为1分,得出的总分与员工总人数的比值即为员工文化水平的指标值。

表4　上海港评价指标体系

	一级指标	战略目标	二级指标
绩效评价指标体系	财务维度 B_1	保持业务增长、收入增长	营业收入增长率 C_{11}
		优化资产结构、提高资产利用率	成本费用利润率 C_{12}
			总资产报酬率 C_{13}
			可持续增长率 C_{14}
			净资产收益率 C_{15}
	客户维度 B_2	提高客户服务水平	市场份额 C_{21}
		提升客户服务价值	单位吞吐量客户支出的成本 C_{22}
		提高作业效率	中转货比重 C_{23}
			船舶平均在港停泊时间(天) C_{24}
	内部运营维度 B_3	健全基础设施能力	泊位数 C_{31}
			航线数 C_{32}
		较高的生产能力	集装箱吞吐量 C_{33}
			港口货物吞吐量 C_{34}
		信息化建设	研发费用投入率 C_{35}
	学习与成长维度 B_4	员工素质	员工文化水平 C_{41}
		鼓励员工学习与创新	个人激励基金参与人数 C_{42}
		员工满意度	员工薪资报酬 C_{43}
			员工保持率 C_{44}

3.绩效评价体系各指标权重的确定

在进行指标权重确定时,首先要构建各层次的判断矩阵,判断矩阵数据由专家给出,为了保证评价的科学性,所选专家应该是既了解集装箱港口发展情况也具有一定理论基础的。根据上表列出的指标层次,现在利用层次分析法进行权重的确定。

(1)进行层次单排序。对各层次构建判断矩阵、计算权重,并进行一致性检验,确保矩阵及权重的合理性。

①构建目标层 A—B 两两判断矩阵,见表 5。

表 5　A—B 判断矩阵

B_j ＼ B_i	财务维度 B_1	客户维度 B_2	内部运营维度 B_3	学习与成长维度 B_4
财务维度 B_1	1	1	2	3
客户维度 B_2	1	1	2	3
内部运营维度 B_3	1/2	1/2	1	2
学习与成长维度 B_4	1/3	1/3	1/2	1

该矩阵的特征向量归一化为 $W = (0.3509, 0.3509, 0.1891, 0.1091)^T$,一致性检验指标 $CR = 0.0038 < 0.1$,通过一致性检验,因此,权重矩阵为 $(0.3509, 0.3509, 0.1891, 0.1091)^T$。

②依次构建决策层和方案层 B—C 的两两判断矩阵。

第一,财务维度与其指标之间的判断矩阵 B_1—C,见表 6。

表 6　B_1—C 判断矩阵

C_{4j} ＼ C_{4j}	营业收入增长率 C_{11}	成本费用利润率 C_{12}	总资产报酬率 C_{13}	可持续增长率 C_{14}	净资产收益率 C_{15}
营业收入增长率 C_{11}	1	1/2	1/3	1/5	1/4
成本费用利润率 C_{12}	2	1	1/2	1/4	1/3
总资产报酬率 C_{13}	3	2	1	1/3	1/2
可持续增长率 C_{14}	5	4	3	1	2
净资产收益率 C_{15}	4	3	2	1/2	1

该矩阵的特征向量归一化 $W = (0.0618, 0.0973, 0.1599, 0.4185,$

0.2625)^T,一致性检验指标 CR＝0.0152＜0.1,通过一致性检验,因此,权重矩阵为(0.0618,0.0973,0.1599,0.4185,0.2625)^T。

第二,客户维度与其指标之间的判断矩阵 B$_2$—C,见表 7。

表 7　B$_2$—C 判断矩阵

C_{2j} ＼ C_{2j}	市场份额 C_{21}	单位吞吐量客户支出的成本 C_{22}	中转货比重 C_{23}	船舶平均在港停泊时间(天)C_{24}
市场份额 C_{21}	1	1/5	1/3	1/2
单位吞吐量客户支出的成本 C_{22}	5	1	2	3
中转货比重 C_{23}	3	1/2	1	2
船舶平均在港停泊时间(天)C_{24}	2	1/3	1/2	1

该矩阵的特征向量归一化为 W＝(0.0882,0.4829,0.2720,0.1570)^T,一致性检验指标 CR＝0.0054＜0.1,通过一致性检验,因此,权重矩阵为(0.0882,0.4829,0.2720,0.1570)^T。

第三,内部运营维度与其指标之间的判断矩阵 B$_3$—C,见表 8。

表 8　B$_3$—C 判断矩阵

C_{3j} ＼ C_{3j}	泊位数 C_{31}	航线数 C_{32}	集装箱吞吐量 C_{33}	港口货物吞吐量 C_{34}	研发费用投入率 C_{35}
泊位数 C_{31}	1	1	1/3	1/3	1/2
航线数 C_{32}	1	1	1/3	1/3	1/2
集装箱吞吐量 C_{33}	3	3	1	1	3
港口货物吞吐量 C_{34}	3	3	1	1	3
研发费用投入率 C_{35}	2	2	1/3	1/3	1

该矩阵的特征向量归一化为 W＝(0.0956,0.0956,0.3305,0.3305,0.1478)^T,一致性检验指标 CR＝0.0173＜0.1,通过一致性检验,因此,权重矩阵为(0.0956,0.0956,0.3305,0.3305,0.1478)^T。

第四,成长与学习维度与其指标之间的判断矩阵 B$_4$—C,见表 9。

表 9 B₄—C 判断矩阵

C_{4j} \\ C_{4j}	员工文化水平 C_{41}	个人激励基金参与人数 C_{42}	员工薪资报酬 C_{43}	员工保持率 C_{44}
员工文化水平 C_{41}	1	2	1/3	1/2
个人激励基金参与人数 C_{42}	1/2	1	1/4	1/3
员工薪资报酬 C_{43}	3	4	1	2
员工保持率 C_{44}	2	3	1/2	1

该矩阵的特征向量归一化为 $W = (0.1601, 0.0954, 0.4673, 0.2772)^{\mathrm{T}}$，一致性检验指标 $CR = 0.0115 < 0.1$，通过一致性检验，因此，权重矩阵为 $(0.1601, 0.0954, 0.4673, 0.2772)^{\mathrm{T}}$。

然后，进行层次总排序。将各指标与对应维度的权重和该维度对应目标层的权重相乘，得出各指标的综合权重，见表 10。

表 10 平衡计分卡各指标综合权重

一级指标	权重	二级指标	权重	综合权重
绩效评价指标体系				
财务维度 B_1	0.3509	营业收入增长率 C_{11}	0.0618	0.0217
		成本费用利润率 C_{12}	0.0973	0.0342
		总资产报酬率 C_{13}	0.1599	0.0561
		可持续增长率 C_{14}	0.4185	0.1469
		净资产收益率 C_{15}	0.2625	0.0921
客户维度 B_2	0.3509	市场份额 C_{21}	0.0882	0.0309
		单位吞吐量客户支出的成本 C_{22}	0.4829	0.1695
		中转货比重 C_{23}	0.272	0.0954
		船舶平均在港停泊时间（天）C_{24}	0.157	0.0551
内部运营维度 B_3	0.1891	泊位数 C_{31}	0.0956	0.0181
		航线数 C_{32}	0.0956	0.0181
		集装箱吞吐量 C_{33}	0.3305	0.0625
		港口货物吞吐量 C_{34}	0.3305	0.0625
		研发费用投入率 C_{35}	0.1478	0.0278
学习与成长维度 B_4	0.1091	员工文化水平 C_{41}	0.1601	0.0175
		个人激励基金参与人数 C_{42}	0.0954	0.0104
		员工薪资报酬 C_{43}	0.4673	0.0510
		员工保持率 C_{44}	0.2772	0.0302

(四)上海港绩效评价分析

1.评价结果分析

通过查询上海港公开发布的 2015 年和 2016 年年度财务报告以及相关资料信息,根据各指标计算公式和方法,获取原始数据并计算得到评价体系中各指标的相关数值。为了保证评价的有效性和科学性,笔者对上海港 2012—2016 年 5 年的财务报告及相关信息进行了分析,取 5 年中各指标的最优值作为目标值进行标准化处理的参照,然后对 2015 年和 2016 年两年的数值利用线性比例变换法进行无量纲化处理得到各指标对应的标准化值,由标准化值乘以相对应的权重,最后得到上海港 2015 年和 2016 年的绩效得分,见表 11。

(1)总体情况分析

为了便于评价说明和比较,笔者采用目前国内外通用的五档评价办法,将评价标准划为优、良、中、低、差五个档次,其中 90 分及以上为优,70~89 分为良,50~69 分为中,30~49 分为低,0~29 分为差。从上海港 2015 年和 2016 年平衡计分卡得分情况来看,两年总体情况都算比较好,其中 2015 年上海港绩效处于优秀水平,2016 年处于良好水平,2016 年平衡计分卡得分明显低于 2015 年,通过分析指标得分可以发现主要是可持续增长率这一指标造成的,其原因主要在于两个方面:①指标体系本身对该指标设置的权重较高,因为该指标能够在一定程度上反映被评价对象的发展潜力,反映所有者权益的增长情况,是港口价值持续增长的重要体现,也是企业的重要追求,因此赋予了较大权重。②从指标计算公式来看,该指标得分的降低与 2016 年较 2015 年所有者权益增幅明显下降有关,可见近年来错综复杂、持续低迷的航运市场形势对港口运作的经济效益产生较大影响的同时,港口经营成本等的上升共同造成了所有者权益的大幅减少。

从各维度的总体评价得分来看,可以发现除了财务维度 2016 年得分明显低于 2015 年之外,其他三个维度均呈上升趋势,其中内部运营维度明显上升,说明上海港在推进港口"信息化、精益化、系统化"建设方面取得显著成效,尤其是集卡平台等大平台的建设拓展了港口服务受理范围,有效提升了客户服务的服务效率和水平。

表 11　上海港平衡计分卡 2015—2016 年得分

	指标	综合权重	最优值	2015 年 相关指标数值	2015 年 标准化值*100	2015 年 得分	2016 年 相关指标数值	2016 年 标准化值*100	2016 年 得分
财务维度	营业收入增长率(%)	0.0217	13.06	3.86	29.556	0.641	1.18	9.035	0.196
	成本费用利润率(%)	0.0342	56.56	56.56	100	3.420	55.63	98.356	3.364
	总资产报酬率(%)	0.0561	10.75	10.22	95.082	5.334	9.24	85.965	4.823
	可持续增长率(%)	0.1469	11.49	11.49	100	14.690	1.63	14.186	2.084
	净资产收益率(%)	0.0921	13.13	11.53	87.783	8.085	11.38	86.641	7.980
客户维度	市场份额(%)	0.0309	18.43	17.23	93.494	2.889	16.88	91.595	2.830
	单位存量客户支出的成本(元/吨)	0.1695	5.11	5.50	92.849	15.738	5.11	100	16.950
	中转货比重(%)	0.0954	46.50	45.00	96.774	9.232	46.50	100	9.540
	船舶平均在港停泊时间(天)	0.0551	0.42	0.43	97.674	5.382	0.45	93.333	5.143
内部运营维度	泊位数(个)	0.0181	46	42	91.304	1.653	46	100	1.810
	航线数(百条)	0.0181	3	2.50	83.333	1.508	3	100	1.810
	集装箱吞吐量(亿标箱)	0.0625	0.365	0.371	98.411	6.151	0.37	100	6.250
	港口货物吞吐量(亿吨)	0.0625	5.14	5.13	99.805	6.238	5.14	100	6.250
	研发费用投入率(%)	0.0278	0.12	0.08	66.667	1.853	0.12	100	2.780
学习与成长维度	员工文化水平	0.0175	240.74	217.10	90.177	1.578	211.53	87.863	1.538
	个人激励基金参与人数(人)	0.0104	225	206	91.556	0.952	215	95.556	0.994
	员工薪资报酬(元/人)	0.0510	67852.48	62341.52	91.878	4.686	67852.48	100	5.100
	员工保持率(%)	0.0302	99.15	96.29	97.115	2.933	99.15	100	3.020
总　分						92.963			82.460

（绩效评价指标体系）

注:1. 以上指标原始数据来源于上海港 2012—2016 年年度财务报告、中国交通运输部、上海市统计局等政府相关部门统计年鉴以及中国港口网等网站信息。

2. 表中数值由原始数据直接获取或按指标公式计算得到。如 2015 年员工薪资报酬=该年度职工薪酬/员工总人数=1143218771.58/18338=62341.52 元/人。

（2）各维度情况分析

①财务维度

在四个维度中,财务维度指标总分明显下降,从其构成的五个指标情况看,几个财务指标均呈现下降趋势,尤其是可持续增长率下降幅度比较大。综合考虑这些财务指标影响因素,反映出来的是利润的减少以及成本费用的提高,究其原因首先是港口面临的环境日益复杂,全球经济增速放缓以及我国进出口负增长带来的港航市场低迷,集装箱港口之间的激烈竞争为港口运作带来了挑战,其次可能与集装箱港口运营成本的居高不下有关,且近年来国内劳动力、土地等成本日益高涨,都给集装箱港口带来压力。管理者应该注意在以后的管理中要积极采取措施控制港口成本,提高财务绩效。

②客户维度

上海港2016年客户维度整体情况优于2015年,其中市场份额指标数值有所下降,这并不能说明上海港客户服务质量的下降,因为上海港集装箱吞吐量是保持上升趋势的,但是上海港近两年的市场份额是下降的,一方面可能与经济腹地的进出口情况有关,另一方面还是与上海港与邻近港口间的竞争更加剧烈有关,上海港需要更加注重提高生产运作效率来获得客户的满意,从而获得较大的市场份额。

③内部运营维度

内部运营维度的绩效评价能够帮助被评价对象认识当前自身运营的状况,并制定运营计划,从而更好地实现其发展战略目标。上海港内部运营维度无论是从整体还是从构成的各指标情况来看,2016年的得分均高于2015年,说明上海港在加强基础设施、信息化研发投入方面都予以了重视并取得了一定的成效,因此,在今后的发展中,上海港应继续保持并能根据市场变化从多方面采取措施对内部运营进行优化,内部运营的优化将有利于上海港取得更好的市场和财务绩效。

④学习与成长维度

学习与成长维度与员工工作成效密切相关,首先是员工文化水平,上海港2016年和2015年评价得分相差不多,整体变化不大,说明在高学历人才引进上还需要加强。其次是个人激励基金参与人数,个人激励基金的设置将有效鼓励员工主动学习与创新,个人激励基金是值得继续推广下去的,当然参与人数与资金的设定应该参照当年的战略及经营计划。受物价水平及经济发展水平的影响,员工薪资报酬逐年上升,近几年的员工平均工资不断上涨,可以看出上海港重视员工对薪资报酬的满足。有了以上几个方面的保障,上海港的员工保持率两年来均保持在95%以上,证明员工对于上海港的工作环境和条件都比较满意,员工满意度的提升将有利于上海港战略的实施和开展。

2.对策与建议

针对以上对于上海港平衡计分卡得分的分析情况,上海港要在激烈的港口竞争中提升绩效水平、实现其战略目标,还需要在巩固自身发展优势的前提下,通过降低港口运营成本,提升港口信息化水平等方式来不断提升运作效率,同时还要完善人才培养及激励机制,为港口建设提供支撑。

(1)降成本,改善财务绩效

财务绩效的降低是上海港面临的一个较为现实和重要的问题,因此,上海港应重视加强财务方面的管理,结合港口实际发展情况及特点,改进成本核算方法,制定科学的成本预算,对港口成本进行控制,减少无效性成本支出,最大限度降低资金浪费,提高资金利用效益。

(2)抓效率,巩固发展优势

上海港作为国内集装箱大港,具有十分有优势的地理位置、港口条件及经济发展水平,在今后的发展中,上海港要继续保持集装箱业务优势,重点破解在集装箱中转、提高效率上的问题,依托科技创新,对港口配套设施进行升级或技术改造,改进装卸工艺等以优化作业流程,做好各项服务保障,优化航线配置,提高航道通航能力,缩短船舶在港停留时间,不断提升集装箱转运效率和质量,提升集装箱中转比例,不断巩固其发展优势。

(3)强科技,加紧信息化平台建设

信息化平台在提高港口运营水平、促进港口发展中发挥着重要作用。上海港应抓住"互联网+"的发展机遇,注重加强科技创新及科技成果的利用,加大科技创新的资金及人力资源的投入,鼓励港内人才团队进行技术创新及项目研究,积极推进空箱服务中心、拼箱中心等集装箱相关平台中心的建设,通过信息化平台的建设来促进港口内部的运营能力和集装箱业务的服务效率的提高,以此提高集装箱作业的规范化、专业化以及信息化水平,最终提升客户体验度。

(4)重人才,完善人才培养及激励机制

人才是港口发展的重要资源,上海港应积极引进高素质、高层次人才,加强人员队伍建设,健全人员选拔、任用机制,同时通过多种途径培养员工业务操作能力,完善员工激励机制,鼓励员工自我学习与进行创新的能力,提高专业技能,同时开展多类型文体活动,为员工发展营造良好的工作环境和文化氛围。

四、结论

平衡计分卡作为一种较为成熟的战略绩效评价工具,自提出以来就被广泛推广和应用于各行各业中,但是关于集装箱港口的应用和研究比较少。同时,集装箱港口作为在国民经济和现代物流中发挥重要作用的一环,对其从战略角度出发进行绩效评价也是非常必要的,这有利于港口对自身的运营情况有更加清晰地认识。首先就集装箱港口的构成系统及功能进行分析,并介绍了集装箱港口绩效评价的研究情况,为后边构建平衡计分卡时的指标选取奠定了基础,分析了平衡计分卡的发展情况及特点,在借鉴前人集装箱绩效评价指标选取的基础上,从平衡计分卡本身的特点出发,结合集装箱港口发展战略目标构建基于平衡计分卡的绩效评价指标体系,并引入层次分析法进行指标权重的确定,从应用研究的角度为集装箱港口进行更加科学有效地管理提供参考。

主要结论有以下几个方面:

第一,集装箱港口作为现代物流的重要组成部分,应该重视制定符合自身发展规律的战略目标,并能够以战略目标为出发点开展有效的绩效评价工作,将战略目标进行分解,全方位地分析港口绩效情况,促进港口绩效的提升和竞争力的增强。

第二,平衡计分卡作为一种有效的战略绩效评价工具,应该引起集装箱港口的重视并能积极结合自身实际情况进行应用,构建相关绩效指标体系,更好地对集装箱港口进行战略管理。

参考文献

[1] 周臣.基于三阶段级联 DEA 方法的港口效率测度研究[D].大连:大连海事大学,2013.

[2] 张宇.基于 DEA 模型的港口技术效率探析[J].电子测试,2013(11):214—215.

[3] 严敏如.福建自贸环境下福州港和台北港的竞争力分析[J].福州大学学报(哲学社会科学版),2015(6):20—25.

[4] 郭真.钦州港港口物流绩效评价指标体系研究[J].物流科技,2016(11):62—64.

[5] 宋建彬,蔡丽波,胡慧雅,等.基于 DEA 的港口经营绩效实证分析——以营口港为例[J].辽宁工业大学学报(社会科学版),2016(1):36—39.

[6] 李兰冰,刘军,李春辉.两岸三地主要沿海港口动态效率评价——基于 DEA-Malmquist 全要素生产率指数[J].软科学,2011(5):80—84.

[7] 罗俊浩,崔娥英,季建华.基于随机前沿分析(SFA)的港口上市公司的效率评价[J].武汉理工大学学报(交通科学与工程版),2012(4):736—739.

[8] 张洁,傅培华,李进.基于极效率 DEA 的集装箱港口绩效评价研究[J].物流技术,2013(9):246—250.

[9] 陈珊珊,刘桂云.基于 DEA 模型的集装箱港口柔性服务效率评价[J].宁波大学学报(理工版),2016(3):128—132.

[10] 袁群,徐意靖.集装箱港口物流系统绩效评价研究[M].上海:上海交通大学出版社,2011.

[11] 罗伯特·卡普兰,大卫·诺顿.平衡计分卡——化战略为行动[M].广州:广东经济出版社,2004.

[12] 陈奕廷.基于平衡计分卡的企业绩效评价研究[D].福州:福建农林大学,2013.

[13] 周熙.平衡计分卡在物流企业中的应用研究[D].上海:上海交通大学,2010.

[14] 肖云爽.基于 BSC 与 KPI 整合的综合服务型物流企业绩效评价研究[D].成都理工大学,2014.

[15] 孙宏品.大连集装箱港口竞争力评价[D].大连:大连海事大学,2013.

[16] 谷红霞.港口物流绩效评价指标体系的研究[D].重庆:重庆交通大学,2012.

[17] 戴冬怡.平衡计分卡在 UPS(大连)绩效管理中的应用研究[D].大连:大连理工大学,2014.

跨境电商保税仓物流服务质量评价研究
——以百世物流科技（中国）有限公司为例

王钰祥[*]

一、背景

在传统进出口贸易不景气的背景下，我国跨境电子商务发展迅速。国家海关总署公布，2016 年我国跨境电商市场交易规模达到 65000 亿元人民币，和 2015 年同期相比上升 4.72%，接近外贸进出口比例的 30%，跨境电商市场交易规模以每年 20 个百分点的比率快速增长。受国际经济形势的影响，中国外贸市场面临较大的压力，而跨境电商变为对外贸易的重要力量。

近年来，跨境购的产品质量屡遭质疑，消费者对海外商品的品类有了更高的要求，网络购物的比例逐渐上升，培养了一大部分海淘专业户。2016 年 4 月 8 日，商务部明文规定跨境电商零售进口应该区分开贸易属性和个人消费品属性，在关税、购买额度和清关三个方面对跨境电商进行了节点限制。随着跨境电商市场的不断扩大，商务部对于跨境电商零售进口的属性问题摇摆不定。2017 年 3 月 17 日，商务部确定跨境电商零售进口为"个人消费物品"。目前，我国把上海、广州、深圳、杭州、天津、宁波等 10 个城市作为跨境电商的试点城市。自 2018 年起，合肥、成都、大连、青岛、苏州也将纳入其中，跨境电商试点城市将达到 15 个。由此来看，跨境电商零售进口的发展是大势所趋。

2014 年以来，随着跨境电商零售进口业务的发展，跨境电商保税备货模式的进口业务量不断增大，而保税仓库的物流服务质量直接影响到客户购物体验、跨境电商企业的服务质量以及跨境电商保税备货进口模式的发展。对于

---

[*] 王钰祥，男，浙江万里学院硕士研究生，主要研究方向：港口物流。

跨境电商企业来说,对保税仓库的物流服务质量进行科学评价,可以帮助其选择物流服务质量高的保税仓库作为合作伙伴,从而提升客户满意度,增加销售额。对于跨境电商行业来说,这一举措可以促进跨境电商保税备货进口模式的良性发展。

二、跨境电子商务保税仓物流发展现状

(一)跨境电子商务

1.行业发展

近年来,人民生活水平不断提高,消费结构持续升级,对商品的品类和质量提出了更高的要求,更多的消费者热衷于购买海外商品。另外随着跨境平台的增多、物流配送的完善以及电子支付的成熟发展,跨境电商市场不断规范化。这些都使得跨境电商具有巨大的发展前景。根据商务部数据显示:2010以来,我国跨境电商规模不断扩大,增速明显,预计未来几年跨境电商的规模将保持 25% 以上的增长。2017 年达到 8.1 万亿元,2018 年预计达到 10.1 万亿元(见图 1、图 2)。

图 1 2010—2016 年中国进出口贸易与跨境电商交易规模

图2　2010—2016年中国跨境电商交易增长速度及占进出口贸易额比例

2.政策支持

2014年是跨境电商发展元年,海关总署公布"56号"和"57号"文件,跨境电商从此有了政策依靠。在此之前,跨境电商行业被人们简单地理解为海淘,主要运作方式是个人或者中小企业代购、转运,这种行业环境下关于跨境电商发展的一系列问题也浮出水面。诸如,商品的质量问题,偷税漏税问题。随着国家政策的支持,越来越多的市场主体进入跨境电商领域。到了2016年,跨境电商行业政策峰回路转,在经历了"4·8新政"之后,国家又宣布推迟1年执行。11月15日,国务院批准从2016年5月11日起,我国对跨境电商零售进口有关监管要求放缓,先从上海、杭州、宁波、郑州等10个试点城市开始执行。进入2018年,关于跨境电商的政策又有新的风向。商务部公布,从2018年年初开始,跨境电商进口过渡期的政策适用城市新增了五个城市,其中包括苏州、合肥、青岛、成都和大连。为了促进跨境电商零售进口的进一步发展,将过渡期政策延长1年时间。为了进一步支持跨境电商的发展,国务院、海关总署、人民银行以及外汇总局等多个部门出台一系列文件,从2009年至2016年年末已经有19个文件,本文选取其中的部分文件,统计结果见表1。

表 1　跨境电商政策汇总

文件名	颁发日期	颁发单位
《关于跨境贸易电子商务进出境货物、物品有关事宜的公告》	2014 年 7 月 23 日	海关总署
《关于增列海关监管方式代码的公告》	2014 年 7 月 30 日	海关总署
《关于加强进口的若干意见》	2014 年 11 月 6 日	国务院办公厅
《支付机构跨境外汇支付业务试点指导意见》	2015 年 1 月 20 日	国家外汇管理局
《关于同意设立中国（杭州）跨境电商综合试验区的批复》	2015 年 3 月 07 日	国家外汇管理局
《关于加快培育外贸竞争新优势的若干意见》	2015 年 5 月 12 日	国务院办公厅
《关于进一步发挥检验检疫职能作用促进跨境电商发展的意见》	2015 年 5 月 14 日	质检总局
《关于促进跨境电子商务健康快速发展的指导意见》	2015 年 6 月 20 日	国务院办公厅
《关于跨境电子商务零售进出口税收政策的通知》	2016 年 3 月 24 日	财政部

(二)保税区与保税仓库

保税区、保税仓库是国家更好地融入经济全球化,参与国际竞争与合作的平台,出口本国优势产品,引进外国先进资源设备的场所。

保税区又称"非关税区",保税区的商品不受国家正常关税管理。货物从海外运往本地区,进入保税区在获得相关证件的前提下可以免收关税。由于保税区经常涉及对外贸易活动,其选址一般处在濒临河港、海港或空港的位置。从政策上讲,保税区内的企业可以享受免税进口生产材料、设备等政策,同时也享有金融和外汇等优惠政策。从功能上讲,保税区主要有贸易中转、出口加工、保税退税、仓储等功能。

保税仓库允许境外货物不办理进口手续而在库内储存,在储存期内可暂不缴纳关税,如再出境亦可免缴关税。但货物若进入海关管制区,则要照章补办手续、补缴关税。保税仓主要具备两个方面的优势:一是作为整个供应链中的一个重要节点,发挥仓储配送的作用;二是具有保税功能。

(三)跨境电子商务物流运作模式

根据国家商务委的数据显示,截至 2016 年 6 月,我国跨境电商平台的数量已经达 5000 余家,人们熟知的跨境平台有天猫国际、淘宝全球购、网易考拉海购、小红书、亚马逊海外购、京东全球购、唯品国际、洋码头以及苏宁海外购等。跨境电商物流运作模式主要包含其发货模式和物流模式两方面。目前,这些跨境电商平台依靠的发货模式主要是海外直邮和保税仓发货两种,分别采用海外仓、保税仓+国内物流的物流模式。

1. 保税备货进口模式

保税备货进口模式是商家根据大数据预测出消费者需要的海外商品,然后将这些海外商品备货运送至由海关监管的保税区和保税仓库,申请通关单后,商品可进入保税区,在保税仓库内按照海关和国检要求对商品进行拆包理货、检验、上架、拣货、打包、清关和发运。用户在平台下单以后,商家从保税仓清关发货,通过第三方物流将商品送至消费者手中。典型的跨境平台有天猫国际、京东全球购和小红书等。

2. 境外直邮进口模式

境外直邮进口模式是商家在商品生产地自建海外仓作为集货中心,用户在平台下单以后,商家在海外仓内完成拣货、包装,通过国际物流运送至目的地海关监管场所,委托专门的报关企业或部门办理通关手续,海关国检等相关部门放行后商品可通过国内第三方物流运送至消费者手中。典型的跨境平台有亚马逊、洋码头等。

三、跨境电商保税仓物流服务发展现状及存在的问题

(一)跨境电商保税仓物流服务发展现状

近年来,跨境电商高速发展。上文介绍到目前全国跨境电子商务平台已经达 5000 多家,企业达 20 多万家,有 6 个跨境电商试点城市开展了保税备货进口模式,效果显著。由于保税区的特殊优惠政策,保税备货进口模式以速度

快、价格低的显著优势成为跨境电商物流模式的主流。保税物流逐渐成为国际物流的重要接力区,也成为促进进出口贸易增长的重要因素和满足顾客需求的关键环节。而保税仓作为保税物流的重要枢纽和业务载体,其物流服务无论是在业务方面还是在特性方面都与普通物流服务有所不同。

1. 业务现状

(1)关务服务

根据国家海关总署的规定,任何出入保税区的进口货物、区内流转及跨区域流转的货物都要按照程序办理相应的关务业务。保税仓作为跨境电商零售进口链条上的枢纽,有义务也有责任为商家提供这种服务。具体办理的项目有:商品备案,进口货物清关,跨境仓流转,库内流转,跨关区流转,删改单,进仓异常处理,不合格产品销毁、退货,区内跨境仓退仓,一般进出口贸易退仓,境外退仓,货物检测,货物报关转关等。

(2)仓储服务

仓储属性是保税仓最基本的属性,在整个跨境电商供应链中,保税仓起到一个配送中心的作用,商家从海外进货,在保税仓内备货,保税仓根据消费者订单发货。和一般配送中心一样,保税仓要确保货物的完整性、时效性和信息的准确性。除了发货功能外,保税仓还为客户提供以下服务:贴标、换标、包装加工、存储等。

(3)金融服务

保税仓除了为跨境业务提供保税和仓储业务外,还为商家提供金融服务,物流企业、银行、经销商、生产厂家为整个金融链条的四大主体。首先,四方主体签署保税仓业务的合作协议,制造商将货物运送至保税仓并作为质押货物,由保税仓对该质押货物进行储存与监督;其次,经销商还需另向银行提供取货保证金,由银行对保税仓下达放货指令,分批次发货;最后,经销商通过销货获得了一定的资金再向银行缴纳保证金,再由银行开具提货通知单,制造商根据提货通知单向保税仓发货,经销商再从保税仓仓库提货,以此循环下去。如果保证金不足,保税仓会立即停止发货。

2.从属特征

(1)复杂性

跨境电商保税仓所接触的主体有生产商家、销售商、银行、海关、国检及消费者。另外,跨境电商虽然发展很快但是起步较晚,其发展深受国家相关政策法规的影响,行业环境较为复杂。

(2)经济性

保税备货模式因为具备大幅降低了进口环节税的税收优惠政策,并且集中采购能够大幅降低商品的采购成本和物流成本,所以以上因素能够为进口产品带来更高的利润和更具竞争力的价格。保税仓能为跨境电商销售商节省不小的成本。

(3)时效性

物流时效是指从顾客下单开始到顾客收到货物为止的这段时间。销售商选择保税备货进口这一物理模式,除了可以通过规模效应降低物流成本,还可以减少清关时间,提高发货效率。而大部分消费者选择国内跨境电商平台(以保税仓发货为主)购买海外产品,也是因保税仓发货较其他物流模式速度更快。他们想要节省购物的时间,得到电商快速即时的反应,并且希望及时送货上门,这一切都离不开可靠的物流和送货服务的支持。

(4)安全性

就目前看,跨境零售进口主要以母婴、日化等高价值产品为主。因此,安全性是保税仓仓储服务的重点。安全性主要体现在四个方面:①货物的完整程度。②货物的有效期。③货物数量是否有差异(丢货、换货行为)。④出库前货物包装是否符合规范。

(5)季节性

跨境电商保税仓业务是随着跨境电商的快速发展应运而生的,保税仓物流服务深受跨境电商平台业务的影响。而跨境电商平台主要依靠时间或者数字营销的方式来促进销售量,例如各大购物节。以宁波某企业 JL 仓为例,按照活动节的天数和规模,购物节可以分为三个梯度,如表 2 所示。第一梯度,"双 11 国际购物狂欢节""京东 618";第二梯度,"双 12""年货节(1 月 4 号)""38 大促";第三梯度"苏宁 418""黑色星期五(圣诞节左右)"。由上可知,跨境电商保税仓物流服务具有季节性。

表 2　JL 仓活动节时间分布及规模状况

JL 仓	活动名称	日期	规模(日单量)	时间(日)
第一梯度	"双 11"国际购物狂欢节	11 月 11 号	250000～300000	15
	"618"网购狂欢节	6 月 18 号	80000～10000	10
第二梯度	"双 12"购物节	12 月 12 号	30000～50000	7
	年货节	1 月 4 号	40000～60000	8
	"38"大促	3 月 8 号	30000～50000	7
第三梯度	苏宁易购"418"购物节	4 月 18 号	5000～10000	3
	黑色星期五	12 月 25 号前的周五	5000～10000	3

(二)跨境电商保税仓物流服务存在的问题

据海关总署统计,目前从事跨境进口保税仓业务的商家在 145 家左右,跨境进口保税仓由于 10 个城市跨境保税仓储面积不断释放,2016 年达到 700 多万平方米,2017 年达到 1500 万平方米。跨境电商保税仓物流服务也逐渐走向成熟,但依然面临诸多问题。

1.关务商检问题亟待改善

保税备货模式下,跨境电商保税仓物流中心的信息系统主要链接 3 个系统,即仓库管理系统(WMS)、海关信息系统以及国检监管系统,任何库存变动,上述 3 个系统均需要进行数据交互。由于保税仓商品的库存量大,动销率高、库内商品的批次管理难度高,使得仓库管理系统中的库位信息经常和海关信息系统以及国检监管系统中的库位信息不符,在海关或国检查验的过程中会出现商品报关或报检号与该商品其他属性信息不一致的情况。这样会直接导致海关或国检对客户订单进行卡单(商家订单已推送至仓库 WMS 系统,但订单无法分配、打单),对商家销量、仓库信誉和客户体验带来负面影响。例如,宁波百世九龙保税仓 2016 年"双 11"当天,被海关卡单近一个半小时,1200名临时工作人员全部处于等待状态,造成直接人力成本损失近 2 万元,延迟生产派送包裹 12600 多个。

2.核心竞争力有待加强

（1）员工综合素质差

跨境电商保税仓员工的沟通能力以及员工自身素质对物流服务过程中的生产作业会产生较大影响。保税仓员工的素质对物流服务质量的影响也更为直接。首先，物流服务人员的技能水平、服务意识以及是否具备物流产品的相关知识这些因素对物流过程的完好实现具有重要影响。其次，保税仓物流企业管理人员的观念意识、个人素质和修养也直接影响整个企业的经营氛围，其中能不能形成客户至上的观念对服务质量来说极其重要。再次，由于保税仓物流服务质量特性如作业中的货损率、货物的差错率、客户投诉率等需要通过信息数据反馈获得，且反馈的这些数据在时间上有一定的滞后性，所以员工的工作效率、工作质量均对服务过程质量影响较为明显。就目前而言，跨境电商保税仓员工接受过高等教育的比例不高，员工接受专业系统培训的机会也较少，员工流动率高，仓库传统的"师傅带徒弟"的培训方式也存在不足之处。

（2）组织制度不健全

首先，保税仓的组织形式是按照库内作业流程来构建固定的组织结构的，这种组织形式的优点是每个组织的员工各司其职，有利于发挥员工的专业性；缺点是组织结构过于细化，使得部门之间容易出现责任难以界定，相互推诿的状况。其次很多保税仓物流企业不仅缺乏科学的领导方式，对于标准工作制度、质量管理措施的制定和实施也是遥遥无期的，这直接影响着员工工作，从而对物流效率和服务水平产生影响。

（3）设备设施落后

设施设备的完好直接影响顾客的需求质量。在保税仓的整个物流过程中包括商品的入库、上架、下架、存储、盘点、拣货、包装发运等作业环节，涉及液压车、高位叉车、高位货架、RF 手持、拣货车、栏板车、气泡机、工作台、流水线等设备，这些设施设备是合理组织批量生产和机械化流水作业的基础。就目前而言，保税仓物流设备的适应能力、配套能力适中、技术水平和先进程度较低。这对高效、高质、高量地满足顾客的需求，保证物流服务的准确性和完好性产生了不利的影响。

（4）信息技术应用性差

信息技术在物流过程的各个运作或作业环节中的综合应用是现代物流的根本标志。近年来，云仓储、信息技术的开发和应用受到各个跨境电商平台和保税仓物流企业的重视。但是目前国内跨境电商保税仓信息技术的实际应用状况并不乐观，这是因为跨境电商保税仓的主营业务量来自于"双11""618"等大促活动，6000平方米的保税仓要想在一周之内发货25万件，现场环境的复杂性和作业灵活性非常高，现有的信息技术并不能完全满足这些要求。跨境电商保税仓的员工综合素质普遍不高，很多员工宁愿使用让他们更加顺手的传统方法，也不会采用新技术。

（5）流程设计不科学

服务质量是客户关系管理的重要内容，依赖于服务提供前、提供过程中和提供结束后流程的设计和管理。保税仓物流服务流程设计的目的就是建立起良好的客户关系，达到留住老客户、发展新客户的目标。由于我国跨境电商发展尚未成熟，保税仓的流程设计更多的是依据普通电商仓库的流程来设计的，但是跨境电商保税仓又同时涉及海关、国检、跨境电商平台、贸易公司、消费者等多个主体，并且跨境电商保税仓具有顾客多样化、顾客产品多样化、出货少批量、多批次等特点，现有跨境电商保税仓物流企业的流程设计尚不科学。今后应该在物流流程设计上更要注重流程的柔性化设计，为顾客提供个性化的物流业务实施方案，能够根据顾客的个性化要求，具有提供增值服务的能力。不断优化和调整物流流程设计，提高物流效率和服务水平。

四、跨境电商保税仓物流服务质量评价指标体系建立

（一）指标体系设计原则

跨境电商保税仓不仅为跨境电商平台企业、消费者提供物流服务，其运行还涉及海关、国检等政府性质的市场主体。对跨境电商保税仓物流服务的评价涉及众多属性，这些属性的评价标准各不相同，所以其评价指标也是多种多样的。这些评价指标的设定必须全面、客观、有效地反映跨境电商保税仓物流

服务质量的真实水平。

为了保证指标的科学性和有效性，一般要遵循以下原则来设计评价指标。

1. 全面性原则

影响跨境电商保税仓服务质量的因素有很多，为了对跨境电商保税仓物流服务质量的评价更加科学，必须综合考虑不同的影响因素。但是这些影响因素有很多，有主要因素也有次要因素，在设定评价指标的时候要分清主次，突出重点，全面考虑影响跨境电子商务保税仓物流服务质量的主要因素。

2. 系统性原则

由于跨境电商保税仓里的环境相对于普通的电商仓库环境较为复杂，很多指标之间存在相互联系相互制约的关系。有些指标之间存在横向联系，有些则存在纵向联系，甚至不同层次的指标存在"你中有我，我中有你"的关系。在指标设计的过程中要尽量做到少而全面。

3. 针对性原则

对跨境电商保税仓物流服务质量的评价是为了对其服务质量水平进行评判，从而发现影响服务质量水平的关键因素有哪些，并且有针对性地提出建设性对策。因此，要有针对性地设定这些目标。例如，通关效率、发货准确率等。

4. 可操作原则

影响指标的因素有显性因素和隐性因素，有些指标可以准确并简易地搜集到资料和数据，而有些指标的资料和数据则搜集起来较为困难并且准确度也要有所考量。因此，评价指标的设定一定要保证数据资料的可操作性。

5. 定量和定性相结合的原则

由于物流是讲究时效的服务行业，时间性和服务性极强，结果数据是否科学、顾客体验是否完美，直接影响着物流服务质量水平的高低。这也决定了跨境电商保税仓物流服务质量评价指标具有定量和定性的双重性质。而本文在跨境电商物流服务质量指标的设定上是以量化指标为主的，这样可以更大程度地降低主观因素的干扰，使评价结果更加科学有效。同时，由于保税仓环境的特殊性和复杂性，还有许多指标无法量化，如收费增值效果、库位优化程度等。

(二)评价指标设计的思路

跨境电子商务保税仓物流服务包括多方面的内容,整体上有三大部分,即关务、仓储、金融。跨境电商保税仓物流服务质量评价指标的设定,需要考虑这三方面的内容。从跨境电商保税仓物流服务存在的问题可以看出指标的设定还需要从两个方面出发:一方面是顾客的期望值和感知度,另一方面是企业自身的组织支撑能力。因此,首先要结合顾客的期望总结出跨境电商保税仓物流服务的从属特征,然后找到与这些从属特征相关联的服务行为,设定服务行为的标准,对实际服务行为进行评价和改进。同时还要考察组织支撑能力对物流服务行为的正负影响,并加以继承和改进,如图3所示。

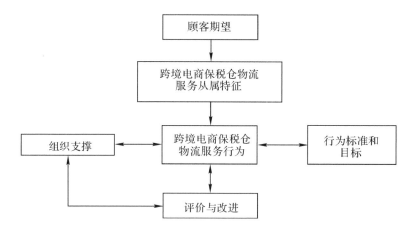

图3 跨境电商保税仓物流服务质量评价指标的设计思路

(三)评价指标设计标准分析

效益悖反理论是物流行业最常见的问题,企业一方面要确保服务质量的高水平,另一方面还要确保成本的合理控制。本文假设在一种理想的环境下对跨境电商保税仓物流服务质量进行研究,提出改进性措施,通过加强跨境电商保税仓物流服务质量指标的相互作用,达到其物流服务质量的提高,而保持成本基本不变。

对于物流服务质量评价指标体系的研究有很多,但是针对跨境电商保税仓物流服务质量评价指标体系的研究相对较少,本文在借鉴物流服务质量评价指标体系的基础上,结合国内外跨境电商平台、论坛社区消费者的评论与投诉以及行业标杆企业和专家学者的建议,探索性地设计出跨境电商保税仓物流服务质量评价指标体系。该体系分为基于客户感知质量的评价指标和基于组织支撑质量的评价指标。

1.跨境电商保税仓物流服务功能性指标分析

跨境电商保税仓物流服务功能性评价指标是从顾客角度来测量保税仓在服务上的多样性、增值性。这一指标是完全从顾客的期望角度来设定的,它取决于跨境电商保税仓的物流服务能力和顾客对物流服务功能上的期望。因此,根据跨境电商保税仓物流服务的特征,结合跨境电商保税仓物流服务能力的资料数据以及顾客对物流服务质量的主观认知,可以设计出跨境电商保税仓物流服务的功能性指标。(1)仓库服务多样性,反映的是保税仓有能力为顾客提供多方面的有效服务,跨境电商业务是一条完整的供应链,涉及国际供应商、国际海关、货代企业、国内保税区、贸易公司、跨境电商平台、消费者等多个主体。保税仓恰恰是整个链条上的枢纽,因此,提供多样服务更容易在行业竞争中获得顾客的青睐,满足其服务期望。例如,金融、仓储服务和关务服务。(2)仓库服务增值性,反映的是保税仓是否为顾客提供除合同约定外的服务或者个性化服务,例如,降低保证金、担保等金融服务、向客户更新海关信息、提供转仓设备耗材服务等。

2.跨境电商保税仓物流服务时间性指标分析

跨境电商保税仓物流服务的时间性指标是从顾客角度测量保税仓物流服务在时间上的合理性。这一指标是从顾客体验上设计出来的,它取决于跨境电商保税仓的物流服务能力和顾客对物流服务时间上的期望。因此,根据跨境电商保税仓物流服务的特征,仅参照跨境电商保税仓物流服务在时效上的数据资料,可以设计出跨境电商保税仓物流服务时间性指标。这些指标如下:(1)报关、转关时间,反映的是保税仓报关转关所用的时间,关务组把报关资料整理好发给报关行,报关行负责具体报关工作,报关完成以后货物才能进保税区入仓。一般的报关时间为3~7个工作日。(2)库内作业及时性,反映的是商家货物进入仓库之后的非生产性库内作业时间。例如,货物贴标、上架、下架、出库打托等。货物贴标的时间依据仓库人力和货物属性而定,例如,小瓶保健品每人每天可处理 2000～4000 件,而大瓶洗洁用品时间则慢一点。上架时间一般为商品贴完标之后 1～3 个工作日。出库打托时间依据出货数量而定。(3)订单处理时间,反映的是从客户下单到生成拣货单直至拣货领用后的时间。非大促情况下,10 点前的单据,16 点之前必须响应;16 点前的单据,当前工作日内必须响应。(4)订单释放周期,反映的是从接到客户订单开始到货物完全发运的时间。包括打印拣货单、拣货、验货包装、称重清关发运 5 个环节。在非大促情况下,16 点前的单据当天必须全部处理。(5)异常订单处理时间,反映的是处理当前工作日及之前的漏单、漏拣、漏验、漏称重、漏清关发运订单的时间。非大促情况下,异常单必须在当前 1 个工作日内处理结束。(6)退货时间,反映的是消费者把商品退还仓库之后,仓库把商品退还至商家的时间(由于海关总署规定跨境商品出库后的商品不能直接入库),在非大促情况下一般为 1 个工作日内。(7)换货时间,反映的是仓库收到消费者寄回的商品后,补发货物的时间,在非大促情况下 1 个工作日内。

3.跨境电商保税仓物流服务安全性指标分析

跨境电商保税仓物流服务的安全性指标是从顾客角度测量保税仓物流服务的安全性。这一指标是从顾客体验上设计出来的,它取决于跨境电商保税仓的物流服务的规范性和顾客对物流服务安全性的体验。因此,根据跨境电商保税仓物流服务的特征,考虑跨境电商保税仓物流服务在安全性上的数据资料,可以设计出跨境电商保税仓物流服务安全性指标:(1)库存准确率,反映的是保税仓实际仓储数据相对于海关台账及商家 WMS 系统数据的一致性程度。包括库位准确率(货位一致)、实际货品的属性准确率(品名、商家、数量、批次号等)。库位准确率应保持在 99.8% 以上,库存准确率应保持在 99.7% 以上。(2)货物破损率,反映的是顾客在保税仓内存放的由于仓库自身原因造成的破损货物的比例。它应保持在 0.1% 以内。(3)发货准确率,反映的是保税仓发货的准确程度,规定为 100%。(4)信息准确率,反映的是客户及购买产品的属性与所发货物属性的一致程度,规定为 100%。

4.跨境电商保税仓物流服务的经济性指标

跨境电商保税仓物流服务的经济性指标是从顾客角度测量保税仓物流服

务在收费上的合理性。这一指标是从顾客体验上设计出来的,它取决于顾客对物流服务经济上的期望。因此,根据跨境电商保税仓物流服务的特征,考虑跨境电商保税仓物流服务在经济上的顾客体验程度,可以设计出跨境电商保税仓物流服务经济性指标:(1)收费合理程度,反映的是顾客所有的仓内成本挂靠的合理程度。每项服务的收费标准都依据双方商务谈判后的合同标准。(2)收费的增值效果,反映的是顾客购买服务之后所接受到的增值服务体验,具体由顾客主观判定而定。

5.跨境电商保税仓服务的舒适度指标分析

跨境电商保税仓物流服务的舒适性指标是从顾客角度测量保税仓物流在客户交互方面的舒适度。这一指标是从顾客体验上设计出来的,它取决于客户交互的效果。因此,根据跨境电商保税仓物流服务的特征,考虑跨境电商保税仓物流服务在客户交互体验上的效果,可以设计出跨境电商保税仓物流服务舒适性指标。投诉率,反映的是投诉客户数量占总客户数量的比例。投诉率的高低反映了客户受服务舒适度的高低。客户投诉率应控制在 1~2 单/月。

6.跨境电商保税仓物流服务人员指标分析

跨境电商保税仓物流服务的人员指标是从人员综合素质和人效方面测试保税仓物流服务的员工情况。这一指标是从日常管理和生产量方面设定的。因此,根据跨境电商保税仓物流服务的特征,考虑人事资料及跨境电商保税仓员工的日常工作表现,可以设计出跨境电商保税仓物流服务人员指标:(1)员工数量,从侧面反映了跨境电商保税仓的生产力状况。一个 6000 平方米左右的跨境电商保税仓人员应为 32 人左右,并且生产小组人员至少要占总员工的 50% 以上。(2)员工学历,反映了跨境电商保税仓员工的整体素质,影响着仓库的生产管理以及服务质量。关务系统部门必须全部为大专及以上学历,其他收货、库存、拣货、验货包装、发运部门负责人必须为大专及以上学历,普通生产型员工必须为高中(中专)及以上学历。总之,大专及以上学历的员工比例应达 60% 以上。(3)员工人效,反映的是跨境电商保税仓的生产状况,是最能体现其生产力的指标。保税仓人效应保持在 10~13 单/人小时以上。

7.跨境电商保税仓物流服务设施指标分析

跨境电商保税仓物流服务的设施指标是从软硬件设备效率来测试保税仓物流服务的设施情况的。这一指标是根据满足顾客需要的生产需求方面设定的。因此,根据跨境电商保税仓物流服务的特征,考虑保税仓日常生产所需要的基本操作场地、工具、环境,可以设计出跨境电商保税仓物流服务设施指标。(1)库存面积,反映了跨境电商保税仓进出货物的能力,可细分为仓库总面积、可用面积、办公面积、作业面积。一般跨境电商保税仓的面积,小则六七千平方米,大则上万平方米,其中作业区面积占95%以上。(2)库存容量,反映了跨境电商保税仓接纳货物以及优化库位的能力,一般指可用空库位的数量。库存容量可以细分为总库位、可用库位、存储位、拣选位、可用存储位、可用拣选位、高速周转区。大促期间各个大型跨境电商仓储都会面临爆仓的情况,这大大影响了作业效率。(3)信息系统严重影响着跨境电商保税仓的物流服务质量,主要包括 WMS 系统和关务系统。保税仓 WMS 系统是和海关总署以及跨境电商平台企业相连接的仓库专用系统,不仅和仓库日常生产作业息息相关,还关系着企业的数据安全。小型跨境电商的保税仓一般会选择第三方提供的 WMS 系统,大型跨境电商保税仓往往会自行研发 WMS 系统,但是其灵活性不及第三方公司。关务系统由海关提供与企业无关。(4)操作设备是跨境电商保税仓日常生产的最基本的劳动工具。一般包括移动手持、办公用计算机、拣货车、高位叉车、流水线、气泡机、各种耗材等等。这些设备质量和便捷性对于日常生产的影响不是很大,但是对于"双 11""双 12"这样的大促活动至关重要,将严重影响保税仓的作业效率。

8.跨境电商保税仓物流服务方法指标

跨境电商保税仓物流服务的方法指标是从保税仓的作业效率来测试保税仓作业方法的科学性和有效性。这一指标是根据日常生产过程的需要和生产结果的反馈设定的。因此,根据跨境电商保税仓物流服务的特征,考虑员工使用的工作方法在日常生产中的效果,可以设计出跨境电商保税仓物流服务方法指标。(1)标准型作业方法是跨境电商保税仓的标杆性作业方法,也是衡量跨境电商保税仓物流服务质量的重要指标之一,作业方法是否规范、科学、有效,直接影响仓库的作业效率。每个环节的随性操作都会给此生产链的下游及整个仓库造成作业困难。(2)创新型作业方法是跨境电商保税仓提升服务质量的重要法宝。一方面跨境电商零售进口商品属性各异,种类复杂,标准化作业难度大,另一方面跨境电商保税仓物流作业季节性较强,主要业务集中在几个大促活动中,这就对作业方法的创新提出了高要求。在不同的环境下,针对不同的商品采取特定的作业方法,不仅可以降低作业成本还可以提高作业效率。因此,保税仓物流服务一定要注重库内作业的灵活性和创新性。

9.跨境电商保税仓物流服务的环境指标

跨境电商保税仓物流服务环境评价指标是从日常作业过程及作业效果来测量保税仓物流的作业环境的。这一指标是从员工的工作角度来设定的,它取决于跨境电商保税仓的上层架构和企业文化。因此,根据跨境电商保税仓物流服务的特征,考虑跨境电商保税仓的作业状态,可以设计出跨境电商保税仓物流服务环境指标。(1)制度架构,反映的是跨境电商保税仓上层管理是否标准化、规范化。具体包括:考勤制度、安全制度、库区作业制度、绩效考核制度、文化建设制度等等。(2)工作氛围,反映的是跨境电商保税仓部门之间的协同性。物流企业相对其他企业部门之间的联系更为紧密,任何环节的差错都会给整个团队造成不便,因此团结的国内工作氛围至关重要。此外,团队应保持一种积极向上的心态,相互学习、不怨天尤人。(3)库区环境,它可以侧面反映出跨境电商保税仓执行力和生产力方面的能力。整洁有序的库区环境不仅能使员工轻松愉快的工作,还能在顾客心中塑造一种标准规范的印象,形成"标签效应"。

(四)评价指标体系的构建

跨境电商保税仓物流服务质量评价指标体系的构建要从这一特定评价目标出发。本文对跨境电商保税仓物流的发展现状和问题进行了分析,在充分考虑前面指标设计原则和设计思路的基础上,探索性地构建了由 9 个一级指标和 28 个二级指标组成的跨境电子商务保税仓物流服务质量评价指标体系,其中定性指标 11 个,定量指标 17 个,见表 3。

表 3　跨境电商保税仓物流服务质量评价指标体系

指标分类	一级指标		二级指标		指标属性
顾客服务感知	B_1	功能性	C_1	仓库服务多样性	定性指标
			C_2	仓库服务增值性	定性指标
	B_2	时间性	C_3	报关、转关及时性	定量指标
			C_4	库内作业及时性	定量指标
			C_5	订单处理时间	定量指标
			C_6	订单释放周期	定量指标
			C_7	异常订单处理时间	定量指标
			C_8	退货时间	定量指标
			C_9	换货时间	定量指标
	B_3	安全性	C_{10}	库存准确率	定量指标
			C_{11}	货物破损率	定量指标
			C_{12}	发货准确率	定量指标
			C_{13}	信息准确率	定量指标
	B_4	经济性	C_{14}	收费合理程度	定性指标
			C_{15}	收费增值效果	定性指标
	B_5	舒适度	C_{16}	投诉率	定量指标
组织支撑	B_6	人员	C_{17}	员工数量	定量指标
			C_{18}	员工学历结构	定量指标
			C_{19}	员工人效	定量指标
	B_7	设施	C_{20}	库存面积	定量指标
			C_{21}	库存容量	定量指标
			C_{22}	信息系统	定性指标
			C_{23}	操作设备	定性指标
	B_8	方法	C_{24}	标准型作业流程	定性指标
			C_{25}	创新型作业流程	定性指标
	B_9	环境	C_{26}	制度架构	定性指标
			C_{27}	工作氛围	定性指标
			C_{28}	库区环境	定性指标

本文建立的指标体系从顾客感知和组织支撑两个方面入手,包括跨境电商保税仓物流服务功能性指标、跨境电商保税仓物流服务时间性指标、跨境电商保税仓物流服务安全性指标、跨境电商保税仓物流服务经济性指标、跨境电商保税仓物流服务舒适性指标、跨境电商保税仓物流服务人员指标、跨境电商保税仓物流服务设施指标、跨境电商保税仓物流服务方法指标和跨境电商保税仓物流服务环境指标。

五、基于灰色综合评价法的跨境电商保税仓物流服务质量评价

(一)评价方法概述和确定

不需要确定指标权重的服务质量评价方法有马田系统和主成分分析,需要确定指标权重的服务质量评价方法有 TOPSIS 法、灰色关联分析等。不同的方法有不同的适应性,因此需要根据具体的问题选择评价方法。

1. 马田系统

马田系统是日本田口玄一博士等人于 2000 年首次提出的概念。马田系统首先是采用正交表和信噪比优化指标体系,淘汰对结果影响较小的指标,然后预测样本到基准空间的马氏距离,并与评价阈值对比,从而有效评价样本质量情况。马田系统不仅可以对服务质量进行合格评定还能进行星级评定,但缺点是基准空间存在很大的主观性,阈值确定也是依靠经验。

2. 主成分分析法

主成分分析法是研究如何通过少数几个主成分来解释多变量的方差——协方差结构。主成分分析法不适宜用来对企业进行单独分析。

3. TOPSIS 法

TOPSIS 法是一种简单的评价方法,主要依靠"理想解"和"负理想解"来排序,将理想值重新组成一个理想的方案,根据各方案距离理想方案的距离来评价出最优方案。

4.灰色关联分析法

灰色关联分析法是 20 世纪 80 年代初邓聚龙教授研究出来的,其研究对象是"部分信息未知"和"部分信息信息已知"的"贫信息"系统。灰色关联分析首先是找到标准数列,即各反映样本行为特征的数据序列,然后算出样本与标准数据序列的关联程度,关联度越高结果越满意。该方法的评价结果比较客观,并且不要求全部数据,计算过程简单且易操作。

通过对以上服务质量评价方法的使用方法和特点的分析,笔者选取灰色关联度分析法作为跨境电商保税仓物流服务质量评价的方法。选择这一方法有以下几点理由:(1)跨境电商保税仓物流服务质量评价的目的在于对现有保税仓服务质量进行评价改进,不仅有定性描述还有定量评价,指标的处理过程中有涉及专家、顾客的主观评价,为了使评价过程更为公平客观,评价结果更加真实可信,还需要对某些指标数据进行数理方法评价。(2)灰色关联度分析法能够提供显而易懂的样本标准,使保税仓及其利益相关者在对样本进行改进时,更加容易且有效。另外,这种评价方法计算简单、操作性强并且结构直白,适合跨境电商保税仓物流服务管理。

(二)评价指标权重确定

在跨境电商保税仓物流服务质量的评价指标体系中,一种指标与同类任何其他指标相比,其发挥的作用、地位、对服务质量的影响程度都是不一样的。因此,要基于每个指标的重要程度对其赋予权重。指标的权重关乎这一指标对总体服务质量的贡献率。科学有效的指标权重是跨境电商保税仓物流服务质量评价的关键。目前计算指标权重的方法有很多,如主观赋权法:加权法、多元分析法、层次分析法、模糊统计等;客观赋权法:熵值法、线性规划法等。笔者考虑到指标特征和可操作性,选取层次分析法进行权重判定。

1.层次分析法应用

层次分析法是美国运筹学家萨蒂等人在 20 世纪 70 年代研究出来的定量与定性相结合的多准则决策方法。它是将待决策问题分解成目标、准则、方案等层次,进行定量和定性分析的一种决策方法。层次分析法是先把待决策问题层次化,然后确定最低层次(行动、方案等)相对于最高层次(总目标)的相对重要性权重值或者是相对重要性排序。

2.构造保税仓物流服务质量的层次分析结构

对于跨境电商保税仓物流服务质量这个问题,层次分析模型结构有三层:最高层目标层为提升物流服务质量;中间层为准则层,即保证物流服务质量的九个方面:功能性、时间性、安全性、经济性、舒适度、人员、设施、方法、环境;最低一层为具体方案,一共 28 个指标。

3.构造判断矩阵并进行一致性检验

这一步主要是准则层和方案层对于目标层的不同影响,进一步确定权重。将准则层的九个因素:功能性、时间性、安全性、经济性、舒适度、人员、设施、方法、环境设为 $X_i(1,2,\cdots,9)$,判断某层次某个因素 X_i 相对于另外一个因素 X_j 的重要值。这个重要值 V_{ij} 用表示,并建立判断矩阵 $A=V(V_{ij})_{m\times n}$ 具有以下形式:

$$A=\begin{pmatrix} V_{11} & V_{12} & \cdots & V_{1n} \\ V_{21} & V_{22} & \cdots & V_{2n} \\ \vdots & \vdots & \vdots & \vdots \\ V_{m1} & V_{m2} & \cdots & V_{mn} \end{pmatrix}$$

正反矩阵 A 具有以下性质:

①$V_{ij}>0$

②$V_{ij}=\dfrac{1}{V_{ji}}(i\neq j)$

③$V_{ii}=1(i,j=1,2,\cdots,n)$

矩阵 A 中 V_{ii} 的取值用 1—9 级标度来确定,V_{ji} 的取值用 1/9—1 级标度方法表示,如表 4 所示。

表 4 判断矩阵标度及其释义

序号	重要性等级	C_{ij} 赋值
1	i 元素,j 元素同等重要	1
2	i 元素比 j 元素稍重要	3
3	i 元素比 j 元素明显重要	5

序号	重要性等级	C_{ij} 赋值
4	i 元素比 j 元素强烈重要	7
5	i 元素比 j 元素极端重要	9
6	i 元素比 j 元素稍不重要	1/3
7	i 元素比 j 元素明显不重要	1/5
8	i 元素比 j 元素强烈不重要	1/7
9	i 元素比 j 元素极端不重要	1/9

根据数学理论算出矩阵 A 的特征向根 λ。层次分析法使用半段矩阵最大的特征根之外的其余特征根的负平均值作为判断矩阵是否偏离或一致的指标，即

$$CI = \frac{\lambda_{\max} - n}{n - 1}$$

当 $CI = 0$，$\lambda_1 = \lambda_{\max} = n$ 时，判断矩阵具有完全一致性。由于评价指标较为复杂，判断矩阵要在咨询多位专家之后才能形成，如果各专家的判断协调一致，没有相互矛盾，则称为判断思维具有一致性。当判断矩阵的一致性指标 CI 与同阶平均随机一致性指标 RI 的比率 CI 小于 0.10 时，就认为判断矩阵具有满意的一致性，否则就要调整判断矩阵，RI 的值列于表 5。

表 5　RI 值

项目	1	2	3	4	5	6	7	8	9
RI 值	0	0	0.58	0.9	1.12	1.24	1.32	1.41	1.45

4.判定权重

一级指标权重，如表 6 所示。

表 6　一级指标权重

指标	B_1	B_2	B_3	B_4	B_5	B_6	B_7	B_8	B_9
权重	0.041	0.202	0.202	0.0493	0.1156	0.202	0.0754	0.0754	0.0371

二级指标权重，如表 7 所示。

表 7　二级指标权重

指标	C_1	C_2	C_3	C_4	C_5	C_6	C_7
权重	0.020500	0.020500	0.007696	0.007696	0.055813	0.055813	0.035087
指标	C_8	C_9	C_{10}	C_{11}	C_{12}	C_{13}	C_{14}
权重	0.019958	0.019958	0.016140	0.017877	0.084194	0.083769	0.029580
指标	C_{15}	C_{16}	C_{17}	C_{18}	C_{19}	C_{20}	C_{21}
权重	0.019720	0.115600	0.014827	0.040400	0.146793	0.005278	0.005278
指标	C_{22}	C_{23}	C_{24}	C_{25}	C_{26}	C_{27}	C_{28}
权重	0.040595	0.024241	0.030160	0.045240	0.023633	0.009583	0.003884

(三)评价指标数据处理

跨境电商保税仓物流服务质量评价指标有定性指标也有定量指标,本文对 11 个定性指标数据的处理是依据行业经理人 2 人、跨境电商平台经理人 2 人进行 10 分制打分的,按照其合理程度划分等级:很不合理、不合理、不太合理、一般、较合理、合理、很合理,对应的分数依次为 $[0,2)$、$[2,4)$、$[4,6)$、$[6,7)$、$[7,8)$、$[8,9)$、$[9,10]$,评分标准如表 8 所示。采用加权平均法计算出指标最终得分,依据专家的权威性给专家做权重判定 $W_i(i=1,2,3,4)$。评分矩阵如表 9 所示。

设定 E 为专家集,$E=\{E_1,E_2,E_3,E_4\}$;设定 G 为指标集,$G=\{G_1,G_2,\cdots,G_n\}(n=1,2,\cdots,11)$;设定 X,Y,M,N 为评价对象,$X_{ij}(i=1,2\cdots,4,j=1,2\cdots,11)$ 为 I 专家对 X 评价对象第 j 项指标的打分,$Y_{(ij)}(i=1,2\cdots,4,j=1,2\cdots,11)$ 为 i 专家对 Y 评价对象第 j 项指标的打分,$M_{ij}(i=1,2\cdots,4,j=1,2\cdots,11)$ 为 i 专家对 M 评价对象第 j 项指标的打分,$N_{ij}(i=1,2\cdots,4,j=1,2\cdots,11)$ 为 i 专家对 N 评价对象第 j 项指标的打分。

表 8　评分标准

程度	很不合理	不合理	不太合理	一般	较合理	合理	很合理
得分	[0~2)	[2~4)	[4~6)	[6~7)	[7~8)	[8~9)	[9~10]

表 9　评分矩阵

专家集	指标集	评价对象集			
		X	Y	M	N
E1	G_1	X_{11}	Y_{11}	M_{11}	N_{11}
	G_2	X_{12}	Y_{12}	M_{12}	N_{12}
	G_3	X_{13}	Y_{13}	M_{13}	N_{13}
	G_4	X_{14}	Y_{14}	M_{14}	N_{14}
	G_5	X_{15}	Y_{15}	M_{15}	N_{15}
	G_6	X_{16}	Y_{16}	M_{16}	N_{16}
	G_7	X_{17}	Y_{17}	M_{17}	N_{17}
	G_8	X_{18}	Y_{18}	M_{18}	N_{18}
	G_9	X_{19}	Y_{19}	M_{19}	N_{19}
	G_{10}	X_{110}	Y_{110}	M_{110}	N_{110}
	G_{11}	X_{111}	Y_{111}	M_{111}	N_{111}
E2	G_1	X_{21}	Y_{21}	M_{21}	N_{21}
	G_2	X_{22}	Y_{22}	M_{22}	N_{22}
	G_3	X_{23}	Y_{23}	M_{23}	N_{23}
	G_4	X_{24}	Y_{24}	M_{24}	N_{24}
	G_5	X_{25}	Y_{25}	M_{25}	N_{25}
	G_6	X_{26}	Y_{26}	M_{26}	N_{26}
	G_7	X_{27}	Y_{27}	M_{27}	N_{27}
	G_8	X_{28}	Y_{28}	M_{28}	N_{28}
	G_9	X_{29}	Y_{29}	M_{29}	N_{29}
	G_{10}	X_{210}	Y_{210}	M_{210}	N_{210}
	G_{11}	X_{211}	Y_{211}	M_{211}	N_{211}

专家集	指标集	评价对象集			
		X	Y	M	N
E$_3$	G$_1$	X$_{31}$	Y$_{31}$	M$_{31}$	N$_{31}$
	G$_2$	X$_{32}$	Y$_{32}$	M$_{32}$	N$_{32}$
	G$_3$	X$_{33}$	Y$_{33}$	M$_{33}$	N$_{33}$
	G$_4$	X$_{34}$	Y$_{34}$	M$_{34}$	N$_{34}$
	G$_5$	X$_{35}$	Y$_{35}$	M$_{35}$	N$_{35}$
	G$_6$	X$_{36}$	Y$_{36}$	M$_{36}$	N$_{36}$
	G$_7$	X$_{37}$	Y$_{37}$	M$_{37}$	N$_{37}$
	G$_8$	X$_{38}$	Y$_{38}$	M$_{38}$	N$_{38}$
	G$_9$	X$_{39}$	Y$_{39}$	M$_{39}$	N$_{39}$
	G$_{10}$	X$_{310}$	Y$_{310}$	M$_{310}$	N$_{310}$
	G$_{11}$	X$_{311}$	Y$_{311}$	M$_{311}$	N$_{311}$
E$_4$	G$_1$	X$_{41}$	Y$_{41}$	M$_{41}$	N$_{41}$
	G$_2$	X$_{42}$	Y$_{42}$	M$_{42}$	N$_{42}$
	G$_3$	X$_{43}$	Y$_{43}$	M$_{43}$	N$_{43}$
	G$_4$	X$_{44}$	Y$_{44}$	M$_{44}$	N$_{44}$
	G$_5$	X$_{45}$	Y$_{45}$	M$_{45}$	N$_{45}$
	G$_6$	X$_{46}$	Y$_{46}$	M$_{46}$	N$_{46}$
	G$_7$	X$_{47}$	Y$_{47}$	M$_{47}$	N$_{47}$
	G$_8$	X$_{48}$	Y$_{48}$	M$_{48}$	N$_{48}$
	G$_9$	X$_{49}$	Y$_{49}$	M$_{49}$	N$_{49}$
	G$_{10}$	X$_{410}$	Y$_{410}$	M$_{410}$	N$_{410}$
	G$_{11}$	X$_{411}$	Y$_{411}$	M$_{411}$	N$_{411}$

设 $S_{cj}(j=1,2\cdots,11,c=x,y,m,n)$ 为 C 评价对象第 j 个指标的得分,计算公式如下:

$$S_{cj} = \frac{\sum\limits_{i=1}^{4} c_{ij} \times w_i}{\sum\limits_{i=1}^{4} w_i} (i = 1, 2 \cdots, 4, j = 1, 2 \cdots, 11, c = x, y, m, n)$$

(四)灰色关联度分析在跨境电商保税仓物流服务质量评价中的应用

对于跨境电商保税仓物流服务质量的综合评价,实际上是一个排序问题,在众多保税仓中排出优先顺序。灰色综合评价法主要是依据模型:

$$R = E \times W$$

其中,R 为 m 个评价对象的评价结果向量,W 为 n 个评价指标的权重向量,E 为指标的判断矩阵,其中,$E = \begin{pmatrix} f_1(1) & f_1(2) & \cdots & f_1(n) \\ f_2(1) & f_2(2) & \cdots & f_2(n) \\ \vdots & \vdots & \vdots & \vdots \\ f_m(1) & f_m(2) & \cdots & f_m(n) \end{pmatrix}$,$f_c(j)$ 为 C 方案中第 j 个指标与第 j 个最优指标的关联系数。

灰色关联度的计算有以下几个步骤:

(1)判定最优指标集。最优指标集的选择是根据评价对象的实际情况而定的,如果某一指标取最大值为好,则取该指标在各个评价对象中的最大值,如净收益;如果某一指标取最小值为好,则取该指标在各个评价对象中的最小值,如物流成本。但是,在最优值的选取过程中还要依据评价对象的实际情况,最优指标的选取要贴近现实,特别注意物流企业普遍具有效益悖反理论。构造指标集矩阵 D:

$$D = \begin{pmatrix} l_{1*} & l_{2*} & \cdots & l_{n*} \\ l_{11} & l_{21} & \cdots & l_{31} \\ \vdots & \vdots & \vdots & \vdots \\ l_{1m} & l_{2m} & \cdots & l_{nm} \end{pmatrix}$$

其中,l_{jc} 表示 C 方案中第 j 个指标的原始数值。

(2)处理指标原始数据。因为评价对象的指标有不同的量纲和数量级,因此不能直接比较,为了确保结果的科学性,需要对指标原始数据进行规范化处理,化为 $V_{jc} \in [0,1]$:

$$V_{jc} = \begin{cases} \dfrac{l_{jc}}{l_j^{\max}}, 1 \leqslant j \leqslant n, 1 \leqslant c \leqslant m, l_{jc} \in B \\[3mm] \dfrac{l_j^{\min}}{l_{jc}}, 1 \leqslant j \leqslant n, 1 \leqslant c \leqslant m, l_{jc} \in C \end{cases}$$

其中，第 j 个指标的变化区间为 $[l_j^{\min}, l_j^{\max}]$，$l_j^{\min}$ 为第 j 个指标最小值，$l_j^{\max}$ 为第 j 个指标最大值，其中 B 为效益指标，C 为成本指标。这样 $D \rightarrow G$ 矩阵：

$$G = \begin{bmatrix} v_{1*} & v_{2*} & \cdots & v_{n*} \\ v_{11} & v_{21} & \cdots & v_{n1} \\ \vdots & \vdots & \vdots & \vdots \\ v_{1m} & v_{2m} & \cdots & v_{nn} \end{bmatrix}$$

（3）计算综合评价结果。根据灰色理论将 G 矩阵第一行作为参考数列，将其他行作为比较数列，利用关联性分析求出 $f_c(j)$ 的值，即 C 方案中第 j 个指标与第 j 个最优指标的关联系数。

$$f_{cj} = \frac{\min\limits_c \min\limits_j |v_{j*} - v_{jc}| + \mu \max\limits_c \max\limits_j |v_{j*} - v_{jc}|}{|v_{j*} - v_{jc}| - \mu \max\limits_c \max\limits_j |v_{j*} - v_{jc}|}$$

μ 位于 $0 \sim 1$ 区间内，一般取值 0.5。

$$r_c = \sum_{j=1}^{n} w_j * f_{cj}$$

若 r_c 越大，说明第 c 保税仓越接近目标方案，然后可以据此排序。

六、中国百世物流科技有限公司典型案例分析

（一）中国百世物流科技有限公司发展现状

1.中国百世物流科技有限公司简介

百世物流科技（中国）有限公司（以下简称为百世）成立于 2007 年，总部设在杭州，是由信息技术和供应链专家共同创造的综合物流服务提供商。百世结合互联网技术、信息技术和传统物流服务，创造性地整合了中国庞大的物流行业。经过 10 年的努力，企业规模迅速扩大，企业每年都呈高速发展的态势。百世现有七大事业部：百世供应链、百世快递、百世快运、百世云、百世店加、百

世国际、百世金融,向客户提供综合供应链、快递、快运、电商、软件和金融服务。百世在全国建立了 240 个运作中心和 200 万平方米的仓储和转运中心,百世以互联网,信息技术和创新的力量为整个行业带来了革命性变化,百世致力于打造专业、开放、共享、智慧的综合供应链服务平台。

百世跨境电商是百世供应链事业部旗下的一款服务业务。目前,百世跨境电商服务包括跨境物流、进口(全球购)、出口(全球卖)、保税仓备货、直邮、海外云仓、转运、集货。百世跨境服务可以"一单到底",即从国外到国内流转信息全程追踪。包括境外贴单、揽收、起运到到港后,境内的清关、揽收、配送、签收全程信息跟踪。同时,依托百世云仓的优势和百世快递的网络覆盖可以实现仓配一体,无缝连接。百世目前已开通的跨境电商保税仓有宁波仓、广州仓和郑州仓。即将开通的跨境电商保税仓有天津仓、重庆仓、上海仓和青岛仓。

目前,百世宁波保税仓具体分布如下:XY 仓位于宁波保税东区,CE 仓、JL 仓位于宁波保税南区,TS 仓位于宁波出口加工区。仓库总面积达 122000平方米,占地 264 亩,办公区 880 平方米,是宁波跨境进口服务的重点项目。仓库设备体系汇集了关务体系、系统体系、仓储体系、拣货体系、验货包装体系、称重清关发运体系等设备,与国家海关总署、跨境电商平台、第三方快递服务商实现了无缝对接。百世宁波保税仓现有立体仓库 3 个,仓库面积 86000平方米;楼式仓库 3 个,仓库面积 12000 平方米,棚式仓库 1 个,仓库面积 6000平方米。目前服务客户有天猫国际,天猫海外直营、淘淘羊、洋码头等,配送腹地面向全国,非大促期间日发货单量 5 万~6 万单,2016 年"双 11 国际购物狂欢节",百世供应链仅保税南区的 JL 仓(6000 平方米,16 个商家,831SKU,150万货物)就发货 25 万单。以 JL 一个立体化仓库为例,货物出库采用自动化流水线传输带,仓库分为办公区、收货区、拣货区、高位货架区、高速流转区、恒温仓、生产作业区、出库区。高架存储位有 2304 个,5 层单层 1.8 米,有 12 巷道,高速中转区小货架有 360 个库位,拣选位 846 个,15 个巷道,托盘 3600 个,拣货车 36 台,全自动流水线三条,高位叉车两台,等等。仓库使用百世自我研发的 WMS 系统,采用 RF 枪拣货确认的方式,这可以实现无纸化管理。保税仓的组织结构主要有仓库综合部门、财务后勤部门、系统部门(含关务)、收货部门、库存部门、拣货部门、验货包装部门、发运部门和退货部门等。

2.中国百世物流科技有限公司业务及其流程介绍

百世保税仓力争实现1～3天报关完成,1～3天货物入库理货完成,1天上架完成的目标。订单下单后,当天拣货,当天验货包装,当天称重清关发运。百世保税仓业务流程可以分为关务流程、收货流程、上架盘点流程、打单流程、拣货流程、验货包装流程、称重清关发运流程。具体内容如下。

(1)关务流程

所有的跨境电商进口货物在进入保税仓之前都需要报关、检测,本文把这一系列活动称为跨境关务流程,该流程有以下几个部分组成:货物备案、对外清关、检测、报关。①按照国家海关总署和公司规定货物入库前需要备案,商家录入商品信息,菜鸟负责人把备案表发送至百世相关负责人,百世工作人员进行审核并反馈补充信息表,商家补充备案信息,百世备案,国家海关总署审核备案信息并进行反馈,如果备案成功,百世系统可以成功直接导入,否则直至备案成功。②对外清关,对外清关是百世跨境项目很重要的一步。③检测是商家委托百世对其商品送至第三方检测公司检测。首先是国检通知百世某些商品需要提供第三方检测报告,百世和贸易公司与第三方检测机构确定检测数量、时间、费用及项目。同时百世告诉商家国检的检测要求,并需要商家提供有效检测委托书并将订单排出寄给贸易公司。商家派单寄给第三方检测机构检测后,将检测报告送至国检对相应产品进行解锁。一般不同的商品检验时间不同。④报关是保税仓最重要的一环。消费者在跨境电商平台上的订单都必须经过海关审核,报关时效直接影响到仓库生产速度。影响报关时效的环节为涉A类商品打出正本报关单并随附正本通关申请向海关现场递交、等待海关审核。

(2)收货流程

按照百世规定查验集卡司机携带的载货清单和报关单,确认单据信息是否正确,铅封是否完好,确认无误后,将货物卸至理货区,注意卸货的过程中一定要保证货物完整程度。在理货的过程中要注意货物是否有差异,是否有运输原因导致的破损。理货结束后,及时根据实际情况做出理货报告,核对理货报告与商家提供的货物信息是否一致,如果出现货物数量、SKU有差异,或者有破损件的,则必须将其记录在理货报告中,然后反馈给商家,等待商家处理。百世理货时间一般在 1～3 个工作日。

（3）上架盘点流程

理货结束后,如果商家同意货物上架,百世保税仓需要在 1 个工作日内完成货物上架。上架时需要注意几个问题:①仔细核对上架指导单和待上架货物信息(商家、品名、数量、商品条码等)。②将货物上架至指定库位。③有差异或者破损及时告知收货和关务人员。④有任何异常都要录入系统中,以便后续跟进。

按照百世的规定,保税仓库需要做定期循环盘点,盘点周期为 1 个月。盘点可以选择盲盘和半盲盘,盘点需要注意以下几个问题:①盘点数量有差异,及时处理。②及时统计待失效货物,然后及时上报(有效期 3 个月内)。③盘点后要做盘点记录,详细介绍盘点方法、盘点结果、盘点日期和盘点人姓名,纸质和电子版都要形成档案记录。

（4）打单流程

打印订单是保税仓作业最重要的环节,主要是打印拣货单和装箱单。由于海关系统变更后是自动分配订单的,分配完成后要等待国检和单证放行,这是保税仓很重要的一环,会影响发货效率。单证放行后先要按维度分组,一般商家、消费者是第一维度,库位是第二维度。为了确保拣货人员的作业效率,系统组和库存组必须紧密配合,因为系统组打印订单需既要确保商家、消费者同一维度又要确保拣货路径最优。

（5）拣货流程

一方面,拣货效率、质量的高低直接影响了单量的高低;另一方面,拣货作业是否规范也影响到库存的准确率和货物的完整程度。拣货作业需要注意以下几个问题:①按单拣货,必须按照拣货单上的货物信息、库位信息拣货,不能窜货。②必须一个拣货筐对应一个订单。百世的拣货效率要保证在 15 分钟每车 12 单。

（6）验货包装流程

验货是确保发货准确率的重要一环,验货需要逐个扫描货物条码,不能跳扫或者手动输入商品条码。包装是确保已发货物完整程度的唯一一环,首先要选择合适的箱型箱号,其次要完全按照标准作业流程进行作业。确保货物安全准确只是验货包装环节最基本的功能,如何提高验货包装效率,提高流水线人效是提升保税仓效益的关键。

(7)称重清关发运流程

出库和入库具有同样的重要程度,一旦出现漏称重,仓库 WMS 系统和海关台账就会出现差异,给仓库带来不必要的损失。同时,称重清关发运是仓库闭环管理的最后一关,能够有效反馈仓库作业量,实施改进措施。

(二)基于灰色关联度分析的案例物流服务质量评价

1.物流服务质量评价维度指标确定

案例的评价目标是对百世供应链旗下保税仓的物流服务质量进行评价并提出改进措施。评价对象是百世在宁波的 4 家保税仓库,分别是 CE 仓、XY 仓、JL 仓和 TS 仓。根据上文对百世保税仓现状和业务流程的分析,发现跨境电商保税仓物流服务质量评价指标项大同小异,本文对案例的物流服务质量评价指标采用表 4 所示的评价指标。

2.物流服务质量指标数据的收集及处理

本文的评价指标有定量指标也有定性指标,定量指标通过百世 WMS 系统的导出数据得出,并借鉴百世供应链的"双 11 总结报告"。定性指标通过专家打分,采用加权平均法得出指标最后得分,评价主体选取了 4 位行业专家:某天猫国际菜鸟项目经理(客户端)、某百世城市经理、某嘉里大通仓储经理和某百世跨境电商项目经理。具体数据如表 10 所示。

表 10 百世供应链 4 家保税仓服务质量评价指标状况

指标	CE 仓	JL 仓	XY 仓	TS 仓	标准列	权重
仓库服务多样性(g)	8.0000	8.0000	8.0000	8.0000	8.0000	0.0205
仓库服务增值性(g)	8.4000	7.5600	8.3000	6.9000	8.4000	0.0205
报关、转关及时性(h)	1.0000	1.0000	2.0000	3.0000	1.000 0	0.0077
库内作业及时性(h)	1.0000	1.0000	2.0000	2.0000	1.0000	0.0077
订单处理时间(h)	4.0000	4.0000	6.0000	8.0000	4.0000	0.0558

指标	CE仓	JL仓	XY仓	TS仓	标准列	权重
订单释放周期(h)	8.0000	8.0000	10.0000	12.0000	8.0000	0.0558
异常订单处理时间(h)	1.0000	1.0000	1.0000	3.0000	1.0000	0.0350
退货时间(h)	1.0000	3.0000	1.0000	7.0000	1.0000	0.0200
换货时间(h)	1.0000	3.0000	1.0000	7.0000	1.0000	0.0200
库存准确率(%)	99.9000	99.7000	99.7500	99.6000	99.9000	0.0161
货物破损率(%)	99.9980	99.9970	99.9960	99.980	99.9980	0.0180
信息准确率(%)	100.0000	100.0000	100.0000	100.0000	100.0000	0.0842
发货准确率(%)	0.0040	0.0030	0.0050	0.0060	0.0030	0.0838
收费合理程度(g)	8.0000	6.0000	6.0000	7.0000	8.0000	0.0296
收费增值效果(g)	8.0000	6.0000	6.0000	7.0000	8.0000	0.0197
投诉率(%)	0.1060	0.2080	0.3400	0.5200	0.1060	0.1156
员工数量(人)	56.0000	32.0000	60.0000	65.0000	55.0000	0.0148
员工学历结构(%)	70.0000	65.0000	65.0000	60.0000	70.0000	0.0404
员工人效(单/时)	10.5000	7.8000	11.0000	5.6000	11.0000	0.1468
库存面积(m²)	40000.0000	6000.0000	40000.0000	36000.0000	40000.0000	0.0053
库存容量(个)	5560.0000	3222.0000	5780.0000	5640.00 00	5780.0000	0.0053
信息系统(g)	8.0000	8.0000	8.0000	8.0000	8.0000	0.0406
操作设备(g)	8.5000	7.6000	7.2000	7.3000	8.5000	0.0242
标准型作业流程(g)	7.5000	7.5000	7.5000	7.5000	7.5000	0.0302
创新型作业流程(g)	7.9000	7.8000	8.1000	7.2000	8.1000	0.0452
制度架构(g)	8.6000	7.5000	8.3000	7.2000	8.6000	0.0236
工作氛围(g)	7.5000	7.9000	8.1000	6.9000	8.1000	0.0096
库区环境(g)	8.9000	8.2000	8.5000	7.9000	8.9000	0.0039

在进行物流服务质量评价之前,需要进行指标处理,因为这些指标数据比较多也没有规律,具有不同的纲量级。要使评价结果更加客观需要对评价指标进行无纲量化,使其更加规范、标准。根据公式可得:$V_{11}=1,\cdots,V_{82}=0.333,\cdots,V_{284}=0.8876$,具体数据如表11所示。

表 11　百世供应链 4 家保税仓服务质量评价指标数据无纲量化结果

指标	CE 仓	JL 仓	XY 仓	TS 仓	标准列	权重
仓库服务多样性(g)	1.0000	1.0000	1.0000	1.0000	1.0000	0.0205
仓库服务增值性(g)	1.0000	0.9000	0.9881	0.8214	1.0000	0.0205
报关、转关及时性(h)	1.0000	1.0000	0.5000	0.3333	1.0000	0.0077
库内作业及时性(h)	1.0000	1.0000	0.5000	0.5000	1.0000	0.0077
订单处理时间(h)	1.0000	1.0000	0.6667	0.5000	1.0000	0.0558
订单释放周期(h)	1.0000	1.0000	0.8000	0.6667	1.0000	0.0558
异常订单处理时间(h)	1.0000	1.0000	1.0000	0.3333	1.0000	0.0350
退货时间(h)	1.0000	0.3333	1.0000	0.1429	1.0000	0.0200
换货时间(h)	1.0000	0.3333	1.0000	0.1429	1.0000	0.0200
库存准确率(%)	0.9990	0.9970	0.9975	0.9960	1.0000	0.0161
货物破损率(%)	1.0000	1.0000	1.0000	0.9998	1.0000	0.0180
信息准确率(%)	1.0000	1.0000	1.0000	1.0000	1.0000	0.0842
发货准确率(%)	0.7500	1.0000	0.6000	0.5000	1.0000	0.0838
收费合理程度(g)	1.0000	0.7500	0.7500	0.8750	1.0000	0.0296
收费增值效果(g)	1.0000	0.7500	0.7500	0.8750	1.0000	0.0197
投诉率(%)	1.0000	0.5096	0.3118	0.2038	1.0000	0.1156
员工数量(人)	0.8615	0.4923	0.9231	1.0000	0.8462	0.0148
员工学历结构(%)	1.0000	0.9286	0.9286	0.8571	1.0000	0.0404
员工人效(单/时)	0.9545	0.7091	1.0000	0.5091	1.0000	0.1468
库存面积(m²)	1.0000	0.1500	1.0000	0.9000	1.0000	0.0053
库存容量(个)	0.9619	0.5574	1.0000	0.9758	1.0000	0.0053
信息系统(g)	1.0000	1.0000	1.0000	1.0000	1.0000	0.0406
操作设备(g)	1.0000	0.8941	0.8471	0.8588	1.0000	0.0242
标准型作业流程(g)	1.0000	1.0000	1.0000	1.0000	1.0000	0.0302
创新型作业流程(g)	0.9753	0.9630	1.0000	0.8889	1.0000	0.0452
制度架构(g)	1.0000	0.8721	0.9651	0.8372	1.0000	0.0236
工作氛围(g)	0.9259	0.9753	1.0000	0.8519	1.0000	0.0096
库区环境(g)	1.0000	0.9213	0.9551	0.8876	0.8876	0.0039

3.基于灰色关联度分析的指标计算

将上述表格中的数据输入 MATLAB,得出计算结果:$f_{11}=1, f_{12}=1, \cdots,$ $f_{74}=0.3913, \cdots, f_{284}=0.7922,$如表 12 所示。

表 12　百世供应链 4 家保税仓物流服务质量评价指标与标准列关联系数

指标	CE 仓	JL 仓	XY 仓	TS 仓
仓库服务多样性(g)	1.0000	1.0000	1.0000	1.0000
仓库服务增值性(g)	1.0000	0.8108	0.9730	0.7058
报关、转关及时性(h)	1.0000	1.0000	0.4615	0.3913
库内作业及时性(h)	1.0000	1.0000	0.4615	0.4615
订单处理时间(h)	1.0000	1.0000	0.5625	0.4615
订单释放周期(h)	1.0000	1.0000	0.6818	0.5625
异常订单处理时间(h)	1.0000	1.0000	1.0000	0.3913
退货时间(h)	1.0000	0.3913	1.0000	0.3333
换货时间(h)	1.0000	0.3913	1.0000	0.3333
库存准确率(%)	0.9983	0.9936	1.0000	0.9913
发货准确率(%)	1.0000	1.0000	1.0000	0.9995
信息准确率(%)	1.0000	1.0000	1.0000	1.0000
货物破损率(%)	0.6315	1.0000	0.5172	0.4615
收费合理程度(g)	1.0000	0.6315	0.6315	0.7742
收费增值效果(g)	1.0000	0.6315	0.6315	0.7742
投诉率(%)	1.0000	0.4663	0.3837	0.3499
员工数量(人)	0.7557	0.4577	0.8478	1.0000
员工学历结构(%)	1.0000	0.8572	0.8572	0.7499
员工人效(单/时)	0.9040	0.5956	1.0000	0.4661
库存面积(m²)	1.0000	0.3352	1.0000	0.8108
库存容量(个)	0.9183	0.4919	1.0000	0.9465
信息系统(g)	1.0000	1.0000	1.0000	1.0000
操作设备(g)	1.0000	0.8018	0.7370	0.7522
标准型作业流程(g)	1.0000	1.0000	1.0000	1.0000

指标	CE 仓	JL 仓	XY 仓	TS 仓
创新型作业流程(g)	0.9455	0.9205	1.0000	0.7941
制度架构(g)	1.0000	0.7701	0.9274	0.7247
工作氛围(g)	0.8526	0.9455	1.0000	0.7431
库区环境(g)	1.0000	0.8448	0.9052	0.7922

将上述计算结果代入前文公式,得出 $r_1 = 0.9469$, $r_2 = 0.7974$, $r_3 = 0.8024$, $r_4 = 0.6361$。

综上所述,百世供应链 4 家保税仓与标准仓数据接近程度排序为:CE 仓、XY 仓、JL 仓、TS 仓。

(三)评价结果分析及提升物流服务质量的对策

1.评价结果分析

通过评价可知,百世物流科技有限公司在宁波市的 4 个保税仓,物流服务质量最好的是 CE 仓,物流服务质量最差的是 TS 仓。CE 仓虽然物流服务质量最好,但是仍然有待改进之处。排名最后的 TS 仓在报关转关及时性、退换货时间、订单处理时间、订单释放周期、员工人效、发货准确率方面都与标准数据存在较大差距。由上述数据可以得出影响百世物流科技保税仓物流服务质量的因素有很多,但主要是受员工人效、客户投诉率、发货准确率、信息准确率、订单处理时间、订单释放周期、信息系统等因素影响。

从上述百世供应链保税仓物流服务质量评价指标与标准仓数据关联系数可以看出,在 28 个指标数据中,4 家保税仓中至少有 3 家都离目标数据有一定差距。例如,订单处理时间、退换货时间、员工人效、制度架构、工作氛围、收费合理程度、收费增值效果等。因此,百世物流科技有限公司在保税仓的管理过程中需要在作业流程、员工综合素质、客户沟通、增值服务方面加强改进。

2.提升物流服务质量的对策

（1）作业流程标准化和创新化

保税仓作业流程的优化和标准化能够提高各部门之间的协调程度,对提升仓库的作业效率,有至关重要的意义。物流企业人效问题一直是很多物流公司和物流经理人头疼的问题,因为这些员工普遍综合素质不高,流动性大,一旦员工离职,会给企业造成岗位空缺成本。如果能把作业流程标准化,将作业的技术、经验、方式、方法以文件形式制定下来,可以为企业减少人力成本。同时,作业流程标准化可以对员工行为进行有效的控制,提升作业效率和质量,"事事方法论,工作不矛盾"。

作业流程的改造或者创新是企业提升管理水平的驱动力,作业流程的创新可以提升员工作业的灵活性和机动性。前线员工对于作业的方式方法比管理者更为了解,管理者需要充分考虑下属的意见,"人人微创新,四两拨千斤"。

(2)员工培训制度化和综合化

对员工的综合培训不仅能提升仓库的管理水平,还能节省人力成本,提升整个仓库的作业效率,为仓库创造更多的效益。员工综合素质不高是物流企业的普遍现象,虽然有些岗位有高素质人才的需求,但是艰苦的工作条件让很多高素质求职者望而却步。加强已有员工的培训至关重要,对员工的培训应该制度化和规范化,进行强制性培训,定期考核。

另外,除了加强对员工的业务培训,还要加强思想素质的培训,提升他们的责任心和对企业的认同感。这是因为:①仓库人员的流动性较大,一旦有人离岗,就会给企业正常生产作业造成不便,影响发货效率,应对员工进行多岗位培训,随时可以顶岗工作。②现有很多仓库员工受教育程度不高,最大的特点是情绪大、工作散漫、责任心不强,并且这种现象会在员工中蔓延开来。

(3)异常处理紧急化和高效化

提升百世物流科技有限公司异常处理的能力,可以从以下三方面进行:①确定异常事件范畴,凡是可直接影响发货速度,导致客户投诉的事件统称为异常事件。②建立异常事件优先处理机制。③找有经验有能力的专人对接负责,划分责任制。

(4)服务费用合理化和增值化

服务费用应对客户透明化,不弄虚作假,强买强卖。在为客户提供物流服务时,态度要真诚,交流要热情,业务介绍要专业、不夸大、不保留,让客户体验到亲人般的感受,让客户参与对仓库的建议和监督。例如,可以让客户对项目经理直接提要求和建议,也可以在企业网站设立留言板,广泛了解客户的需求,为客户提供个性化增值服务,有效提升物流服务。

七、总结

文章通过对跨境电商保税仓物流服务的现状、存在问题进行分析,结合保税仓物流服务的特点,在考虑顾客感知程度和企业组织支撑的基础上,遵守跨境电商保税仓物流服务原则,从提升跨境电商物流服务质量的角度,构建了跨境电商物流服务质量评价指标体系。将层次分析法和灰色关联度分析法结合起来,构建灰色综合评价法在保税仓物流服务质量中的评价模型与求解方法。

文章将构建的评价模型应用在百世物流科技(中国)有限公司中,对百世物流科技有限公司在宁波市的 4 家保税仓库进行了物流服务质量评价分析,找出了影响其物流服务质量的影响因素和待提高问题。认为该公司在作业流程、员工综合素质、客户沟通、增值服务方面需加强改进,并提出了改进性的建议,这对跨境电商平台选择保税仓和其他保税仓提升物流服务质量有一定的借鉴意义。

参考文献

[1] 朱启松,朱慧婷."互联网+"背景下跨境电商发展的 SWOT 分析——以重庆为例[J]. 四川理工学院学报,2016(5):73—82.

[2] 陈朱妮娜,吴莉."一带一路"战略背景下我国跨境电商发展潜力及趋势分析[J].改革与战略,2015(31):134—137.

[3] 叶纯青.电商界的"黑马"——跨境电商[J].金融科技时代,2014(2):22—26.

[4] 潘意志.海外仓建设与跨境电商物流新模式探索[J].物流技术与应用,2015(3):130—135.

[5] 庞燕.跨境电商环境下国际物流模式研究[J].中国流通经济,2015(2):15—20.

[6] 王明宇,廖蓁.我国跨境电商的主要问题和对策研究[J].电子商务,2014(1):76—78.

[7] 李金龙.义乌跨境电商保税物流平台的探索[J].中国流通经济,2015(36):30—34.

[8] 张夏恒,马天山.中国跨境电商物流困境及对策建议[J].当代经济管理,2015(37):51—55.

[9] 陈长英.浙江省跨境电商人才需求分析及培养路径研究[J].商贸人才,2015(9): 185—187.

[10] 郝延威.跨境电商保税物流运营模式探索[J].物流科技,2016(2):128—131.

[11] 管杰丁.B2C电商物流服务质量的测量体系[J].时代金融,2015(20):19—22.

[12] 李明亮.基于 QFD 的 B2C 电子商务服务质量评价研究[D].天津:河北工业大学, 2012:68—71.

[13] 梅虎.电商物流服务质量评价关键指标构建及分析[J].物流技术,2015(36):85—89.

[14] 李晓萍,刘美璐,曹蕾.基于模糊综合评价法的第三方物流服务质量评价研究[J].江苏 科技大学学报,2014(3):86—95.

[15] 杜栋,庞庆华.现代综合评价方法与案例精选[M].北京:清华大学出版社,2005.

[16] 程光生.服务质量评价理论与方法[M].北京:中国标准出版社,2011.

图书在版编目(CIP)数据

"一带一路"建设:地方的设计与实践 / 徐侠民等著.
—杭州:浙江大学出版社,2018.12(2020.3 重印)
ISBN 978-7-308-18355-0

Ⅰ.①一… Ⅱ.①徐… Ⅲ.①"一带一路"—国际合
作—研究 Ⅳ.①F125

中国版本图书馆 CIP 数据核字(2018)第 130219 号

"一带一路"建设:地方的设计与实践

徐侠民 霍 杰 殷军杰 等著

责任编辑	吴伟伟 weiweiwu@zju.edu.cn
责任校对	杨利军 李瑞雪
封面设计	春天书装
出版发行	浙江大学出版社
	(杭州市天目山路 148 号 邮政编码 310007)
	(网址:http://www.zjupress.com)
排 版	杭州隆盛图文制作有限公司
印 刷	虎彩印艺股份有限公司
开 本	710mm×1000mm 1/16
印 张	22
字 数	348 千
版 印 次	2018 年 12 月第 1 版 2020 年 3 月第 2 次印刷
书 号	ISBN 978-7-308-18355-0
定 价	68.00 元